# Persönliches Change Management

Joachim Studt

# Persönliches Change Management

Neue Berufswege erschließen,
planen und gestalten

2., durchgesehene und korrigierte Auflage

 Springer Gabler

Joachim Studt
equipe Personalqualität
Wiesbaden-Igstadt, Deutschland

ISBN 978-3-658-00575-7 ISBN 978-3-658-00576-4 (eBook)
DOI 10.1007/978-3-658-00576-4

Die Deutsche Nationalbibliothek verzeichnet diese Publikation in der Deutschen Nationalbibliografie; detaillierte bibliografische Daten sind im Internet über http://dnb.d-nb.de abrufbar.

Springer Gabler
© Springer Fachmedien Wiesbaden 2010, 2013

*Lektorat:* Irene Buttkus

Gedruckt auf säurefreiem und chlorfrei gebleichtem Papier.

Springer Gabler ist eine Marke von Springer DE. Springer DE ist Teil der Fachverlagsgruppe Springer Science+Business Media
www.springer-gabler.de

Für
Philipp und Alexander,
Benjamin und Jan-Niklas,
meine Söhne,
denen ich unendlich viele Erkenntnisse
zum Thema Berufswahl verdanke
und natürlich die Neugier,

*herauszufinden, was jemand wirklich „drauf" hat.*

*Ich wollte ja nichts als das zu leben versuchen,*

*was von selber aus mir heraus wollte.*

*Warum war das so schwer?*

*Hermann Hesse*

*Demian*

*1917*

# Vorwort zur 2. Auflage

Seit Erscheinen des Buches haben die darin enthaltenen Anregungen und Erkenntnisse Früchte getragen. Besonderer Dank gilt den engagierten Lesern, die Ihre Deutungen, Ableitungen und Erfahrungen mitgeteilt haben. Beispielhaft sind folgende Aussagen: „… konnte ausgewählte Aspekte unmittelbar und erfolgreich umsetzen. Aufgrund dessen ist mir der Sprung in eine Auslandsanstellung gelungen…"; – „Nach drei vergeblichen Anläufen im selben Großunternehmen, war meine Bewerbung schließlich bei einer weiteren Niederlassung erfolgreich. Das Buch hat mir geholfen, mein Potenzial angemessen darzustellen"; – „Ich habe mich selbstständig gemacht. Mir ist bewusst, dass das ein lebenslanger, permanenter Prozess ist, aber der Schritt in die Existenzgründung ist für mich der Quantensprung im Leben schlechthin. Natürlich baue ich da auf Weiterbildung und kompetente Existenzgründer-Berater – ich muss ja nicht alles alleine machen – aber der bedeutende erste Schritt ist getan…"

Als besonders hilfreich wurden folgende Inhalte bezeichnet:

- Das Wissen über persönliche Stärken-Schwächen-Muster bzw. deren Ausprägungen;

- Der Verhandlungscharakter beruflicher Positionierung;

- Das Gestaltungspotenzial der beruflichen Identität;

- Der Aktionsansatz bei der Laufbahnplanung;

- Die Netzkommunikation als A & O der Entwicklungsdynamik.

Erfreulicherweise haben viele Leser auch den „Erlaubnis-Gehalt" wahrgenommen („Just do it!"; Best Practice: Lernen am Modell), der ihnen allein schon die Möglichkeit aufgezeigt hat, über ihre Grenzen hinauszuwachsen.

Insgesamt übt wohl der Faktor „knowledge base" den wichtigsten Einfluss auf das erfolgreiche berufliche Engagement aus: Das Wissen also, welches ich über mein (zu entwickelndes) Vermögen habe, beruflichen Mehrwert für mich selbst und für andere zu schaffen. Defizite in diesem Bereich sind traditionell das entscheidende Handicap, wie das Buch eingehend beschreibt.

Geradlinig-lineare Berufswege haben nach wie vor ihren Stellenwert, doch treten sie heute zunehmend in den Hintergrund angesichts der motivorientierten und kompetenzbasierten Eigeninitiative, der sich das vorliegende Buch intensiv widmet. Die damit verbundene Lösungs- und Änderungsbereitschaft eröffnet völlig neue berufliche Perspektiven. Wer sich früher überwiegend linear auf einer beruflichen Welle bewegte, gewann Sicherheit, war aber auch abhängig. Die neue eigeninitiative Laufbahnplanung macht dagegen flexibel und „sexy": Die Arbeitskraft wird nachhaltig wertvoller, weil vielschichtiger einsetzbar. Dies steigert letztlich auch die persönliche Zufriedenheit an der beruflichen Existenz – und das gilt für Studierende, Berufsanfänger, Hausfrauen, Fach- und Führungskräfte ebenso wie für Selbstständige.

Es bleibt eine wichtige Aufgabe, die Methode des Vocating vor diesem Hintergrund zu verfeinern. Davon wird zu gegebener Zeit zu berichten sein.

Joachim Studt                                                                    Wiesbaden, August 2012

# Vorwort

Immer mehr Menschen mittleren Alters machen sich heute Gedanken um ihren Arbeitsplatz – sei es, dass sie seinen Verlust befürchten, sei es, dass sie sich in ihrem Berufsalltag zunehmend unwohl fühlen, sei es gar, dass sie ihn bereits verloren haben und nach einer neuen Beschäftigung suchen oder im schlimmsten Fall keine berufliche Perspektive mehr für sich erkennen.

In der Outplacement-Beratung und im Gespräch mit Arbeitspsychologen stellt sich dabei oft heraus, dass eine sehr hohe Anzahl insbesondere gestandener und erfahrener Arbeitnehmer meist sehr wenig, viel zu wenig jedenfalls, über die eigenen Stärken und Schwächen, Lernchancen und Limitierungen weiß.

Mit der eigens aus diesem Anlass entwickelten Vocating-Methode stellt dieses Buch einen innovativen Ansatz zum persönlichen Perspektivwechsel und zu einer tragfähigen Laufbahngestaltung auch für erfahrene Arbeitnehmer vor. Vocating ist ein mehrstufiges Verfahren, das dem Leser erlaubt, im Wesentlichen eigenständig verschüttete Potenziale zu erschließen und in Eigenregie die entscheidenden Weichenstellungen zu einer neuen und erfüllenderen beruflichen Perspektive durchzuführen und zu gestalten.

In diesem Zusammenhang stellen sich folgende Fragen:

- Was braucht ein Mensch, um beruflich erfolgreich zu sein und seine Fähigkeiten und Chancen zu verwirklichen?
- Wie lässt sich herausfinden, was jemand wirklich kann, wenn der Betreffende das selbst nicht weiß?
- Wie lassen sich die Ergebnisse dieser Person vermitteln?
- Was bedeutet es, ein Stärken-Schwächen-Profil zu haben?
- Welche Rolle spielt die berufliche Weiterbildung, die selbstgesteuert erfolgen soll, also nicht von außen verordnet wird?
- Welche Verbindung besteht zwischen Lernen und beruflichen Chancen – womit natürlich nicht nur Lehrbuchkenntnisse, sondern vor allem Alltags- und Handlungswissen gemeint sind?
- Wie lassen sich bei einer gestandenen Führungskraft Denkblockaden auflösen, um den Blick auf Chancen und Optionen jenseits der bisher genutzten und eingetretenen Pfade zu lenken?
- Wie kann man mit einem Jugendlichen, der noch keine sogenannte Vita – den schriftlich darstellbaren Lebenslauf – aufweist, verhandeln, was für ihn auf Dauer gesehen gut wäre und wovon er besser die Finger lassen sollte?
- Wie bewegt man sich dann auf eine sinnvolle berufliche Zielperspektive hin, flexibel genug, die notwendigen Alternativen oder Varianten zu berücksichtigen?
- Wie lässt sich der Aufwand einer Reise zu den persönlichen Stärken bestimmen, um jemandem zu raten, die Koffer zu packen oder angesichts des zu erwartenden unvertretbaren Aufwands nach einer geeigneteren Alternative Ausschau zu halten?
- Wie kann man das alles für sich selbst oder mit sich allein bewerkstelligen?

In drei Teilen gibt das Buch Antworten, die in nachvollziehbare Anregungen umgewandelt werden, sich selbst zu aktivieren:

**Teil I** handelt von der Entstehung beruflicher Identität in einem Alter, in dem die meisten Menschen noch kaum über ausreichende Möglichkeiten verfügen, eine eigene, langfristig tragfähige Entscheidung zu fällen,

**Teil II** zeigt Vorgehensweisen, mit deren Hilfe sich jemand auch im mittleren Alter auf die Reise zu sich selbst begeben kann, um in beruflicher Hinsicht ein klares Bild von den eigenen Möglichkeiten und Anforderungen zu erlangen,

**Teil III** beantwortet die Frage, was passiert, wenn wir erst die eigene berufliche Entwicklung kritisch beleuchtet, Alternativen aufgezeigt und Methoden zu ihrer Erreichung gefunden haben.

Letztlich schließt das aber vor allem eines ein: Dass ich meine Pläne grundsätzlich immer ändern kann, und das mache ich unterwegs normalerweise auch laufend, ohne mir dessen immer so genau bewusst zu sein. Schließlich bin und bleibe ich der „owner of the process", meines eigenen Glückes Schmied.


Joachim Studt                                                        Stadecken-Elsheim, Oktober 2009

# Inhalt

# Einleitung

Im Mittelpunkt steht die Beobachtung aus der Praxis des Personalberaters und Business-Coachs, dass eine zunehmende Anzahl von Menschen im mittleren Alter gezwungen oder freiwillig an die Überprüfung ihrer beruflichen Lebenspläne herangehen: Gezwungen aufgrund der allfälligen wirtschaftlichen Umstrukturierungen, Arbeitsplatzverlust, Konfrontation mit neuen Aufgaben und Tätigkeitsfeldern; durchaus freiwillig aber auch nach der Devise: „Ich langweile mich im Leben, halte mir doch einmal den Spiegel vor: wer bin ich denn und was kann ich in beruflicher Hinsicht noch erreichen, außer dem, was ich die vergangenen Jahre über ohnehin gemacht habe!" Manchmal greift auch das eine in das andere hinein.

Gleichzeitig stellt sich dabei in aller Regel heraus, dass man eigentlich sehr wenig, viel zu wenig jedenfalls, über die eigenen Stärken und Schwächen – Lernchancen und Limitierungen – weiß.

Es geht um Kompetenzen, Neigungen, Motive und Einstellungen sowie Potenziale – alles in allem Aspekte der Eignung, die vielleicht erheblich zu erweitern wären, wenn man nur den Versuch dazu machen würde.

Bei näherer Betrachtung stellt der Berater erstaunt fest, wie häufig die Berufswahl bereits an ihrem Beginn fremdbestimmt, anhand einer quasi automatisch ablaufenden Reihe früher beruflicher Grundsatzentscheidungen erfolgt. Im Alltag beruhen diese vielfach auf den unreflektierten Wünschen der Umgebung (Eltern, Freunde, Verwandte, wichtige Bezugspersonen und Vorbilder), und zwar gerade in einem Alter, in dem ein Jugendlicher naturgemäß kaum eigene erfahrungs- oder informationsgestützte Aussagen machen kann, weder zu seiner persönlichen Ausstattung noch zu einem künftigen Lebensplan.

Mit fortschreitendem Alter werden diese, im Zuge der beruflichen Sozialisation zementierten Grundlegungen dann nicht selten als einschränkendes Wiederholungsritual erlebt, das Leistungskraft, Wohlbefinden und Lebensperspektiven allgemein beeinträchtigen kann.

Auswirkungen finden sich in einer geringen, zumindest aber zufallsabhängigen Passform zwischen dem einzelnen Menschen und seinen beruflichen Anforderungen, Rollen, Zielvorstellungen usw. Im Ergebnis zeigt sich dann immer wieder die beiderseitige Unzufriedenheit von Beschäftigten und Arbeitgebern, erkennbar an vielfältigen Klagen über Leistungsmängel, Arbeitsplatzverlust, die berühmte „innere Emigration", aber auch Unterforderungs- oder Überforderungstendenzen sowie Mobbing am Arbeitsplatz.

Allgemeine Unerfülltheit, Krankheit am Beruf (auch „deformation professionelle" genannt), werden manchmal mit spontanen Ausbruchsversuchen, manchmal eher mit Hilflosigkeit, Passivität und Resignation beantwortet.

Diese münden dann zuweilen gerade in solchen Ausschlussphänomenen, die den Jobverlust erst nach sich ziehen – bestenfalls Anlass für ein professionelles Outplacement-Verfahren. Outplacement bedeutet Hilfe bei der beruflichen Neuorientierung. Die professionelle Beratung beschäftigt sich insbesondere damit, Angestellten, die ihren bisherigen Arbeitsplatz aufgeben und das Unternehmen verlassen müssen, möglichst schnell zu einer neuen und dauerhaften beruflichen Existenz zu verhelfen, sei es mit einem Anstellungsverhältnis, sei es auf dem Weg in die Selbstständigkeit.

Wir kratzen an dieser Stelle noch an der Oberfläche. Darunter lauert unsichtbar die Frage nach der falsch eingesetzten, unerkannten oder „fehlenden" Kompetenz. Im Alltag der Organisationen verbindet sich diese Unkenntnis wiederum perfekt mit einem bestimmten Einstellungsfehler („mis-placement", Fehlplatzierung im Unternehmen) der Personalverantwortlichen: Entweder ich stelle jemanden ein, der für die zu besetzende Position eigentlich ungeeignet ist – oder ich lasse durchaus geeignete Bewerber gehen, z. B. weil mir das Risiko, eine Fehlentscheidung zu treffen, zu hoch erscheint. Mitunter entsteht der eine Fehler aus dem Bemühen, den anderen zu vermeiden.

Fehler Nummer 1 fällt recht schnell auf den Einstellenden zurück: Als Personalverantwortlicher kann ich es mir kaum leisten, regelmäßig Bewerber einzustellen, die den Anforderungen nicht genügen und deshalb das Unternehmen entweder vorzeitig verlassen oder aber unsachgemäße Leistungen abliefern.

So weit, so schlecht. Niemand möchte sich jedoch dem Vorwurf aussetzen, die falschen Mitarbeiter einzustellen. Demzufolge reagieren viele Personalverantwortliche – und das gilt gleichermaßen auch für Fachvorgesetzte, Geschäftsführer wie Unternehmer – mit teilweise überzogen strengen Einstellungskriterien, um diesen Fehler zu vermeiden. Damit weisen sie aber vermutlich auch BewerberInnen ab, die das Unternehmen auf Dauer weiter gebracht hätten. Die Dunkelziffer ist unbekannt. Fehler Nummer 2 stellt sich daher wesentlich gravierender dar: Wir wissen ja nicht einmal, und niemand kann uns verlässliche Zahlen nennen, wie groß die Schar derer ist, die auf solche Weise ungerechtfertigt durch das konservative Raster des Auswahlverfahrens rutschen. Mithin bleibt auch die Frage unbeantwortet, auf wie viel Kreativpotenzial, Engagement und Innovations-Power die Unternehmen an dieser Stelle verzichten.

Spinnen wir den Gedanken weiter. Einmal angenommen, man würde sich in den Betrieben tatsächlich eher am konservativen Durchschnitt ausrichten als wohlüberlegt riskante Ausnahmen zu berücksichtigen, dann würde dies auch erklären, warum man sich andererseits immer wieder über Stillstand, mangelnde Einsatzfreude usw. der Mitarbeiter beklagt. Oder mit den Worten eines betrieblichen Zynikers gesagt: „Geistige Windstille bedingt immer noch operativen Stillstand!"

Zugegeben, es ist nicht leicht, die Richtigen zur richtigen Zeit auf die richtigen Stellen zu befördern. Wir können die Eignung im Vorfeld einer beruflichen Aufgabe immer nur annähernd erschließen – und reden ausschließlich in Wahrscheinlichkeiten: Auch gute, wissenschaftlich aufwändig erstellte, verlässliche und regelmäßig überprüfte Auswahlverfahren erreichen nie eine Gewissheit von „1", sondern liegen meist irgendwo im mittleren Bereich. Nehmen wir einmal an, der Wert läge zwischen „0,3 und 0,6", dann bedeutet das: Die Wahrscheinlichkeit, mit einer Auswahlentscheidung aufgrund eines bestimmten Verfahrens allein richtig zu liegen, liegt zwischen 30 und 60 Prozent.

Infolgedessen kombiniert man heute beispielsweise in Großunternehmen in der Regel verschiedene eignungsdiagnostische Verfahren wie Tests, Interviews, biografische Fragebögen bis hin zu Assessment Centern und Simulationen miteinander, wenn man eine möglichst hohe Trefferquote erreichen will.

Wenn aber ohne diesen Aufwand nicht verlässlich zu bestimmen ist, wo die tatsächliche berufliche Eignung der Bewerber liegt, und die Verantwortlichen auch nicht wissen, wie sie erschlossen werden könnte, dann tappen diese praktisch im Dunkeln. Dies ist tatsächlich die Situation bei der Stellenbewerbung in vielen Unternehmen, gerade im Mittelstand – und zwar sowohl auf Seiten der Einstellenden als auch der Job-Bewerber.

Die berühmte Gallup-Studie (http://gmj.gallup.com/content/117376/Employee-Disengage ment-Plagues-Germany.aspx) belegt anhand von umfangreichen Befragungsergebnissen, dass der Faktor „Fehlplatzierung" auch heute noch eine große Rolle hinsichtlich mangelnder Effizienz im betrieblichen Alltag spielt. Wenn dort die Rede davon ist, dass über 80 Prozent der Mitarbeiter „unmotiviert oder aktiv unmotiviert" seien, sind dafür sicher auch Bedingungen in der Organisation verantwortlich wie Führungsmängel, unklare Zielvorgaben oder mangelndes Vertrauen; ebenso sicher spielt in vielen Fällen aber auch die lückenhafte Auswahl- und Besetzungspolitik eine ernst zu nehmende Rolle.

Menschlich betrachtet bedeutet dies einen enormen Verlust an Lebensqualität des sogenannten „Human Kapitals" in den Unternehmen, Verwaltungen, Vereinen, Verbänden; ökonomisch gesehen aber auch eine unvertretbare Verschwendung betriebs- und volkswirtschaftlicher Ressourcen.

Denn wenn man sich die Kosten jährlicher Fehlentscheidungen allein aufgrund der spontanen Besetzungspolitik von Unternehmen jeder Couleur genauer ansieht, beruhen diese gleichermaßen auf der Unklarheit der Mitarbeiter wie ihrer Arbeitgeber hinsichtlich der vorhandenen und erforderlichen Fähigkeiten, Fertigkeiten, Potenziale.

Das bedeutet, dass die betrieblichen „Sucher" sozusagen als „Pförtner" am Einlass zu einer dauerhaften beruflichen Laufbahn gelegentlich selbst nicht genau wissen, wonach sie überhaupt suchen oder wo sie das finden sollen, was sie suchen – die Rede ist von dem „geeigneten" Mitarbeiter/der „geeigneten" Mitarbeiterin. Wer oder was ist das eigentlich? Sie werden im Folgenden einige aufschlussreiche Antworten darauf finden!

Im engen Schulterschluss mit innerbetrieblichen Fachleuten arbeiten verschiedene Gruppen von Beratern seit langem daran, dass sich die Qualität der Einstellungsprozesse verbessert, und zwar zu Gunsten von Arbeitgebern ebenso wie der Stellenbewerber. Sie stehen somit als Vermittler zwischen beiden Gruppen:

* Personalentwickler vermitteln zwischen Prozessen und Strukturen von Organisationen und den Belangen bzw. leistungsbezogenen Voraussetzungen der Beschäftigten. Sie definieren beispielsweise Qualifizierungsbedarf, organisieren geeignete Wege der Aus-, Fort- und Weiterbildung, ermitteln zukunftsorientierte Personalanforderungen und entwickeln Konzepte zu deren nachhaltiger Erfüllung;

- Personalberater suchen Fach- und Führungskräfte und tun dies anhand ihrer Expertise, die Bedarfsprofile für verschiedene Positionen im Unternehmen mit den Kompetenzen potenzieller BewerberInnen in Deckung zu bringen;
- Outplacer schließlich versuchen, Hand in Hand mit ihren Klienten deren vorhandene Kompetenzen und Potenziale zu erschließen, um zielführende Bewerbungsverfahren anzubahnen. Damit stellen sie sich letztlich der Herausforderung, Arbeitsuchenden zu einer passgenauen beruflichen Tätigkeit zu verhelfen.

Aber kommen wir zurück auf die Ebene des „Suchers" selbst als „Erfinder" der eigenen beruflichen Laufbahn. Was für den betrieblichen Alltag gilt, zeigt sich umso mehr im lückenhaften Wissen jedes Einzelnen über seine persönliche Kompetenz-Ausprägung:

Die These, die in diesem Buch vertreten wird, lautet, dass die „Laufbahnentwickler" in eigener Sache vielfach weder wissen, welche tatsächlichen Kompetenzen oder Potenziale sie vorweisen, noch den einmal eingeleiteten Berufsplan aufbrechen können, geschweige denn spontan sinnvolle und nachhaltige Alternativen entwickeln würden.

Und schließlich wäre noch die Umsetzung solcher alternativer Ziele und Pläne zu betrachten – ein Problem ganz eigener Art.

Oder reden wir von der Angst im fortgeschrittenen Alter (und sei es die der eigenen Ehepartner) – der Angst nämlich, sich verändern zu müssen oder unweigerlich stecken zu bleiben, und damit herauszufallen aus dem gewohnten Lebensplan, die manche Ansätze im Keim erstickt. Dass Veränderung auch Spaß machen und geradezu euphorisierend wirken kann – vor allem, wenn sie gut geplant ist – wird zu selten als Chance begriffen. Dass es jedoch letztlich dazu kommen kann, erfordert, schlafende Kräfte zu wecken, um die enormen notwendigen Energien für den Transfer, die Umsetzung des eigenen beruflichen Lebensplans frei zu setzen.

Zudem werden die geschilderten Abläufe, angesichts der aktuell diskutierten demo-grafischen Veränderungen, künftig in einem ganz neuen Licht erscheinen. Dazu nur ein Beispiel: Nach neuesten Erkenntnissen kann jedes zweite Mädchen, das heute geboren wird, 100 Jahre, jeder zweite Junge 95 Jahre alt werden. Zugleich zeigt sich, dass bereits jetzt die Gruppe der jugendlichen Auszubildenden, aber auch der jungen Fach- und Führungskräfte zahlenmäßig einbricht. Nach den „Baby-Boomern" der 50er und 60er Jahre sind nun die darauf folgenden **geburtenschwachen Jahrgänge** an der Reihe, unsere Gesellschaft vor gravierende Herausforderungen zu stellen. Auf den Punkt gebracht: Die Gesellschaft schrumpft zahlenmäßig als Ganzes und die Alten haben gleichzeitig gute Chancen, immer älter zu werden – und dabei im Durchschnitt auch immer fitter zu bleiben.

Welche Auswirkung auf unser Thema der strategischen Laufbahnplanung hat also die Tatsache, dass künftig die sogenannte Alterskohorte der Jüngeren absehbar schwindet, wodurch, gemessen an Know-how, Fitness und Langlebigkeit der älteren Menschen in der Gesellschaft, der Arbeitsmarkt zunehmend unter Druck gerät? Interessante Optionen nicht nur für die Generation „50plus", sondern gleichfalls für jüngere Umsteiger, sollte man meinen!

Anhand von Praxisbeispielen, Handlungsanweisungen, Reflexionsübungen wird im Folgenden der Ansatz zur Selbst-Gestaltung für den Leser als **„Umsteiger"** ausgebreitet. Es ist das Ziel, die individuelle Handlungsfähigkeit zu steigern und **Mut zum persönlichen Change Management**, mit eigenen „Bordmitteln" und den nötigen äußeren Hilfestellungen zu machen.

Dazu gehört auch eine eingehende Auseinandersetzung mit den aktuellen Ansätzen zum **Networking**: Eine Antwort auf das Scheitern der „Ich-AG", aber vor allem eine Aufforderung zu selbst-verantwortlichem Handeln, im Interesse einer neuen Definition von Beruf und Freizeitverhalten („work-life balance"); nicht zuletzt geschieht dies auf der Basis einer gezielten **Potenzialanalyse**, der systematischen Suche nach erweiterbaren Eignungsgrundlagen, die über die naheliegenderen, kurzfristig aktivierbaren Kompetenzen weit hinausgehen.

Das Buch stellt einen innovativen Ansatz zur persönlichen Laufbahngestaltung vor. Unter der Bezeichnung Vocating wird ein Vorgehen in mehreren Stufen beschrieben, das dem Leser erlaubt, im Wesentlichen eigenständig die entscheidenden Weichenstellungen zu einer erfüllenderen beruflichen Perspektive vorzunehmen.

**Vocating** meint die selbst gesteuerte, strategische Planung und Ausgestaltung des eigenen beruflichen Lebensweges. Wörtlich hat **Vocating** etwas mit **vocation** (engl. „Beruf" im Sinne von Berufung), **vocational training** (Berufsausbildung, Weiterbildung) zu tun; hilfreiche Metaphern bieten jedoch auch die Begriffe **in-vocation** (Anrufung der Geister: gemeint sind natürlich in erster Linie die eigenen Lebens-Geister, sprich Selbstvertrauen, Intuition und Mut) oder **ad-vocation** (verfechten, verteidigen, fürsprechen, eintreten für … z. B. den eigenen beruflichen Lebensplan, auch mit Hilfe eines Mentors).

## Der Kompass auf dem Weg durch das Buch:

**Teil I: Lebensplanung und berufliche Identität – Der rote Faden beruflicher Biografie** reflektiert vor allem die Vergangenheit: „Wie bin ich dahin gekommen, wo ich jetzt stehe?"; also die Laufbahnhistorie, auch der normale Verlauf von beruflichen Lebensplänen.

### 1. Wurzeln beruflicher Befähigung – worüber Erwachsene nur staunen können
Beim spielenden Kind werden erste Anzeichen für das Vorliegen bestimmter Fähigkeiten deutlich. Im Hintergrund steht die Erkenntnis, dass „nicht jeder alles kann" und dass man auch beraterisch eine Person nicht „um die eigene Achse drehen" wird: Ich habe ein bestimmtes Potenzial, das mich befähigt – aber auch festlegt; und das bleibt mir über die Lebensspanne hinweg erhalten! Hier geht es letztlich um das Verhältnis angeborener zu den erlernten Eigenschaften.

### 2. Reifung des Berufswunschs – der Konflikt mit dem Erwachsensein
Intuitiv wissen viele Kinder und Jugendliche sehr wohl, was ihnen entspricht. Und viele handeln auch danach – sehr erfolgreich sogar! Viele können es jedoch nicht benennen oder sich gegen die übergeordneten Geltungsansprüche ihrer Umgebung durchsetzen. Im

Idealfall decken sich die individuellen Fähigkeiten mit den sozialen Ansprüchen: Dann wird ein Jugendlicher seinen Stärken entsprechend angemessen gefördert; im umgekehrten Fall wird jedoch jemand in eine völlig falsche Richtung gedrängt und sei es auch nur aus wohlwollender Unwissenheit, mangelnder sozialer Verfügbarkeit der erforderlichen Mittel oder Kontakte; oder aber aufgrund geringer Wertschätzung für das Potenzial im Einzelfall – das ist regelmäßig der Fall, wenn beispielsweise nur der wirtschaftliche „Überlebens-anspruch" obsiegt: „Was soll denn bloß aus dir werden?"

### 3. Vorläufige Berufswahlentscheidung mit lebenslanger Laufzeit?

Dies war seit Urzeiten das vorherrschende und auch erfolgreiche Modell der beruflichen Sozialisation: Regelmäßig wurden Tätigkeiten und Aufgaben vom Vater auf den Sohn, von der Mutter auf die Tochter übertragen und damit die berufliche Identität vom Stapel gelassen. In neuerer Zeit gehörte dazu auch die durchaus anerkannte Praxis, dass der Sohn auf Empfehlung des Vaters in dessen Betrieb „unterkam". Damit lebten die Alten in den Jungen weiter und die wiederum erhielten zumindest lebenswichtige Anstöße für den Aufbau der eigenen beruflichen Existenz. Sozusagen als Stützkorsett, damit sich die „Frischlinge" orientieren und entfalten konnten in einer durchaus feindlichen Umwelt.

Auch die Unternehmen zogen daraus Vorteile hinsichtlich der Gewinnung geeigneter Nachwuchskräfte: Im Übrigen auch eine Art des Wissensmanagements, durch das dem Unternehmen wichtige Wissensbestandteile erhalten blieben. Einmal ganz abgesehen von der Frage, inwieweit es diese Art der Generationenfolge heutzutage überhaupt noch gibt: Wann aber wird aus diesem Stütz- ein Zwangskorsett?

Heute stellt man häufig fest, dass der oder die Einzelne geradezu in zwei getrennten Welten lebt – bei der Arbeit die lästige „Pflicht" erfüllt, im Privatleben die im eigentlichen befriedigende „Kür" meistert. Wenn der Arbeitgeber also wüsste, welche Fähigkeiten seine Mitarbeiter so im Privaten ausleben; aber auch: wenn Beschäftigte diese Fähigkeiten wirklich wertschätzten und wüssten, was man beruflich daraus machen könnte! Zwei Seiten einer Münze.

Einmal in der Jugend angestoßen, haben berufliche Lebenspläne allerdings regelmäßig die Tendenz, ewig zu überdauern.

### Teil II: Die eigene Laufbahn auf dem Prüfstand: Wo geht es weiter?

Im Mittelpunkt von Teil II steht die Gegenwart: Anlässe, Motive, Ziele und Wünsche; der Blick ist auch schon nach vorne gerichtet in Richtung der Grundlagen künftiger Laufbahn und Karriere. „Was weiß ich denn, was ich weiß?, was weiß ich, was ich kann? – und wozu kann man das gebrauchen …?".

### 1. Wendepunkte beruflicher Identität

Von vielen beklagt, von manchen begrüßt, hat erst die zunehmende Globalisierung dem traditionellen Vorgang der beruflichen Weitergabe von einer Generation auf die nächste ein Ende gesetzt. Immerhin wird heute gefordert, jeder Arbeitnehmer werde künftig mehrere Berufe in seinem Leben ausüben *müssen*. Was nun? Spätestens die gravierende Erfahrung des betrieblich bedingten Arbeitsplatzverlusts führt bei vielen zu großer Ratlosigkeit, zu Gefühlen von Verzweiflung und Hilflosigkeit – Das „Nokia-Phänomen": „Was soll bloß aus mir werden – ich habe doch nichts anderes gelernt!"

Es kommt hinzu, dass im Zuge der Gleichberechtigung auch Frauen sich diese Fragen heute zunehmend stellen. Insbesondere die Erfahrung berufstätiger Frauen in Deutschland nach der Wende spricht diesbezüglich Bände, was den erzwungenen Identitätswandel ehemals erfolgreicher weiblicher Fach- und Führungskräfte angeht.

Kann oder sollte man sogar ohne äußere Krise selbst aktiv werden? Auch darauf soll hier eine Antwort gegeben werden.

**2. Auf der Suche nach der eigenen Kompetenz: „Woher weiß ich, was ich kann und weiß?"**
Ob ich mich selbst mit gut begründeten Argumenten für angemessen ausgestattet halte, um mir einen eigenen Laufbahnplan zu „schnitzen", entscheidet letztlich über den ungetrübten Blick auf meine wahren Fähigkeiten und Beschränkungen. Wer kann mir aber einen solchen Zugang verschaffen – oder was kann ich denn eigentlich selbst dabei leisten? Halten wir fest: Es ist heute möglich, mit Hilfe von Untersuchungsverfahren, Freunden und Kollegen, manchmal auch Vorgesetzten oder Karriereberatern, sich diesen Überblick zu verschaffen. Daneben sind auch die gezielte Selbstbeobachtung, die Dokumentation und Reflexion solcher Erfahrungen zu einem stimmigen Gesamtplan zu verknüpfen. Damit werde ich mein eigener Mentor – der Förderer und Sachwalter meiner ureigenen Interessen.

**3. Im Ozean der Kompetenzen und keinen Rettungsring dabei?**
Welche Wege stehen dem Mann oder der Frau offen, die sich erst einmal entschlossen haben, die Weichen in Richtung einer selbst gestalteten beruflichen Laufbahnplanung zu stellen? Dies legt die Suche nach einem geeigneten Wegbegleiter nahe (es darf auch eine Wegbegleiterin sein), der/die mindestens folgende Anforderungen erfüllen sollte: Objektivität, Neutralität, Vertrauenswürdigkeit und Kompetenz.

Im Vordergrund stehen die Aspekte Suche und Vereinbarung: Auf welchen Wegen finde ich meinen Begleiter/meine Begleiterin – letztlich auch eine Frage des Networkings; worauf ist zu achten, wie handeln wir eine für beide Seiten interessante, aber auch Schutz bietende Vereinbarung aus? Das Kapitel liefert umfassende Antworten auf diese Fragen des persönlichen Change Management mit externer Begleitung.

**Teil III: Berufliche Reiseziele oder: Wie man seinen Koffer packt**
In Teil III werden Alternativen zum persönlichen Ist-Zustand und Zukunftsperspektiven für den angestrebten (und nun eigen-bestimmten) Soll-Zustand entwickelt; entscheidend ist dabei die erfolgreiche Umsetzung aussichtsreicher Optionen; hier eröffnen wir auch einen Blick auf das „danach": „Wann ist man eigentlich angekommen? Und wie integriere ich meine Lebenserfahrungen…?", Ist der „Weg wirklich das Ziel?"

**1. Wohin soll es eigentlich gehen?**
Wir wollen nicht verschweigen: Wirtschaftlich gesehen sind die Zeiten hart, härter denn je, und treiben viele in berufliche Aktivitäten, die bis zur Selbstverleugnung gehen können. Die

Grenzen von Ethik und Moral sind in der real existierenden Welt von Porno und Kommerz ohnehin längst überschritten.

Also: Wo will ich in zehn Jahren stehen? Diese Frage ist wirklich nur zu beantworten, wenn der beruflichen Laufbahnplanung ein klares, eindeutiges – und natürlich unabhängig, nach freiem, gut informiertem Willen gewähltes – Ziel unterlegt ist.

Die Kernfrage lautet demnach: Was für ein Mensch werde ich sein, wenn ich meine Ziele erreicht habe?

### 2. „Na wunderbar, aber das traue ich mir nicht zu!"

„Wolkenkuckucksheime sind nichts für mich!" Dahinter steckt nicht zuletzt die sehr einleuchtende Befürchtung, sich zu übernehmen und nicht mehr zurückzufinden; immerhin verliert man ja beim Laufen erst einmal den Boden unter den Füßen. Angst und Unsicherheit stellen im Leben wichtige Alarmsignale dar. Sie fordern ihren Tribut und sind ernst zu nehmen. Einfach darüber hinwegzugehen, ohne Plan, kann bedeuten, unvertretbare Risiken einzugehen. Und Risiken bestehen sicher zur Genüge. Nur: Wenn ich dabei verharre, werde ich die Welt nie von der anderen Seite aus sehen – und damit die für mich enthaltenen Chancen erleben.

Es kann also nicht darum gehen, die Befürchtungen unter den Tisch zu kehren; es wird andererseits auch kaum gelingen, das Risiko komplett auszuschalten, wenn ich weiterkommen will.

Dem halten wir zunächst einmal entgegen: Veränderung macht Spaß, das Erlebnis persönlicher Kompetenz birgt Euphorie („Moments of Excellence"); und schließlich geht es darum, die diffusen Befürchtungen und Vermutungen in ein kalkuliertes, in kleinen Schritten zu bewältigendes Risiko zu übersetzen!

### 3. Ein vermittelnder Exkurs: Networking
*(Gastbeitrag von Andreas Heuberger)*
Früher gerne mit leicht säuerlichem Unterton als „Vitamin B" (mit B für Beziehung) abgewertet, ist Networking heute zu einer Art Volkssport geworden. Während man seinerzeit eifersüchtig auf die Chancen der Kinder wohlhabender Eltern im Allgemeinen und der sogenannten „Höheren Töchter" schielte, im In- und Ausland zur persönlichen und beruflichen Reifung herumgereicht zu werden, ist inzwischen klar geworden: Das kann doch eigentlich jeder! Ob bei „ICQ", „Wer-kennt-wen" oder „Xing", um nur einige der gängigen Internet Chat- bzw. Kontaktnetz-Börsen zu nennen, es zeigt sich heute immer mehr, dass jeder Einzelne seine privaten und beruflichen Chancen mit dem Aufbau und der Gestaltung persönlicher Netzwerke ganz wesentlich verbessern kann. Und das sozusagen mit einem Mausklick.

Viele scheinen die Tragweite des Beziehungsmanagements für den eigenen Erfolg jedoch noch nicht so recht verstanden zu haben. Man kann allerdings sagen, dass die berufliche Selbstgestaltung inzwischen damit steht und fällt. Aus der Beratung wissen wir ja schon länger, dass die Initiativbewerbung traditionell allergrößte Aussichten auf Erfolg bietet, während das Warten auf Angebote oder die Reaktion auf Ausschreibungen in den Medien meistens eher einem Lotteriespiel gleicht. Nur, wie schafft man es, an interessante Kontakte zu kommen bzw. „ent-deckt" zu werden? Durch Netzwerke natürlich! In manchen Köpfen spukt hingegen immer noch die altbekannte Abwehr herum vom Typ „Ich biete mich doch nicht an wie saures Bier!".

Zugestanden: Bei der Netzwerk-Kompetenz tut sich heute ein wahrer Abgrund zwischen den jungen, mit digitalen Systemen vertrauten Usern im Vergleich mit den älteren, analog orientierten Briefeschreibern auf. Und dass die Chat-Wut sich inzwischen wie ein Lauffeuer ausgebreitet hat, bedeutet noch lange nicht, die Idee des Netzwerkens würde schon angemessen für die berufliche Fortentwicklung genutzt, geschweige denn überhaupt im breiteren Umfang kompetent verfolgt. Netzwerken ist durchaus eine Kunst und erfordert überdies einen relativ hohen Zeitaufwand kontinuierlicher Aufmerksamkeit und Pflege meiner Kontakte.

**4. Ein vermittelnder Exkurs: Wissensmanagement und Demografiewandel**
Der Demografiewandel stellt gleichermaßen eine Herausforderung und Chance dar. Personalverantwortliche in den Unternehmen suchen händeringend nach Auswegen, wie dem bereits um sich greifenden Mangel an geeigneten Fach- und Führungskräften zu begegnen wäre. Reaktivierung best ausgebildeter, körperlich und geistig hoch aktiver Menschen der Altersgruppe 50plus, aber auch die Berücksichtigung bislang als ungeeignet angesehener, weil nicht unmittelbar passgenau qualifizierter Bewerber gehört dabei immer mehr zum Standardrepertoire des zeitgemäßen Personalmanagements.

Dennoch ist gerade ein gezieltes Wissensmanagement über die Mitarbeiter-Generationen hinweg, insbesondere in Mittelständischen Unternehmen immer noch die Ausnahme.

All dies eröffnet für unseren Zusammenhang interessante Ableitungen: Ganz im Gegensatz zu den Verhältnissen noch vor wenigen Jahren, werden ältere Mitarbeiter wieder als wichtig erachtet für Leistungserbringung und Wachstum einer Organisation. Überhaupt wird die Bedeutung des Einzelnen dadurch möglicherweise langfristig eher aufgewertet. Und dieser Trend dürfte aufgrund der fortdauernden demografischen Veränderungen auf absehbare Sicht anhalten. Auf der anderen Seite gibt es gerade für „Quereinsteiger" im mittleren Alter vor diesem Hintergrund allen Anlass, auf die Verwirklichung der eigenen beruflichen Wunschvorstellungen hinzuarbeiten.
Und natürlich gilt dies insbesondere für die Frauen unter uns, die auch im fortgeschrittenen Alter noch einen grundsätzlichen Neustart in Angriff nehmen wollen.
Entscheidend ist hier zunächst nur die Trias von „Wissen über die eigenen Kapazitäten", „klares Ziel und Wertesystem" sowie „gute handwerkliche Arbeit, nicht zuletzt beim Networking".

**5. Angekommen! Angekommen?**
Woran erkenne ich denn, dass ich erfolgreich bin – und dann? Diese Frage beinhaltet zweierlei: zum einen dass man Erfolg sehr unterschiedlich definieren kann – je nach persönlicher Perspektive z. B. materiell, sozial, zwischenmenschlich; oder aber vom Standpunkt der gesunden, belastbaren Identität des einzelnen Menschen aus betrachtet: So gesehen ist Erfolg das Gegenteil von Entfremdung – nämlich nicht zu wissen, wozu und wohin bzw. wo der Sinn in allem liegt.

Es sind andererseits die Gefühle des „Flow" – eines völligen Verschmelzens mit einer als sinnvoll erfahrenen Aufgabe, mit einem Musikinstrument oder auch einer sportlichen Aktivität, die von Mihaly Csikszentmihalyi über Jahrzehnte hinweg wissenschaftlich untersucht und in seinem Buch als verallgemeinerte Lehren destilliert worden sind. Wenn die körpereigenen Endorphine die Leistungsfähigkeit eines Menschen in ungeahnte Höhen befördern und gleichzeitig eine Losgelöstheit von belastenden Erlebnissen ermöglichen, die uns ansonsten schon in weit geringerem Ausmaß immer wieder zusetzen können.

Hier schließt sich nun der Kreis: Dies ist der Zustand des selbstversunkenen Spiels, das wir bereits beim kleinen Kind erlebten, und vielleicht auch selbst noch in Erinnerung haben.

Um die Ausgangsfrage zu beantworten – bedeutet dann „angekommen" lediglich das Erreichen eines vorübergehenden Zielzustandes: Die Quelle für Neugier und das Bedürfnis, weiterzugehen – und zugleich der Ursprung der Kraft, um auf einem höheren Entwicklungsniveau sich ein neues, herausforderndes Ziel zu setzen.
Das Leben ist lang genug, mit jedem einzelnen Tag erneut in diese Richtung zu schauen: nach vorne in die Zukunft, auf dem Boden des Bewusstseins von den eigenen Kompetenzen und Potenzialen – und der Fähigkeit, diese ständig neu zu erschließen!

# Teil I: Lebensplanung und berufliche Identität – der rote Faden beruflicher Biografie

## 1. Wurzeln beruflicher Befähigung – worüber Erwachsene nur staunen können

### 1.1 Das kreative, selbstversunkene Spiel des Kindes zeigt überdauernde Anlagefaktoren

Am Anfang war das zweckfreie Spiel. Wir alle kannten eine Zeit, in der wir einen Ozean an Möglichkeiten zur Verfügung hatten. Wir beschäftigten uns mit dem, was uns am nächsten lag und ließen links liegen, was uns nicht gefiel. Wir dachten nicht darüber nach, was uns angemessen sein könnte; wofür wir geeignet sein könnten; wofür man uns lieben und was man uns später vorwerfen würde. Stattdessen spielten wir selbstversunken vor uns hin, manchmal vergaßen wir buchstäblich alles um uns herum. Das war das Glück schlechthin.

Später wies man uns an, dass wir doch bitteschön mit einem Metallbaukasten (die Jungen) oder mit Puppen (die Mädchen) zu spielen hätten. Begrenzt waren wir anfangs aber nur von einigen wenigen, wenn auch sehr grundlegenden Vorgaben genetischer Art, wie etwa musischen, zahlenmäßig-analytischen, die Körperkoordination betreffenden Anlagen. Aber auch hier tendierten manche wohl schon immer dazu, in Kategorien von „das fehlt ihm, das hat sie nun wirklich nicht drauf!", „er fällt über seine eigenen Füße!" zu denken, anstatt die Stärken – das Potenzial – gerade in dieser Individualität zu sehen, geschweige denn zu suchen.

Ganz im Ernst: Welches Kind würde mit Wachsmalstiften arbeiten, wenn ihm das Toben mit dem Ball näher läge; oder umgekehrt, sich mit zehn laut grölenden Primaten auf dem Fußballplatz zu balgen, anstatt die Innereien eines Motorradantriebs zu bewundern – wenn es das irgendwie faszinierte.

Mein eigener Vater hatte „Glück": Der Großvater, ein stock-unmusikalischer Eisenbahningenieur, mit einer Pianistin verheiratet, die mehrmals am Tage intensiv ihre Fingerfertigkeit übte, pflegte dann das Haus zu einem Spaziergang zu verlassen; er kam erst zurück, wenn er sicher sein konnte, dass sie fertig war, ohne sich je zu beklagen. Eine sehr spezielle Art von Liebe. Eines Tages nun kam der Großvater zu seinem Sohn, in der einen Hand eine Geige – ein Tribut an die Fähigkeiten seiner Frau – in der anderen einen Fußball, hielt beides vor ihn hin und fragte nur: „Was willst Du haben, entscheide Dich?" Die Entscheidung meines Vaters im Alter von sechs Jahren kann man sich leicht ausmalen – und weg war er auch schon – mit dem Ball unter dem Arm.

Zu der Zeit, etwa um 1920 herum, passte das nach landläufiger Meinung wohl eher zu einem Jungen und er konnte noch im hohen Alter mit glänzenden Augen über dieses sagenhafte Geschenk seines Vaters erzählen, sich nicht mit der ungeliebten Musik beschäftigen zu müssen. Ich frage mich, was wohl aus ihm geworden wäre, wenn er stattdessen seine musischen Qualitäten zugelassen und genutzt hätte: ein glücklicherer Mensch oder weniger beruflich erfolgreich, als er es dann wurde?

Andererseits, was sagt dieses Beispiel über Erbanlagen oder soziale Einflussnahme aus: Was der Großvater von Musik hielt, ist ja bekannt; welche Absichten er mit dieser „Wahl" hegte, kann man sich also auch ausmalen – vielleicht wollte er auch nur einmal sehen, in welche Richtung sein Sprössling wohl tendierte. Sein Sohn aber, inwieweit fühlte der sich durch das Vorbild seines Vaters zu einer bestimmten Entscheidung gedrängt und wie sehr spielte seine eigene Veranlagung dabei die ausschlaggebende Rolle.

Wir werden es nicht erfahren. Nach meiner Beobachtung spielen jedoch solche scheinbar unbedeutenden „Wegkreuzungen" bereits in frühester Kindheit keine geringe Rolle für die weitere berufliche Entwicklung eines Menschen. Die Ursprünge liegen sehr früh – und wir selbst nehmen sie kaum wahr.

Im Folgenden will ich aufzeigen, wie in den allermeisten Fällen diese grundlegenden Berufswahlentscheidungen frühzeitig, in der Regel unbewusst, fast automatisch erfolgen, aus einer sehr engen Beziehung zwischen **genetischen Vorgaben und sozialen Erwartungen** heraus:

*   genetisch als vorgegebener Rahmen mit Optionen und Limitierungen,
*   sozial aber auch als Förderung oder Zwang;

und ich gehe gleichzeitig davon aus, dass unter ganz bestimmten Bedingungen wie der wertschätzenden Sicht auf die ganz persönliche Mixtur eines Kindes nicht nur die berufliche Entwicklung erfüllend verläuft; auch die positive Grundeinstellung sich selbst und anderen gegenüber dürfte davon beeinflusst sein. Währenddessen treten Konflikte – bewältigt oder nicht – besonders dort auf, wo diese Chancen und Grenzen übersehen, missachtet oder ganz einfach aufgrund eigener Ansprüche der Erwachsenen ignoriert werden.

Als Konsequenz müssen in manchen Fällen die Ursachen beruflicher Fehlentwicklung später erst zurückverfolgt und entwirrt werden, bevor jemand imstande ist, einen angemesseneren Weg einzuschlagen. Davon habe ich im Laufe meiner Beratung viele Beispiele kennengelernt, über die hier auch berichtet werden soll.

Der Punkt ist nicht, dass wir im Leben ohne Konflikte auskämen. Ganz im Gegenteil! Die berufliche Laufbahn zeichnet sich gerade dadurch aus, dass die meisten von uns immer wieder riskante Entscheidungen mit wechselndem Ergebnis auf sich nehmen, hinfallen, Schmerzen erleiden, wieder aufstehen, in Sackgassen laufen, sich neu orientieren und letztlich wieder befreien; gerade dadurch eigne ich mir meine Laufbahn an und kann mit Selbstvertrauen zu dem stehen, was mich ausmacht – auch gegen größere Widerstände von außen: No risk – no fun!

Vielmehr geht es mir an dieser Stelle um das geeignete Maß an Förderung und Forderung nach der Devise: „Wenn sie klein sind, gib ihnen Wurzeln, wenn sie groß werden, gib Ihnen Flügel." (Anonymus)

Auch heute drängt sich mir manchmal das Bild spielender Kinder auf, wenn ich in der Beratung Menschen kennenlerne, die entweder frei ihren Neigungen und Vorlieben frönen und damit beruflich sehr erfolgreich sind. Da war schon immer genug Platz, sich auszubreiten und Gelegenheit, sich zu erkunden.

Oder aber – eine weitaus größere Zahl von Ratsuchenden – die sich eher wenig zutrauen, ihren wahr-genommenen Kompetenzen gleichzeitig recht enge Grenzen setzen. Das dazu gehörige Szenario findet vordergründig erst einmal im Kopf statt: „Für mich gibt es doch keine Chance (mehr) am Arbeitsmarkt", „Was soll ich machen, jetzt, wo ich nicht mehr den Beruf ausüben kann, den ich mal gelernt habe (der mir vorgegeben wurde)?"; „Ich werde denen (gemeint ist der Arbeitgeber) nie verzeihen, was die mir angetan haben"; „ich habe doch nichts gelernt" (soll heißen: keine Standardausbildung absolviert, auch wenn ich in der Zwischenzeit eine Reihe sehr sinnvoller Dinge getan und meine Erfahrungen erfolgreich angewendet habe).

Im selben Moment, und häufig unerkannt, läuft die gelernte Selbstbeschränkung über körperliche Empfindungen, Emotionen, Sinneswahrnehmungen, bildhafte und sonstige sinnliche Gefühle ab: im Magen, in der Lunge, beim Herzen, in den sprichwörtlich weichen Knien oder wo auch immer in meiner Physis. Schwindelgefühle. Oder wie der Woyzzek bei Georg Büchner zum Andres sagt „Der Mensch ist ein Abgrund, es schwindelt einen, wenn man hinabsieht!".

Außerdem merken die meisten ihre Hilflosigkeit gar nicht einmal daran, sondern doch eher an den eigenen Gedanken, dem geistigen Selbstgespräch: „Ich kann nicht" – „das würde ich mir nie zutrauen" – „das kann nur schief gehen oder hat noch nie funktioniert" – „ich fühle mich bei dem Gedanken klein und miserabel" – „das ist doch nichts für mich": Ahhh, immerhin endlich wieder ein Gedanke – vertrautes Gelände!

Und ich stelle mir dabei vor, wie sich ein Erwachsener über das spielende Kind beugt und ungefähr sagt: „Was soll denn der Quatsch, das macht man doch nicht, kannst Du nicht etwas Vernünftiges mit Dir anfangen?"

## 1.2 Ohne Talent wird aus dem Klavierspieler kein Pianist – ohne Förderung bleibt höchste Begabung Mittelmaß

Bei näherer Betrachtung vermittelt also das selbstversunkene Spiel dem aufmerksamen Betrachter durchaus interessante Hinweise auf mögliche Stärken und Schwächen des Kindes, die möglicherweise für das weitere (Berufs-)Leben einen roten Faden liefern könnten.

Oder sagt das etwa nichts über Anlagen und Chancen aus, wenn ein Fünfjähriger spontan und ohne irgendeine Aufforderung liebevoll mit Zahlenreihen jongliert und die Altersabstände zu seinem Bruder in den kommenden Jahrzehnten auf das Pflaster malt – noch ehe er überhaupt in die Schule gekommen ist?

Dazu noch eine wahre Geschichte. Dieses andere Kind war beim Schwimmen in der Bucht auf Mallorca plötzlich verschwunden. Man fing bereits an, sich Sorgen zu machen, als der Kleine plötzlich, ebenso unvermittelt wieder auftauchte, mit einem nicht zu übersehenden

Strahlen im Gesicht: Er war aus der Bucht hinausgeschwommen und hatte das Gefühl grenzenloser Freiheit und Unabhängigkeit genossen. Nicht die Spur von Gefahrenbewusstsein oder Ängstlichkeit. Die Eltern hingegen hatten sich ernsthaft gesorgt. Danach allerdings durfte er erst einmal bei der DLRG Schwimmen und Retten lernen, um sich dann konsequent dem Tauchen zuzuwenden.

Was hat das alles mit erblichen Anlagen, Lernen, Kompetenzen zu tun – unserem Kernthema? Nun, zunächst einmal bilden unsere genetischen Anlagen die Voraussetzung für das, was wir in den lebenslangen Lernprozessen dann wie und auf welche Weise auch immer aufnehmen, verarbeiten und weiterentwickeln. Danach richten sich zum Beispiel die Geschwindigkeit und Qualität, mit der neue Aufgaben, Herausforderungen, Fragestellungen bewältigt werden können.
Da gibt es natürliche Unterschiede. So gehört nach jahrzehntelanger Intelligenzforschung heute beinahe zum Allgemeinwissen, dass jemand mit einem hohen IQ abstrakte Zusammenhänge schneller verarbeitet als der Durchschnitt seiner Geschlechts- und Altersgenossen; entsprechend sollte dieser Mensch dazu in der Lage sein, selbst schwierige Denkaufgaben mit Leichtigkeit zu lösen, die Ergebnisse auf vollständig neue Fragen anzuwenden. Diese Form der Übertragung nennen wir Transferleistung.

Analog dazu lässt sich dieses Prinzip der anlagemäßigen „Bevorzugung" auf sportliche, musische oder sprachliche Leistungen übertragen. Nur beschränkt sich im Alltag die Begabung in der Regel auch auf bestimmte Klassen solcher Eigenschaften, körperlicher, geistiger oder musischer Art. Super-Begabungen, über diese Bereiche, also verschiedene Merkmalsklassen hinweg, treten dagegen seltener auf.
Zusammenfassend gibt es sicher Menschen, die aufgrund ihrer besonderen, angeborenen Ausstattung wesentlich eher als andere dazu geeignet sind, bestimmte Aufgaben zu erfüllen – leichter und schneller.

Da hört es aber schon auf: Um unsere Fähigkeiten nämlich zu voller Reife zu entwickeln, bedarf es andererseits einer permanenten, möglichst frühzeitig einsetzenden und gezielten Förderung – und wie am Beispiel des Radweltmeisters Lance Armstrong zu erkennen, natürlich sehr viel harter Arbeit, Schmerztoleranz und Selbstdisziplin. Dem Wollen ist dann am Gelingen letztlich ein weitaus höherer Einfluss zuzubilligen als der vererbten Grundausstattung allein. Im Leben nicht nur äußerlich erfolgreich, sondern im Vollbesitz der eigenen Wirksamkeit zu sein, erfordert darüber hinaus eine bestimmte lebensbejahende Motivation, nämlich zu gestalten, anzupacken sowie die Wertschätzung der eigenen Person gegenüber – belastbar durch dick und dünn.

Ohne die entsprechende erbliche Grundausstattung wird aus einem Klavierspieler sicherlich kein begnadeter Pianist – aus dem Rechenkünstler kein Logik-Genie von der Sorte Albert Einstein und aus einem kunsthandwerklich fähigen Maler kein Rembrandt. Umgekehrt aber gelangt die Befähigung allein kaum zur allseits bewunderten Blüte ohne die soziale Verfügbarkeit, ohne entsprechende Wege, sich zu bewähren, einer gewissen Form der Förderung also, in Verbindung mit der entsprechenden Motivation beim Lernenden selbst. Jeder von uns kennt Menschen, die im Leben weit unter den ihnen gegebenen Möglichkeiten geblieben oder zwischendurch abgestürzt sind.

Hier kommen auch Phänomene von Unter- und Überforderung ins Spiel. Aus der Forschung ist bekannt, dass erfolgsorientierte Menschen sich Ziele mittleren Anforderungsgrades auswählen. Also solche, die sie weder über- noch unterfordern.

Woher wissen die das eigentlich? Als Regel lässt sich das nicht genau fassen, denkbar ist jedoch zumindest eine Verbindung von positiven Lernerfahrungen und individueller, genetischer Grundausstattung,

- als Kind von wertschätzenden Eltern mit abgestufter Verantwortung durch schwierige Situationen navigiert worden zu sein;
- die Erfahrung, auch mit belastenden Anforderungen erfolgreich umgehen zu können;
- und vielleicht noch eine unklare angeborene Tendenz zu individueller Belastbarkeit bzw. Stresstoleranz,

um nur einige Beispiele zu nennen.

**Unterforderung** – und die ist und bleibt subjektiv erlebt, um wirksam zu werden – erzeugt natürlich einerseits quälende Langeweile, mit der Vorstellung, sich nicht den eigenen Fähigkeiten und Wünschen entsprechend ausleben zu können. Man tritt auf der Stelle. Die Zeit scheint lastend stillzustehen, man zählt die Sekunden auf dem Zifferblatt, es ist kaum auszuhalten. Wer je eine monotone Tätigkeit ausüben musste, in der Gewissheit, darin gefangen zu sein, sich nicht davon befreien zu können, gleichzeitig aber einen unwiederbringlichen Verlust kostbarer Lebenszeit zu erleiden, weiß, was ich meine.

Aber auch dies: Wenn ich meine Kenntnisse im Schachspiel an jemandem messe, von dem ich weiß, dass er auch nicht annähernd meinen Leistungsstand erreicht, bleibt auch der Sieg für mich unbefriedigend. „Das war doch nichts wert…!"

Überforderung kann mit dem leichten Frust darüber verbunden sein, keine echte Gewinnchance zu haben. Um bei dem vorigen einfachen Beispiel zu bleiben, werde ich mich als Alltagsspieler nicht gerade darüber freuen, permanent in vier bis fünf Zügen von einem Gegner schachmatt gesetzt zu werden, der sich dann als Schachmeister entpuppt.

Ein Billardprofi erzählte andererseits davon, wie unangenehm die Erkenntnis sein kann, irgendwann keinen Spielpartner mehr zu haben. Es spricht sich halt herum, wer ein Könner ist, gegen den man nicht gewinnt.

**Überforderung** bedeutet, einer Aufgabe grundsätzlich nicht gewachsen zu sein: Die Kräfte erlahmen; das sichere Scheitern vor Augen, schleppt man sich weiter, wenn man nicht noch innerlich dagegen aufbegehrt, sich aber zur Fortsetzung verdammt sieht.

Das läuft im extremsten Fall auf die aktuelle Situation von Soldaten der Bundeswehr hinaus: Traumatisiert von ihren Horror-Erlebnissen in einer unbeeinflussbar existenzbedrohenden Situation, rund um die Uhr am Hindukusch, müssen manche der Kameraden sich erst zu Hause einer psychiatrischen Behandlung unterziehen (wenn sie denn die Kraft dazu aufbringen und sich dem Gruppendruck der Kameradschaft widersetzen, als Weichling angesehen zu werden), bevor sie „freiwillig" wieder an ihren Arbeitsplatz im Kampfgebiet zurückkehren wollen. Warum gibt man nicht auf und tritt „aus dem Feld"?

Körperlicher und seelischer Stress beim Überforderungs-Überlastungs-Syndrom kann aber bis zum Zusammenbruch einer Person gehen, der permanent zu viel zugemutet wird und die sich all dem, wie in unserem letzten Beispiel, sogar ausweglos gegenüber sieht. Warum sollte man sich, nach realistischen Maßstäben von Gewinn und Verlust gemessen, dem freiwillig aussetzen?
Eine entscheidende Rolle spielen hier nicht so sehr äußere Zwänge – niemand könnte das unter normalen Bedingungen wirklich von einem anderen verlangen – als innere Verpflichtungen wie Loyalitätsansprüche, möglicherweise verbunden mit einer reduzierten Bereitschaft, „Nein" zu sagen. Es sind vor allem die inneren Bewertungsstandards, die am meisten behindern können, den „Knoten" durchzuschlagen, was im Interesse des eigenen psychischen und körperlichen Überlebens wäre. Vielleicht bedeutet der Ausstieg auch einen unerträglichen Verlust – das Gefühl eigener Unfähigkeit – auf der ganzen Linie versagt zu haben.

Und dafür ist es im Alltag letztlich unerheblich, ob die Belastung wirklich äußerlich, objektiv nachvollziehbar ist oder lediglich auf negativen Vorstellungen beruht:
Entscheidend sind vielmehr Wahrnehmung und Erlebniswelt sowie die individuelle Belastungsfähigkeit eines Menschen in der persönlichen Zwickmühle.

Hier gibt es ein interessantes, widersprüchliches Phänomen, welches sich darin zeigt, dass manche Menschen durch scheinbar geringfügige Ereignisse aus dem Gleichgewicht geraten („Der Tropfen bringt das Fass zum Überlaufen"), während andere unter unvorstellbar harten Bedingungen noch an Stärke gewinnen, weil es einen persönlichen Sinn macht, durchzustehen und am Ende zu obsiegen: Ich nenne es das „Mandela-Phänomen", weil der ehemalige südafrikanische Staatspräsident Nelson Mandela auch in 25 jähriger Haft unter menschenunwürdigen Umständen, einschließlich der Folter, nicht gebrochen wurde sondern gestärkt hervorging: „Phönix aus der Asche"
In diesem Licht betrachtet, können die meisten von uns, mit eher durchschnittlichen Voraussetzungen, im Leben weit überdurchschnittliche Leistungen erzielen, während andere, denen größere Talente zugeschrieben werden, hinter ihren Möglichkeiten zurückbleiben. Warum ist das so?

Die Wissenschaft spricht von Resilienz. Der Begriff wird in verschiedenen Zusammen-hängen verwendet. Ich berufe mich hier auf Untersuchungen zum Verhalten nach traumatischen Erlebnissen, wie sie zum Beispiel die Psychologie beschreibt. Danach gibt es offensichtlich eine unterschiedliche Bereitschaft, physisch und psychisch belastende Erlebnisse zu verarbeiten. Die äußeren Bedingungen in Familie und Erziehung können dafür nicht allein verantwortlich gemacht werden. Nach allem, was man inzwischen weiß, scheinen für eine hohe Widerstandsfähigkeit („Stehaufmännchen") nicht nur Intelligenz, persönliche Sinnstiftung und gelernte Verantwortungsübernahme maßgeblich zu sein. Auch die positive Bedeutung, die von Kindesbeinen an dem Lernen und der Ausbildung zugeschrieben, scheint eine größere Rolle zu spielen. Es gibt dazu Untersuchungen, die belegen, dass selbst unter ungünstigsten Bedingungen sozial benachteiligter Einwandererfamilien diese Widerstandsfähigkeit sich bei einzelnen Menschen ausbildet.

Wie auch immer die Antwort auf die vorher gestellten Fragen ausfällt – ob jemand durch eigene Verlusterfahrungen oder die Aussagen bestimmter Bezugspersonen gelernt hat, sich hilflos zu fühlen, keine Forderungen zu stellen, geschweige denn bestimmte Zwänge rundheraus zu verweigern – oder gerade umgekehrt eine sichere Intuition dafür entwickelt hat, wie man sich an den „Fettnäpfchen" vorbei zielsicher auf die „Futtertröge" zubewegt: Hier soll zumindest deutlicher werden, wie wichtig die individuelle Motivation, also das Streben auf ein bestimmtes, klares Ziel hin, im Verbund mit Training und Übung, für den beruflichen Erfolg ist.

Wie also sind die persönlichen Leistungsvoraussetzungen als Produkt angeborener und erworbener Merkmale eines Menschen einzuschätzen. Welches persönliche Stärken-Schwächen Profil, welche Einstellungen und Motive zeichnen mich aus, und wie umfangreich oder eingeschränkt sind demzufolge die Chancen und Grenzen der Entwicklung hinsichtlich der für einen bestimmten Tätigkeitsbereich erforderlichen Kompetenzen?

**Den Begriff der Kompetenz definiere ich an dieser Stelle vorläufig so, dass wir auf den Ebenen von Wissen – Verhalten – Einstellungen klare Aussagen über die individuelle Eignung und Wirksamkeit einer Person, bestimmte Aufgaben betreffend, machen können.**

Wenn ich z. B. von der Kompetenz „Teamfähigkeit" rede – einer derzeit sehr beliebten Zielvorstellung bei Arbeitgebern und Bewerbern im Zusammenhang mit beruflichen Stellenanforderungen – ist zu fragen, was das in den Begriffen des persönlichen Know-hows, der Fertigkeit, etwas auch wirklich tun zu können, sowie der inneren Haltung (Grundeinstellung) bedeutet.

Kompetenzen bilden die Grundlage für berufliche Eignung ebenso wie für die damit zusammenhängenden Auswahlentscheidungen von Wirtschaftsunternehmen. Als Bindeglied zwischen persönlicher Eignung und der Aufnahme einer ganz bestimmten beruflichen Tätigkeit fungiert somit das Stärken-Schwächen Profil, welches ein Bewerber zu einer gegebenen Zeit aufweist.

Berufswahlentscheidungen haben sicher mit individuellen Kompetenzen zu tun. Daraus abgeleitet lauten die eigentlichen Kernfragen in diesem Buch:

- Wie kommen Berufswahlentscheidungen im Allgemeinen zustande?
- Welche Entscheidungsgrundlagen sind dabei von Bedeutung?
- Welche Auswirkungen hat die Berufswahlentscheidung auf die persönliche Identität und die Persönlichkeitsentwicklung eines Menschen, auf Entwicklungschancen, Lebenspläne – auch die außerberuflichen ?
- Vor allem: Wie kann ein Mensch die Planung und Ausgestaltung des beruflichen Lebensweges eigen-aktiv beeinflussen und steuern?
- Wie werden also Mann oder Frau „Herrscher" eines Verfahrens, das in der Regel ihr ganzes berufliches und privates Leben bestimmt?
- Und schließlich, wie kann man einmal getroffene Berufswahlentscheidungen überprüfen und bei Bedarf revidieren?

Berufswahl und Laufbahngestaltung werden von verschiedenen Faktoren beeinflusst, äußeren und inneren, sozialen und biologischen. Soziale Faktoren, auf die der jüngere Mensch altersbedingt wenig Einfluss hat, spielen dabei eine größere Rolle, als allgemein anerkannt wird. Berufliche Grundsatzentscheidungen werden im Alltag häufig von der Umgebung (Wünsche und Idealvorstellungen der Eltern, Freunde) mitbestimmt, und zwar in einem Alter, in dem junge Menschen noch kaum erfahrungs- und informationsgestützte, sondern allenfalls intuitive Aussagen zum Lebensplan machen können („Wunschdenken").

Im Verlauf der weiteren beruflichen Entwicklung zementiert, werden diese mit fortschreitendem Alter nicht selten als einschränkendes Wiederholungsritual erlebt, das die Leistungskraft, das Wohlbefinden und die Lebensperspektive allgemein beeinträchtigt; gleichzeitig ist hier oft ein persönliches Programm aktiv, das kaum wieder abgebrochen werden kann nach dem Prinzip: „Wofür man sich einmal entschieden hat, dabei muss man auch ewig bleiben!"

Verantwortlich dafür sind die Loyalität zur Herkunftsfamilie, offener oder uneingestandener Druck, fremden Wünschen gerecht zu werden sowie die Angst, zu versagen und dadurch aus dem Ansehen anderer herauszufallen. Das sind letztlich Fragen des persönlichen Bewertungsstandards in Verbindung mit der Bedeutung früher Bezugspersonen – für Außenstehende zwar nicht leicht nachzuvollziehen, letztlich aber auch nicht unüberwindbar.

Die Crux dabei ist, dass die Beteiligten oft nicht genau wissen, über welche tatsächlichen Kompetenzen sie verfügen; sie können aufgrund dessen weder den bereits eingeleiteten Plan aufbrechen, noch sinnvolle und nachhaltige Alternativen dazu entwickeln.

Hier spielt natürlich eine wichtige Rolle, dass persönliche Kompetenzen zuerst von den genetischen Anlagen ausgehen: Diese setzen wie erwähnt auf einer sehr grundlegenden Ebene Vorgaben, die als innerer Rahmen Grenzen und Chancen des Verhaltens determinieren. Es ist aber bekannt, dass der größere Teil menschlichen Verhaltens erlernt und damit formbar ist. Dieser Teil kann somit auch wieder ver-lernt, um-gelernt oder, vergleichbar mit einer wieder-bespielbaren CD, sozusagen über-lernt werden.

Während nun der Bereich äußerer Einflussnahme bei Eltern, Lehrern usw. liegt, ist der andere Einflussfaktor bei der selbstbestimmten Entscheidungsfähigkeit des Menschen zu sehen: Die Person analysiert ihre Kompetenzen und Potenziale, ihre Wünsche und Hoffnungen und trifft auf dieser Basis in Eigenverantwortung eine Entscheidung für die berufliche Laufbahn.

In aller Regel überwiegt beim Jugendlichen der fremdbestimmte Einfluss. Vielfach liegt nach meinen Beobachtungen die Konsequenz darin, dass der oder die Berufstätige – ob Mitarbeiter, Führungskraft oder Selbstständige – im Beruf verkümmern mag, weil dieser den eigenen Fähigkeiten nicht angemessen ist. Auswirkungen sind dann oft Unzufriedenheit, Krankheit am und im Beruf, Ausbruchsversuche, Hilflosigkeit, Passivität, Resignation, „innere Emigration". Auch Unternehmen erleiden allerdings Nachteile, etwa durch Mitarbeiter, deren Anforderungs- und Kompetenzprofil nicht deckungsgleich ist (Mis-Placement, Fehlplatzierung im Unternehmen).

## 1.3  Wille hebt Leistungen zu den Sternen empor: Die Olympiade der Rollstuhlfahrer

Andreas Pröve ist ein bekannter Fotograf und reist gern. Das Besondere daran, am liebsten unternimmt er seine ausgedehnten Reisen in alle Welt allein in seinem Rollstuhl. Nach einem Motorradunfall querschnittsgelähmt, konnte er in seinem Beruf als Tischler nicht mehr arbeiten, wechselte notgedrungen den Beruf und wurde Fotoreporter. Irgendwann machte er seinen Traum wahr und folgte in Indien dem Lauf des Ganges von Kalkutta bis zur Quelle. Das letzte Stück im Himalaja trugen ihn Sherpas über Schluchten und Klettersteige. Wirklich verblüffend aber ist, dass gerade dieses ständig auf andere angewiesen sein, ihm eine ganz besondere Nähe zu den Menschen einbrachte, die Nähe, die er gerade benötigt, um aus direkter Beobachtung seine Reportagen zu verfassen.

Pröve schreibt in seinem Buch „Mein Traum von Indien – Mit dem Rollstuhl von Kalkutta bis zur Quelle des Ganges":

„Ich zittere vor Kälte, die Feuchtigkeit zieht mir in die Knochen und die Sonne gibt uns höchstens noch drei Stunden für den Abstieg. (…) Wir müssen aufbrechen. Noch einmal blicke ich zurück, während ich in meiner Sänfte schaukelnd über das steinige Flussbett getragen werde und frage mich, ob die Strapazen diesen Moment wert waren. Den Wert einer Reise macht nicht das Ziel aus, sondern der Weg dorthin. Ich kehre der Quelle den Rücken und lasse dem Heimweh, das mich quält, endlich freien Lauf, denn nun beginnt die Rückkehr."

Wenn so etwas möglich ist – und es ist ja beileibe kein Einzelfall, sondern geschieht Tag für Tag vor unseren Augen, dass jemand sich zu den eigenen Sternen aufmacht (Paralympics; Special Olympics) – dann allerdings halte ich alles für möglich! Mit anderen Worten: Warum warten wir noch einen Tag länger darauf, dass sich unser berufliches Schicksal erfüllen möge, anstatt jetzt und sofort zu handeln: Wie hat beruflich alles begonnen – was finde ich über mich heraus – und wohin gehe ich dann damit?

**In diesem Buch geht es darum, dass Sie zu vorgerückter Stunde in Ihrem Leben sich noch einmal grundsätzlich neu besinnen, die Fäden Ihrer Laufbahnplanung in die eigenen Händen nehmen und sich zu völlig neuen Ufern aufmachen – vielleicht zu Ihren Wunschträumen, die sie früher einmal hatten und aus welchen Gründen auch immer beiseite legten. Und das bedeutet wesentlich mehr, als sich nur auf die Suche nach einem neuen Job zu machen.**

Können Sie, liebe Leserin, lieber Leser, sich noch an Ihre eigene Kindheit erinnern? Was machen Sie heute beruflich und was haben Sie dafür aufgegeben? Warum haben Sie dieses Buch in die Hand genommen und sind vielleicht jetzt selbst-versunken?

### Übung „Geschichtsschreibung"
Anleitende Hinweise zu *„Wurzeln beruflicher Befähigung"* auf Seite 143 können Ihnen bei der Reise in die Vergangenheit helfen. Nehmen Sie sich daher etwas Zeit für die Bearbeitung!

## 2. Reifung des Berufswunschs – der Konflikt mit dem Erwachsensein

### 2.1 „Wie der Vater so der Sohn"– vom historischen Bedeutungswandel der beruflichen Identität

In früheren Zeiten war das scheinbar einfacher: Vom Vater auf den Sohn, von der Mutter auf die Tochter vermittelt, vollzog sich regelmäßig der Weg aus der Kindheit und Jugend in die Berufswelt. Die berufliche Identitätsbildung, zum Zwecke der lebenslangen Existenzsicherung, erfolgte in der Großfamilie nach kollektiven, kaum bewusst infrage gestellten Voreinstellungen. Wir reden von der vor-industriellen Zeit, als völlig selbstverständlich väterliche Berufe auf den Sohn übertragen, mütterliche Aufgaben und Verantwortungen von Erziehung und Haushalts-Führung geradlinig an die Töchter weitergegeben wurden, und das wesentlich früher im Leben, als das heute der Fall ist. Von Gerechtigkeit war hier weniger die Rede, von durchdachter Berufswahl, die systematisch auf spezielle Kompetenzen hin ausgerichtet gewesen wäre, schon gar nicht; und dennoch gab es z.B. unter bäuerlichen Traditionen in der Regel einen Platz für jeden und für jede – solange man sich den Vorgaben beugte. So richteten sich diese sozialen „Einführungsriten" wohl eher nach persönlicher Intuition „von oben nach unten" und Gesichtspunkten der äußeren Zweckmäßigkeit des Überlebens im patriarchalischen Alltag.

Wer nicht berücksichtigt wurde – und das bedeutet auch: den eigenen abweichenden Vorstellungen entsprechend – der musste sich anders orientieren, mit oder ohne Hilfe. Nicht selten erfolgte das unter Aufgabe der vertrauten Lebensumgebung: Der jüngste Sohn konnte aufgrund der Geschwisterfolge die Erbnachfolge nicht antreten, wurde ausbezahlt und zog zur Ausbildung in die Stadt.
Selbstverständlich führten diese intuitiven, häufig ritualisierten Entscheidungen in ihrer Abhängigkeit vom elterlichen Rollenmodell oder der bewusst herbeigeführten Rollenverteilung nicht zwangsläufig zum Scheitern. Neben der sozialen Überschaubarkeit, dem teilweise präzise eingesetzten Öffnen von Türen bzw. Bereiten von Wegen, schlug dabei vor allem die alltagspraktische Bewährung der Nachkommenschaft durch. Es gab lange, begleitete Entwicklungszeiten mit abgestufter Verantwortungsübergabe, strenge Erfolgs- und Leistungskriterien und auch ausreichend Möglichkeiten zum Ausprobieren; zudem war die Arbeitswelt im Vergleich mit heutigen, nach rationalen Qualitätsstandards optimierten Aspekten eher fehlertolerant. Wer scheiterte, hatte allerdings kaum die Chance, innerhalb dieses Vorgabensystems umzusatteln.

So wurde in der Regel ein Bauernhof an das älteste männliche Mitglied der Nachkommenschaft übergeben. Ausnahmen stellten offenkundige körperliche, geistige Beeinträchtigungen dar, welche die Befähigung in Frage stellten, den vorgesehenen Lebensplan zu meistern. Der von der Regel abweichende Wille des Einzelnen dürfte dagegen schon aufgrund des wirtschaftlich-sozialen Drucks in Kultur und Familienumfeld eine untergeordnete Rolle bei diesen Auswahlprozessen gespielt haben.

Eine Anmerkung am Rande. Im Norden Deutschlands, aber nicht nur dort, findet sich eine bemerkenswerte soziale Ausnahmeregelung: Dort herrschte in einigen Landstrichen das

Minoratserbe, d.h., der jeweilige Hof ging regelmäßig an den *jüngsten* Sohn des Bauern über. Wenn man sich fragt, worauf diese ungewöhnliche Regelung zurückgeht, stellt man fest, dass der damals übliche große Kinderreichtum sich zunächst einmal häufig durch die hohe Kindersterblichkeit reduzierte. Dazu kam aber in den nördlichen Regionen noch die Nähe zum Meer. Anders ausgedrückt, blieben männliche Familienmitglieder häufiger „auf See", wie die Umschreibung lautet, mit dem Ergebnis, dass die statistische und erfahrungsmäßig nachvollzogene Wahrscheinlichkeit eher bei den Jüngsten lag, irgendwann einmal den väterlichen Hof zu übernehmen.

Es stellte sich also allgemein die Frage, wer in der Brücken-Generation zwischen Großeltern und Enkeln die größten Aussichten bot, langfristig das Erbe zu bewahren und die Interessen aller Familienmitglieder in geeigneter Weise zu berücksichtigen. Gleichzeitig forderte jedoch auch die wirtschaftliche Not jener Zeiten, noch verschärft angesichts des großen Kinderreichtums, strikte Verteilungsregeln bezüglich der knappen vorhandenen Existenzgrundlagen.

Auch aus dem Schwarzwald werden zur damaligen Zeit solche Regelungen berichtet:

> „Nach dortiger Übung erhält der jüngste Sohn Haus und Hof nebst allem Zubehör mit der Verpflichtung, dann seine Eltern auf das sogenannte Leibgeding zu setzen, das heißt, ihnen ein (…) kleines Haus einzuräumen und für alle ihre Bedürfnisse zu sorgen, die Brüder aber als Knechte zeitlebens bei sich zu behalten und mit den Schwestern einen Vertrag einzugehen, der ihnen unter gewissen Gegenleistungen das Verbleiben im Hause ermöglicht. Verheiraten aber darf sich nur der Minoratserbe.
>
> ‚Das ist aber doch grausam!' sagte ich. Der Bauer aber zeigte auf die jenseitige Bergwand hinüber, auf der einsam von Wald umschlossen ein solches Hofgut lag, und setzte hinzu: ‚Sehen Sie, da drüben das Haus kann nur eine kleine Anzahl Leute beherbergen, wenn sie alle von dem leben wollen, was da herum wächst.
> Sehen Sie, so ein Hof im Wald ist gerade wie ein Schiff auf dem Meere, das nur so viel Menschen und keinen einzigen mehr mitnehmen kann, als es unterzubringen und zu beköstigen vermag. Nun denken Sie sich einmal, dass das Hofgut dort drüben nach dem Landrecht in sechs Teile geteilt würde, denn so viele Kinder sind da, da hätte keines genug, um davon leben zu können. So reicht es aber für alle die Sechse aus, die sonst verhungern müssten(…)"

*(Michael, Utz & Jürgen v. Esenwein. Der Vormärz im deutschen Südwesten. Aus der Reihe: Vormärz (4). Südwestrundfunk, SWR2 Wissen – Manuskriptdienst: 08/2003)*

Verallgemeinert lässt sich sagen, dass bis zur industriellen Revolution die beiden Geschlechter vielerorts beruflich gleichberechtigter waren als heute, indem sie komplementäre, sich gegenseitig ergänzende Aufgaben in eigener Verantwortung ausübten. Der Mann eher im wirtschaftlich produktiven und handwerklichen Aussenkontakt, die Frau im Innenkreis von Haushalt, Personalführung, Pflege der Nachkommenschaft. Die Aufgabenverteilung dieser Zeit war häufig auch für Frauen mit einem wesentlich höheren Entscheidungs- und Verantwortungsfreiraum verbunden, als dies nach Einführung stark arbeitsteiliger Produktionsverfahren in den großen Ballungsgebieten später (1850-1873) der Fall war.

Grundlage dieser beruflichen Einführungsprozesse von der Pike auf war natürlich die Übernahme von Rollenmodellen der Erwachsenen durch ihre Kinder seit der frühesten Kindheit. Zumal die Kinder durch eigene Anschauung und begleitende Nähe seinerzeit noch wesentlich besser als heute über die konkreten Aufgaben ihrer Eltern Bescheid wussten und frühzeitig auf ihre künftigen Aufgaben vorbereitet wurden.

Sicherlich findet man solche ganzheitlich-natürlichen Nachfolgeprozesse vereinzelt auch heute noch, vor allem in der Landwirtschaft, im Weinbau – also in naturnahen/stadtfernen und familienorientierten Regionen. Aber selbst hier wird es zunehmend schwieriger

a) für die ältere Generation, wie selbstverständlich auf die Generationenfolge für den Fortbestand ihres Lebenswerks zu bauen und
b) für die jüngere Generation zwischen Tradition und zeitgemäßen Lebensansprüchen zu vermitteln, um eigene Wege zur beruflichen Identität zu finden,

dazu ist heute der soziale Druck zur selbstverständlichen Übernahme vorgegebener Rollenmodellle nicht mehr stark genug, die Auswahl an alternativen Optionen jedoch so groß wie nie zuvor. Der Film „Heimat" von Edgar Reitz schildert diese kontinuierlichen Entwicklungsprozesse über die Zeiten hinweg sehr anschaulich am Beispiel des Kulturwandels im Hunsrück (Heimat – Chronik einer Zeitwende, 2002-2004).

Dies ist allerdings heute zuweilen begleitet von ernsten Familienkonflikten – zwischen Bestandspflege und Selbst-Gestaltung: Wer sorgt für die Fortführung des Lebenswerks (elterliche Perspektive), und wie verwirkliche ich die mir gegebenen individuellen Chancen (Perspektive der Nachkommen)?

Welches Kind eines durchschnittlichen Managers oder einer erfolgreichen Dienstleisterin – morgens zur Arbeit, wenn die Kleinen noch schlafen, und häufig spätabends wieder zurück – kann andererseits noch beurteilen, was der Vater, die Mutter beruflich so treiben? Vielleicht lernt es das im Fernsehen kennen, in der abendlichen Telenovela? Dieser Trend wird sich angesichts der gegenwärtig erkennbaren Karriereorientierung junger Frauen nicht nur verstärken, sondern in nie dagewesenem Ausmaß gerade auf weibliche Lebenspläne auswirken. Im Zusammenhang mit dem Thema der demografischen Veränderungen wird dieser Aspekt der Zukunftsgestaltung wieder aufgegriffen.

Vorteile des historischen Vorläufermodells lagen hingegen, bei allen damit verbundenen Konflikten, einmal in den sanften, gleichsam fließenden Übergängen der Generationen ohne große Informationsverluste, Verlusten an Zeit und Geld. Heute beinhaltet demgegenüber allein schon die Beratung zur Unternehmernachfolge in mittelständischen Betrieben einen bemerkenswerten Aufwand an Wissensmanagement, damit das Unternehmen reibungsfrei weiterlaufen kann.
Daneben hatte dies eine selbstverständliche Klarheit und Sicherheit bei den Beteiligten zur Folge. Der „Nestbau" war frühzeitig absehbar. Gleichzeitig konnten die Erwachsenen durch Beobachtung und Intuition von klein auf und über eine lange Zeitspanne hinweg die Eignung ihrer Sprösslinge prüfen. Das reduzierte letztlich die Unsicherheit und erlaubte korrigierende Gegenmaßnahmen. Schließlich diente alles der Weitergabe von Traditionen,

vermittelte damit wiederum Sicherheit und half auch, den kulturellen Zusammenhalt zu bewahren.

Sicher gibt es noch weitere Argumente. Dieser knappe historische Überblick soll hier aber genügen. Aus heutiger, „aufgeklärter" Sicht, im Zeichen der Globalisierung und teilweise stark entfremdeter Arbeitsprozesse, stößt diese Art der Weitergabe über Generationen hinweg wohl eher auf Unverständnis. Wir würden dagegen heutzutage die offenkundigen Nachteile mangelnder Offenheit, Flexibilität, Weltgewandtheit sowie des zentralen Wertes persönlicher Selbst-Entfaltung hervorheben. Und kulturell gesehen erachtet man ein solches „un-belüftetes" Gesellschaftssystem in unseren Breiten heute wohl als engstirnig, die Entwicklung des Einzelnen behindernd.

Andererseits hatte all dies aus heutiger Sicht etwas Kreisförmiges, Ganzheitliches an sich – sozusagen über die Lebensstufen hinweg harmonisch sich entfaltend und gleichzeitig seinem Ende zustrebend – um dann von Neuem zu beginnen.

Es gibt dazu noch ein anderes Bild: das eines Menschen, der nach der Geburt langsam heranreift, mit den Jahren zunehmend an Klarheit und Umsicht, also Lebenserfahrung, gewinnt. Als Jugendlicher begibt er sich auf die Suche nach Sinn und Bewährung, macht sich buchstäblich als Reisender in die Welt auf, um dann als reifer Erwachsener die Früchte zu ernten, seine Weltkenntnisse weiterzugeben, bevor sich das Leben dem Ende zuneigt und der Mensch wieder aus dieser Welt hinaustritt, von anderen abgelöst.

Ein schönes immer wiederkehrendes Beispiel dafür findet sich in der Literatur bei Hermann Hesse. „Das Leben jedes Menschen ist ein Weg zu sich selber hin, der Versuch eines Weges, die Andeutung eines Pfades. Kein Mensch ist jemals ganz und gar er selbst gewesen; jeder strebt dennoch, es zu werden, einer dumpf, einer lichter, jeder wie er kann (...); aber jeder strebt, ein Versuch und Wurf aus den Tiefen, seinem eigenen Ziele zu. Wir können einander verstehen; aber deuten kann jeder nur sich selbst." (Hesse, H.: Demian, 1917)

Schon in diesen Geschichten werden Bodenständigkeit und Tradition als notwendiger Gegenpol zum „Wanderleben", der „Lebensreise" und Ähnlichem dargestellt. Nach heutigen Begriffen eine Form des Wissensmanagement: Die Weisheit – das Know-how einer bestimmten Zeit – wird auf die nächste Generation übertragen, dort fortgelebt und selbstverantwortlich weiterentwickelt. Was Wissensmanagement noch für unser Thema zu bedeuten hat, darauf gehe ich später ein.

Ansatzweise existiert diese Philosophie weiter bei den Mitgliedern bestimmter handwerklicher Zünfte. So begeben sich manche Schreiner und Zimmerleute noch heute nach der Ausbildung in ihrer traditionellen Handwerkskluft auf eine längere Reise. Unterwegs verfeinern sie die gelernten Fähigkeiten und Fertigkeiten, erweitern ihre Qualifikation, um später in die Heimat zurückzukehren, eine Familie zu gründen und als erfahrene selbstständige Handwerker sesshaft zu werden.

Auffällig dabei ist die intensive Verbindung von geistigen, handwerklichen und sozialen, also alltagspragmatischen Eigenschaften. Reife wird in der Vermeidung von Einseitigkeit durch die Integration aller Sinneswahrnehmungen und sozialen Interaktionen erreicht – und ist auch ein moralisches, werteorientiertes Ziel, das nicht allein zuhause am Küchentisch oder im Seminarraum zu bewerkstelligen wäre. Oder wie man etwas altmodisch auch sagt: „Probieren geht über Studieren." Heute würde man vom „learning by doing", dem Probehandeln sprechen. Hier liegt der Beruf noch sehr nahe an der Be-rufung und ist damit relativ weit weg von der gegenwärtigen Auffassung des „*Job*" – der eindimensionalen, verwertungs-orientierten Tätigkeit zum Existenzerhalt.

Berufen werden setzt ja zunächst die Einladung eines anderen – im engeren Sinne des Kunden, Abnehmers meiner Leistungen – voraus. Sich berufen fühlen schließt aber auch ein manchmal vielleicht zögerliches Engagement für eine Aufgabe ein, den Mut, es mit einer unbekannten Herausforderung aufzunehmen, sich zu beweisen und letztlich zu bewähren als Ausdruck beruflicher Selbst-Verwirklichung. Letztere bedeutet schließlich auf den Punkt gebracht, dass ich meine Stärken und Schwächen realisiere, das mir persönlich gegebene Potential zu verwirklichen suche, um möglichst wirkungsvoll für meine Ziele einzutreten und die an mich gestellten Aufgaben bewältigen zu können.

Eine notwendige Unterstellung dabei: Niemand kann alles machen, beliebige Aufgaben erfüllen und damit immer gleichermaßen erfolgreich oder auch erfolglos sein. Es gibt sicherlich eine Bandbreite an Eigenschaften („Schlüssel-Kompetenzen"), die sozusagen den Rahmen der persönlichen Kompetenzausprägung abstecken.

Zunächst einmal bedarf es daher einer gewissen Portion Mut zum individuellen Profil, nämlich einer ganz spezifischen Auswahl an Stärken und Schwächen . Das kann aber durchaus bedeuten, dass jemand seine wahren Neigungen (noch) gar nicht kennt oder aktuell in die falsche Richtung läuft – davon weg. Demgegenüber macht es allerdings keinen Sinn, jenseits der vorgegebene Grenzen – also der bereits beschriebenen genetischen Veranlagung – sich sozusagen „um die eigene Achse" drehen zu wollen, sprich aus dem „Stier" einen „Skorpion" zu machen. Das versucht so mancher, indem er Zielen nachhechelt, die nicht mit seinen persönlichen Voraussetzungen in Deckung zu bringen sind.

Natürlich gilt das Gleiche umgekehrt für Organisationen, die infolge der Unkenntnis individueller Kompetenzen bzw. Kompetenzmängel unter der Fehlplatzierung von Mitarbeitern leiden.

Warum dann nicht gleich die persönlichen Stärken und Schwächen annehmen, so man sie erst einmal herausgefunden hätte!

Bindeglied zwischen den genannten historischen Beispielen und unserer heutigen Zeit: Was inzwischen vor allem anderen zufällig bleibt, das ist der Bezug auf halbwegs verlässliche Informationen zum beruflichen Potenzial eines Menschen, um die künftige Bewährung im Beruf voraussagen zu können; noch dazu in einem Alter, in dem weder sämtliche biologische Reifungsprozesse abgeschlossen sind noch ein Erfahrungswissen über die konkrete Befähigung vorliegt. Unter diesen Bedingungen bleibt ohnehin nur der Weg des „Probierens", um den Dingen auf den Grund zu gehen.

Wir werden die Frage der beruflichen Laufbahnplanung auf drei Ebenen angehen. Dabei stellen sich grob betrachtet folgende Aufgaben:

- Prüfung und Erwerb persönlicher Kompetenzen
- Auswahl geeigneter Anforderungen
- Verantwortung für die Ausgestaltung der eigenen beruflichen Laufbahn

Die Industrialisierung räumte wie erwähnt mit den „überkommenen" Prinzipien der Generationennachfolge auf, indem Männer und Frauen zunehmend gezwungen waren, besser vergütete Tätigkeiten in den Ballungsräumen anzunehmen, die gleichzeitig verbunden waren mit einer wesentlich höheren Arbeitsteilung, Abhängigkeit, Fremdbestimmung. Das bezog sich letztlich auch stark auf weibliche Lebensentwürfe in der Arbeitswelt; Frauen büßten dabei häufig ihre angestammten Freiräume im Rahmen der Familienorganisation ein.

Ein vergleichbares Beispiel aus unserer Zeit bieten die Bedingungen in der früheren DDR, in der einerseits alle Frauen ein gleiches Recht auf Arbeit hatten, den Männern äquivalent. Dieses Recht haben viele später nach dem Fall der Mauer eingebüßt; andererseits blieb jedoch den Kindern häufig aus ideologischen Gründen versagt, ungeachtet vorhandener Potenziale dieselben mit hohem Status und Ansehen ausgestatteten Berufe auszuüben wie ihre Eltern. Aufgrund der egalitären Ausrichtung der Gesellschaft erfolgte hier die Berufswahlentscheidung von Staats wegen mit dem Argument der Chancengleichheit für alle, in Abgrenzung von Vetternwirtschaft, Statusdenken und einseitigem Machtstreben, wie sie der Mittelschicht in den bürgerlichen Gesellschaften zugeschrieben wurden. Konsequent durfte daher ein Akademikersohn zunächst einmal nicht den Beruf seines Vaters ergreifen, sondern wurde aus Prinzip vorrangig in ausführende Tätigkeiten am Arbeitsmarkt dirigiert.

Natürlich bedeutet dies nicht, dass es nicht auch in der DDR Auswahlprozesse zur gezielten Förderung von Begabungen oder Kompetenzen gegeben hätte. Zum Zwecke der Kaderbildung bestanden durchaus hoch differenzierte Instrumente zur Identifizierung und systematischen Entwicklung beruflicher Talente von frühester Kindheit an. Hierfür finden sich eine Vielzahl von Beispielen in Wirtschaft, Kultur und Leistungssport.

Quer zur staatlich-egalitären Auffassung von Berufswahl, verläuft jedoch immer die Perspektive beruflicher Identitätsbildung bei einem einzelnen Menschen. Wahlfreiheit ist das entscheidende Merkmal. Allerdings spielt individuelle Motivation dort kaum eine Rolle, wo zentralistische Planung über die Laufbahn entscheidet.

## 2.2 Zwischen Rebellion und Integration: Der Modellcharakter wichtiger Bezugspersonen

Anfangs stehen hier unbewusste Prozesse der Identifikation mit elterlichen oder anverwandten Rollenmodellen im Vordergrund. Von solchen Modellvorgaben grenzt man sich später eventuell wieder ab. Das mag zu deren Ablehnung insgesamt führen, bis es schließlich zur Integration derartiger Vorstufen in einem ganz eigenen Lebensentwurf kommen kann. Offenkundig verläuft die Identitätsbildung in dieser Zeit unterschiedlich zwischen Männern und Frauen. Die Erfahrung zeigt, Frauen richten sich im Allgemeinen eher an Beziehungen zu anderen Menschen aus, während sich Männer im Prinzip über ihren Beruf und die damit verbundenen Tätigkeitsaspekte definieren.

In einem gewissen Alter, mit etwa 16, 17 Jahren, hat der Prozess der Selbstfindung einen kritischen Punkt erreicht. Anders formuliert, bildet die Pubertät mit Rebellion und Abgrenzung, aber auch der Übernahme bestimmter Rollenmodelle, dann wieder abgeglichen mit der sozialen Verfügbarkeit, auch heute noch ein zentrales Zeitfenster für den Aufbau der beruflichen Identität.

Noch einmal zurück: Wenn wir wissen, dass kleine Kinder so sein wollen, wie die großen Erwachsenen um sie herum, nämlich genauso groß und erwachsen, dann bedingt diese Art der Identifikation eine Tendenz, die Großen nachzuahmen; es fragt sich weiter, nach welchen Maßstäben die älteren Jugendlichen bei der beruflichen Orientierung streben, wenn nicht an erster Stelle nach denen der unmittelbar beobachtbaren wichtigen Bezugspersonen: Eltern, Geschwister, Kontakte mit Erwachsenen in Schule, Sportverein u. Ä.

Zunächst ist dieses Abgucken und Nachmachen aus der „Froschperspektive" unbewusst, aber es ist schon so etwas wie ein Probehandeln, das bereits kleine Kinder die Verhaltensweisen der Erwachsenen imitieren lässt, manchmal zu deren Belustigung. Wir Großen lachen dann darüber, dass uns eigentlich ein Spiegel vorgehalten wird, wir reden vom „kleinen Professor", wenn das Kind altklug auftritt und damit die vorgegebenen Grenzen der „infantilen Beschränktheit" überschreitet.
Andererseits zeigen sich hier schon Kompetenzmuster, die wie bereits erwähnt, nützliche Hinweise für die spätere berufliche Ausrichtung liefern können. In einigen Fällen werden im Nachhinein berufliche Entwicklungen durchaus auf solche Erlebnisse zurückgeführt. Manche Eltern erzählen davon, wie ihre Kinder bereits im frühesten Kindesalter Dinge taten, die auf spätere Höchstleistungen hinwiesen: Es ist ja nicht nur der Spiegel der Nachahmung, sondern auch eigener genetischer Grundlagen, der uns berührt. Bei genauer Betrachtung kann ich mich als Vater in diesem Spiegel meiner Kinder in doppelter Hinsicht wiedererkennen – vordergründig als jemand, der sich selbst in einem frühen kindlichen Stadium wiedererlebt. Mag sein, dass ich mich dabei auch hin und wieder peinlich berührt frage, „Bin ich wirklich so?"

Ist die soziale Vorgabe von Rollenmustern und Berufswegen nun eher als Stützrahmen bzw. „Rettungsring" oder als „Zwangsjacke" zu sehen ? Bevor wir die Frage beantworten, können wir hier schon einmal festhalten, dass es darum geht, individuelles Potenzial zu erkennen und zu fördern anstatt durch vorgefasste Werthaltungen zu blockieren.

Die Frage lässt sich noch anders beantworten: Es gibt nämlich durchaus Abweichungen von der Norm, die darin bestehen, dass mehr oder weniger frühzeitig der Einzelne eine gewisse Vorstellung davon entwickelt, was für ihn oder sie dauerhaft eine interessante Aufgabe darstellen könnte. Es ist ja gar nicht gesagt, dass die unmittelbare Umgebung eines Kindes ausschließlich und immer den Bezugsrahmen für die spätere Berufswahl darstellen würde.

Könnte es sein, dass ein Kind oder Jugendlicher aus ganz eigenem Antrieb ein Modell der eigenen beruflichen Zukunft entwickelt, vielleicht sogar in Abgrenzung von den in seiner

Umgebung verfügbaren Vorgaben? Es spricht einiges dafür. Schließlich spielen allein die Medien heutzutage unbestritten eine große Rolle bei der Präsentation unterschiedlicher Rollenbilder, aber auch Berufskarrieren.

Womit wir nichts über den Realitätsgehalt dieser Fiktionen aussagen: Manchmal werden diese in Form einer Dokumentation verabreicht, öfter handelt es sich um inszenierte Fiktionen.

Wen sich jemand letztlich zum Vorbild nimmt, hängt damit aber ebenso von der persönlichen, ungeleiteten – und zumindest für Außenstehende oft wenig einsehbaren – Entscheidung ab wie von den zufällig, unterschwellig wahrgenommenen Angeboten in der täglichen Konfrontation mit Fernsehen, Zeitungen und zuletzt sogar dem Internet.

Auch das ist nicht ganz neu. Immerhin gab es wohl schon immer berufliche Lebensentwürfe, die in keiner Weise den Vorstellungen der unmittelbaren Umgebung entsprachen und mithin auch zu heftigen Konflikten mit der Erwachsenenwelt führten. Zu allen Zeiten hat es wohl auch Menschen gegeben, die letztlich keinen anderen Ausweg sahen, als sich durch Flucht den Verhaltensprogrammen ihrer Umwelt zu entziehen, wegzulaufen, um anderswo das eigene Bedürfnis nach Selbstgestaltung zu verwirklichen. Ob erfolgreich oder nicht, es gab immer Fälle, in denen das Motiv, ein eigenes Berufsprojekt zu kreieren, ausreichend Energien mobilisierte, um auch erhebliche Widerstände auf sich zu nehmen.

## 2.3 Die Freiheit des Lebensplans birgt zunehmend die Qual der Wahl

Einen Schritt weiter bringt allerdings heute die Freiheit der Lebensplanung, scheinbar losgelöst von den althergebrachten gesellschaftlichen Einschränkungen, nicht nur Vorteile mit sich. Die Qual der Wahl: Was ist denn nun wirklich gut für mich, wenn mir außerhalb bestimmter Grenzen im Grunde keiner mehr sagt, was ich zu tun oder lassen habe? Wenn ich auch kaum noch verbindliche Rollenmodelle vor mir habe? Was ist dann vor dem Hintergrund der nach wie vor notwendigen Einordnung in den sozialen Rahmen die für mich richtige Berufswahl?

Ich wage die Behauptung, dass manches, was man der heutigen jungen Generation an „Passivität" und „Ergebenheit" nachsagt, mit dieser grundlegenden Verunsicherung, nämlich mit der eigenen Zukunftsplanung allein gelassen zu werden, zu tun hat. Wenn es sich dabei nicht überhaupt um eine grobe Verallgemeinerung handelt, wie sie praktisch jede Generation den nachfolgenden zumutet.

Halten wir fest, dass mit der Entwicklung der persönlichen Identität in der Pubertät nach wie vor die wichtigsten Weichen zur beruflichen Ausrichtung gestellt werden.

Und dennoch: Dass diese Wahl in der überwiegenden Zahl der Fälle nach wie vor erfolgreich vonstatten geht, kann wohl kaum bestritten werden. Selbst ein so neu-zeitliches Phänomen wie das der „Patchwork" – Familie ändert daran erst einmal gar nichts. Sozusagen zusammengewürfelt aus verschiedenen Hintergrund-Familien finden sich hier Scheidungskinder mit verschiedenen Eltern ebenso wie Alleinerziehende mit wechselnden Partnerbeziehungen – dauerhaft oder befristet, freiwillig-unfreiwillig. Dies alles hindert die Nachkommen erfahrungsgemäß nicht daran, einen validen, erfolgreichen Berufsweg zu ergreifen.

Die Anforderungen an den Einzelnen, die eigene Laufbahnplanung selbst in die Hand zu nehmen, wachsen mit der zunehmenden Fülle an Wahlmöglichkeiten – und dem gleichzeitigen Abnehmen zwanghafter Vorgaben. Das kann man als „Problem" darstellen, ich sehe es als Chance, die eigene Zukunft selbst-bestimmt zu gestalten. Da ist viel Luft für den persönlichen Erfolg und die langfristige berufliche Befriedigung, wenn man es richtig angeht!

**Übung „Familienhistorie"**
Nehmen Sie sich an dieser Stelle etwas Zeit für die Übung „Familien-Historie" auf Seite 144!

# 3. Vorläufige Berufswahlentscheidung mit lebenslanger Laufzeit?

## 3.1 Von der Schwierigkeit, autonom zu entscheiden

Es gibt sicher eine große Bandbreite unterschiedlicher Reifegrade: Allgemein kann man aber annehmen, dass Jugendliche sowohl vom Erfahrungshorizont als auch von der Kenntnis eigener Stärken und Schwächen her überfordert sind, schon eine eigenständige, objektiv tragfähige Berufswahlentscheidung von längerer Dauer zu treffen. Vielmehr entscheidet in der Regel wohl der Bauch, spielen Wunsch, Wille, Einfluss auch der nächsten Umgebung eher eine Rolle bei der Erstwahl als eine informationsgestützte, auf möglichst vielen Quellen basierende strategische Planung.

Eigentlich sollte man auch besser von einer vorläufigen Berufswahlentscheidung reden, da ja mit zunehmendem Alter erst die persönlichen Erfahrungen greifen, um eine einmal getroffene Entscheidung mit realistischeren Daten aus der Alltagspraxis abzugleichen. Tatsächlich handelt es sich aber regelmäßig um eine in der Jugend getroffene Grundsatzentscheidung mit lebenslanger Laufzeit. Damit eröffnet sich in der Folge ein riesiges Spektrum farblicher Schattierungen zwischen beruflicher Erfüllung und tiefer Unzufriedenheit.

Nach meinen Beobachtungen stellt die Berufswahl für viele Jugendliche schlicht eine Herausforderung dar. Angesichts unklarer Datenlage und des teilweise offen ausgesprochenen Zwanges, den väterlichen Wünschen, den mütterlichen Erwartungen gerecht zu werden, besteht vielfach ein Loyalitätskonflikt darin, den familiären Schablonen und Erwartungsrezepten gemäß, das Beste aus sich machen zu wollen und gleichzeitig zu den eigenen Intuitionen zu stehen: Man ist ja an vielem interessiert, befindet sich körperlich, geistig und auch seelisch im Umbruch, sucht seinen Platz in der Gesellschaft, rebelliert dabei auch gegen vorgefasste Standardprogramme ohne belegbare Aussicht darauf, mit Erfolg einen völlig anderen Weg einschlagen zu können.

Ein Konflikt also zwischen unvereinbaren Wert-Ansprüchen und gegensätzlichen Wirklichkeiten. Wie soll man sich unter diesen Drücken nachhaltig entscheiden? So liegen die Erfolg versprechenden Aussichten eines Schülers möglicherweise in einem Bereich handwerklicher Art, den er sich jedoch nicht zugestehen darf, vom Ergebnis her gesehen auch nicht abschätzen kann. Er soll halt studieren – das bringt einen ja bekanntlich am weitesten. Oder so: Die Leistungen der Jugendlichen entsprechen derzeit nicht dem Aufstiegsziel im Schulsystem. Wenn wir davon ausgehen, dass sich derartige entwicklungsbedingte Unebenheiten später noch ausgleichen können, die heute die Lernmotivation blockieren – dann ist „der Zug" schlichtweg bereits abgefahren, bevor sich die erforderliche Lernoffenheit einstellt.

Glücklich diejenigen, die durch einen erwachsenen Mentor – im Sinne des freundschaftlich, neutralen Begleiters – an ihre Möglichkeiten herangeführt werden. Im Spitzensport ist der Coach immerhin völlig selbstverständlich geworden – nicht aber bei der allgemeinen Berufswahl!

## 3.2 „Wenn sie klein sind, gib deinen Kindern Wurzeln, wenn sie groß werden, gib ihnen Flügel!"

Folge ist nicht selten eine deutliche Festlegung auf die sozusagen erlaubten gegenüber den nicht statthaften Wahlbereichen („brotlose Kunst"). Tabuthemen sind solche, über die man gar nicht erst redet, die einen Jugendlichen aber auf jeden Fall in Konflikt bringen würden zu den von außen herangetragenen Mustern, also zu dem, was aus der Sicht der anderen für richtig befunden wird.

Dazu ein Beispiel. Der Vater ist Hotelier. Er hat vor längeren Jahren den Betrieb begründet, sehr erfolgreich geführt und ist nun in dem Alter, sich zurückzuziehen. Auch aus gesundheitlichen Gründen wäre es vernünftig, diesen Schritt zu tun. Es handelt sich um ein klassisches Familienunternehmen, die ganze Familie ist in irgendeiner Weise am Gelingen des Unternehmens beteiligt.

Der älteste Sohn ist wie selbstverständlich für die Rolle des Nachfolgers vorgesehen. Im Gespräch mit dem Sohn stellt sich heraus, dass der nicht nur gänzlich ungeeignet erscheint, sondern eigentlich die Bürde dieses Amtes auch gar nicht übernehmen will. Es dauert allerdings eine ganze Weile, bis er es über sich bringt, sich zu seinen eigentlichen Wünschen zu bekennen. Er berichtet dann von seinen künstlerischen Neigungen, erzählt von der Liebe zur Kultur und dass er sich seit Jahren in seiner Freizeit aktiv als Tänzer betätigt. Weil ihm schon immer klar war, wie wichtig dem Vater die Fortführung seines Lebenswerks in der Person seiner Kinder ist, hat er nicht nur eine Ausbildung zum Hotelkaufmann absolviert, er war auch in mehreren Hotels und Restaurants als Praktikant tätig, um seine Kenntnisse zu verbessern.

Schon da ging es aber eher darum, nach der Devise „weil nicht sein kann, was nicht sein darf" nachträglich zu begradigen, was noch nie gerade war. Im Gespräch mit den übrigen Familienmitgliedern zeigt sich schnell: Schon die deutlichen Leistungsdefizite des Sohnes führten seinerzeit dazu, dass alle Beteiligten versucht haben, korrigierend einzuwirken, nur um an dem festzuhalten, was von vornherein der Plan war.

Darüber erscheinen letztlich alle unglücklich, verwirrt, zeigen sich jedoch in das Problem verbissen. Niemand ist bereit, offen über grundsätzliche Alternativen zu reden und wie diese zu verwirklichen wären.

Eine andere Situation. Jemand, der aufgrund langjähriger Lernprozesse in der Familie darauf fixiert ist, Status und Ansehen, Ehre und Verdienst im Rahmen einer höheren Laufbahn in der Großindustrie zu gewinnen, wird sich vermutlich nicht ohne Weiteres davon abbringen lassen. Er wird sich selbst dann als Verlierer erleben, wenn man ihm eine zwar objektiv gleichwertige, innerlich aber mit entgegengesetzten, als minderwertig angesehenen Bedeutungen versehene Tätigkeit anbietet. Von diesem Makel ist kaum wieder loszukommen.

Gerade in Berufen, die über eine sehr lange Einführungsphase geregelt sind, ist dies der Fall: Ein höchst qualifizierter und erfolgreicher Finanzberater im Bankenumfeld bezeichnet sich selbst als minderwertig, weil er sein Studium abbrechen musste. Damit konnte er nach eigenen Angaben den Standards seiner Ursprungsfamilie nicht mehr gerecht werden.

Hier hat bereits die Identifikation mit einem externen Programm und all seinen vielfältigen Begleiterscheinungen stattgefunden. Von Status bis zu Selbstbild ist hier an einer beruflichen Identität gearbeitet worden; damit wurde gleichzeitig ein „Tunnelblick" gefördert, der letztlich verhindert, dass abweichende Alternativen, und seien sie noch so vielversprechend, überhaupt gesehen werden können.

Das erinnert natürlich fatal an traditionelle Formen der Weitergabe beruflicher Lebenspläne über mehrere Generationen hinweg, wie wir sie oben beschrieben haben. Die mögen damals konkurrenzlos sinnvoll gewesen sein. Heute stellt sich zunehmend die Frage, wie der einzelne/die einzelne ein derartiges Programm zumindest in Frage stellt, um sich dann sehr bewusst dafür oder dagegen zu entscheiden.

Von angehenden Juristen wurde berichtet, dass sie in der Regel bis zum Ende ihres Studiums nicht genau abschätzen könnten, ob sie später in die angestrebte Positionen als „Volljurist" gelangten. Während in vielen anderen Fachbereichen die schärfsten Auswahlprozesse zu Beginn des Studiums erfolgen, liegt die entscheidende Hürde hier gerade am Ende der Ausbildung, wo nicht nur die Kenntnis von Paragrafen geprüft wird, sondern ganz besonders Persönlichkeitsmerkmale wie Durchsetzungskraft, Redegewandtheit, Überzeugungsfähigkeit zum Tragen kommen. Wer diesen Kriterien nicht standhält, rutscht möglicherweise trotz ausgewiesener fachlicher Kompetenz ganz zum Schluss noch durch die Maschen.

So fallen manche erst gegen Ende des langjährigen beruflichen Einführungsritus aus dem angestrebten Laufbahnplan heraus und sind dann gezwungen, mit dem Bewusstsein, gescheitert zu sein, mühsam eine sekundäre berufliche Identität aufzubauen.

In einzelnen Fällen mag das allein Grund zur Verzweiflung sein; für den Außenstehenden stellt dieses Ausbildungssystem aber auch eine Vergeudung zeitlicher und materieller Ressourcen dar, Verschwendung beruflichen Engagements, volkswirtschaftlich gesehen eigentlich nicht zu vertreten!

Warum ist das so und wären diese Kosten zu verhindern? Die Frage müsste anders lauten: Sollte das überhaupt verhindert werden? Denn es geht nicht allein um den technischen Gesichtspunkt, ob man wie in anderen Studiengängen auch die entscheidenden Prüfungs- und Rückmeldungsabschnitte streckt oder vorverlegt das wäre vermutlich noch das kleinste Übel; wichtiger erscheint mir aus der Sicht des Rechtssystems der Selektionsprozess selbst zu sein, am exklusiven Übergang in eine gesellschaftlich herausragende Berufsgruppe – Anlass für staatstragende Erwägungen ebenso wie für lebenslange Privilegien, wie sie kaum ein anderer Berufsstand genießt.

Wie ist das andererseits mit einem ganz normalen Berufsbild zu vergleichen? Ist es nicht so, dass auch ein Handwerker letzten Endes nicht zum Berufsstand zugelassen wird, wenn er den Prüfungsanforderungen nicht gewachsen ist? Gilt das nicht genauso für eine menschlich und pflegerisch hervorragende Krankenschwester, die aufgrund der Theorie- Anforderungen mehrmals durch die Prüfung fällt, um sich dann beruflich umzuorientieren?

Im Prinzip ja, nur spielt hier die Dauer der Entscheidungswege eine Rolle, genauso wie die Kosten und die Erreichbarkeit alternativer Tätigkeiten. Einmal ganz abgesehen vom unterschiedlichen sozialen Status beruflicher Abschlüsse, macht es einen ganz gravierenden Unterschied, ob man drei oder sechs Jahre auf eine endgültige Auswahlentscheidungen warten muss. Was das Wichtigste ist, und das liegt fern der oberflächlichen Vorteile oder Nachteile: Es geht um die Folgen, die ein solcher Filtrationsprozess für das Selbstbild und die künftigen beruflichen Chancen einer Person hat. Anders formuliert, solange ich mich als Herrn/Herrin meiner Entscheidungen sehen kann, nicht ausgegrenzt, nicht abgewertet, und auch nicht auf dem Abstellgleis, dürfte es nicht schwer fallen, aus der Fülle der Möglichkeiten einen alternativen und tragfähigen Laufbahnplan für mich zu entwickeln. Die Festlegung macht den Unterschied.

Aber genau da setzen wir an: Zum einen stellen wir die Ausschließlichkeit eines bestimmten Berufsweges in Frage. Warum ist es nicht möglich, von vornherein guten Gewissens einen „Plan B" zu entwickeln, vielleicht sogar noch einen „Plan C" oder „D"? Das würde mir die unangenehme Erkenntnis ersparen zu scheitern, noch dazu ohne eine vernünftige Alternative in der Tasche zu haben. Und genau das passiert natürlich auch bei Juristen: Auch hier finden sich letztlich in aller Regel befriedigende berufliche Alternativen. Man sollte nur loslassen können, um nicht auf eine einzige Option fixiert zu sein.

Zum anderen steht und fällt diese Vielschichtigkeit mit der möglichst genauen Kenntnis der eigenen „Bandbreite": Was liegt mir von vornherein nahe – an welchen Stellen dürfte es schwierig werden, die geeigneten Kompetenzen vorzulegen – und wo liegen letztlich die Grenzen, wo würde ich mich in eine berufliche Sackgasse hineinbewegen? Auch im fortgeschrittenen Alter ist es Sinn und Zweck der beruflichen Laufbahnplanung, sich dieser beiden Aspekte klarzuwerden, um zu einem realistischen Zukunftskonzept zu gelangen.

Loslassen fällt schwer, wenn man sich einmal eingerichtet hat! Man sagt andererseits, nichts motiviere so sehr wie das, was ich mir selbst ausgesucht habe. Folglich müsste gerade eine Tätigkeit die größte Aussicht auf persönlichen Erfolg und Befriedigung versprechen, die von mir selbst gesucht, angenommen, aufgebaut, gestaltet oder sonst wie autonom ausgeübt wird.

Nicht aber solche Tätigkeiten bzw. beruflichen Positionen, die mir von außen aufgenötigt wurden bzw. ausschließlich über den Weg der passiven Übernahme ausgeübt werden.

Selbstverständlich gibt es hier so etwas wie den „Appetit, der beim Essen kommt", was soviel bedeutet wie eine sekundäre Begeisterung, Commitment, also Selbst-Verpflichtung einer Aufgabe gegenüber, die auf den ersten Blick kaum Anziehungskraft besaß. Jemand kann sich also durchaus auf Dauer einleben, wohlfühlen in einer zunächst ungeliebten Aufgabe, die aber in der Folge zu (s)einer zweiten Haut wird.

Das macht die Entscheidung der Jugendlichen noch schwieriger: Wie soll ich mich gleich zu Beginn für das Richtige entscheiden – den Entwurf annehmen oder ablehnen? Der berühmte Esel, der zwischen zwei Heuhaufen verhungert, weil er sich nicht entscheiden kann.

**Übung Berufswahlwünsche**
Bevor Sie weiterlesen: Nehmen Sie sich an dieser Stelle bitte wieder etwas Zeit für die Übung „Berufswahlwünsche" auf Seite 145!

Ausschlaggebend ist jedoch auch hier immer die Frage der autonomen Übernahme und Ausgestaltung. Nicht das Hineingestelltwerden ist der entscheidende Punkt, sondern der vielleicht mühevolle Austausch über viele kleine Erfolge und Fehlschläge bis zur eindeutigen Selbstverpflichtung durch die Person selbst.

Noch einmal: Auf alle Fälle wäre wohl wichtig zu wissen, wie weit die Grenzen gesteckt sind und in welche Richtungen meine Zielvektoren reichen. Dann würde ich nicht nur Sackgassen vermeiden, ich könnte insbesondere entscheiden, wofür es sich wirklich lohnt, mit jeder Faser zu kämpfen. Wir reden ja nicht nur von Kompetenzen, also dem Erwerb und der kontinuierlichen Pflege von „Fähigkeiten", „Fertigkeiten" und „Kenntnissen".
Es geht auch um ein jeweils spezifisches Potenzial, gerade das Spannende, nämlich die Anteile, die wie bei einem Eisberg gerade nicht zutage treten, sondern unter der Sichtlinie verborgen bleiben.

Mit Fähigkeiten bezeichnen wir Eigenschaften, die uns in die Lage versetzen, Aufgaben zu lösen, alle Arten von geistigen Anforderungen zu beantworten, wirksam zu handeln; Fertigkeiten stellen motorische – also auf körperlichen Bewegungen und deren Koordination beruhende Tätigkeitsaspekte – dar. Kenntnisse schließlich umfassen das Know-How, die Wissenselemente, das angelesene, aber auch im Austausch mit anderen Menschen aufgebaute persönliche „Archiv" ständig erweitert und ausgebaut.

All dies stellt das Rohmaterial von Kompetenzen dar. Im Alltag darstellbar, messbar und auch gezielt form- und einsetzbar. Kompetent nennen wir einen Menschen, der sich zielgerecht, effektiv (angemessen) und effizient (wirksam) mit seiner Umwelt auseinandersetzen kann. Und das nicht nur bei der Arbeit! Wir lachen über „In-Kompetenz", die kleinen Unzulänglichkeiten: Jemand drückt sich in falschen Begriffen aus, disqualifiziert sich vor „gebildetem" Publikum; ein anderer fällt über die eigenen Füße „wer hat Dich geschickt – Du bist so ungeschickt!" Wieder eine andere hat nicht das richtige Zahlenverständnis und schon gar kein „Pokerface". Sie verliert laufend – beim Spiel und im Finanzinvestment.

Potenzial aber – ahh, welch ein Wort: Das klingt ja schon ganz nach elektrischer Energie, Spannung, Dynamik und Entladung. Das, was vielleicht nutzbar, erweiterbar wäre, wenn man nur wüsste, worum es sich handelt und wie man herankommt. Potenzial – in dem Wort stecken schon alle Möglichkeiten, die sich nur fantasieren lassen – Man sagt auch: was der Mensch denken kann, das kann er auch tun. Wenn man nur dran käme!

Um nicht missverstanden zu werden: Ich vertrete nicht den Standpunkt, dass elterliche Wünsche, Förderung und Unterstützung bei der Zielsuche prinzipiell als eine Form der unangemessenen Fremdbestimmung abzulehnen wären. Vielmehr glaube ich, dass gerade der vertrauensvolle Zugang von Eltern und nächsten Bezugspersonen zu den Wünschen, Bedürfnissen und Fähigkeiten eines Kindes oder Jugendlichen hervorragende Aussichten schafft, bei der Suche nach einem unabhängigen Lebensweg zu helfen. Es stellt sich nur die Frage, wann eine solche sinnvolle Begleitung in Entmündigung umschlägt; und wie kann auf der anderen Seite später im Leben die notwendige Eigeninitiative für eine passgenaue, autonome Laufbahnplanung genutzt werden.

## 3.3 Der Zufallsfaktor: Ein Plädoyer für die persönliche Flexibilität

Hand aufs Herz, liebe Leserin, lieber Leser: Zu welcher Kategorie rechnen Sie sich selbst, zu den eher Fremdbestimmten, von jeher den Vorschriften ihrer Umgebung unterworfen, was richtig und was falsch ist, die sich dann mühevoll dagegen auflehnten oder aber resignierten? Oder gehören Sie zu denen, die von Anfang an das Gefühl hatten, sich frei entwickeln zu dürfen, ohne allzu viele Ver-Hinderungen oder Ab-Wertungen?

Wie auch immer Ihre Antwort ausfällt: Welche Rolle spielt hier der Faktor Zufall? Soziale Verfügbarkeit bedeutet, dass die Chancen, Bedingungen, Förderangebote sehr verschieden ausfallen können. Und dennoch nimmt uns niemand die persönliche Entscheidung ab, auch mit Mut zum Risiko, den eigenen Weg zu suchen, Chancen, dort wo sie entstehen, wahr-zu-nehmen.

Man fragt sich schließlich: Wo liegen die Grenzen der Planbarkeit, auch wenn mit System meistens mehr Erfolg zu erreichen ist? Wie kann ich beides voneinander unterscheiden, um die jeweiligen Vorteile von Intuition, Entscheidungsfreude und handwerklicher Umsetzung nutzen zu können? Auch darauf sollen im Folgenden einige Antworten gegeben werden.

## 3.4 Leben zwischen Pflicht und Kür:
## Was Mitarbeiter privat leisten

Manche von uns leben durchaus in zwei verschiedenen Welten. Der beruflichen, lästigen, als Zwang empfundenen, innerhalb von acht Arbeitsstunden möglichst schadlos abzuhakenden Arbeitswelt steht die private Welt unverbunden gegenüber, in der wir uns dann zu verwirklichen suchen. Weder Arbeitgeber noch Kollegen wissen oft, welchen Reichtum an Erfahrungen und persönlichen Fähigkeiten jemand entwickelt hat, die am Arbeitsplatz niemals eine Rolle spielen würden. Vielleicht interessiert sie das auch nicht weiter.

Mir sind Menschen begegnet, die als Handformer in einer Gießerei tätig waren und im privaten Bereich eine Coi-Karpfen-Farm betrieben, im Gemeinderat aktiv waren, als Kassenwart ihres Vereins verantwortungsvoll mit den Vereinsgeldern umgingen, verlässlich, kompetent und sehr engagiert. Dies ging zuweilen leider so weit, dass die Handelnden selbst ihre privaten Eigenschaften und Funktionen als reines Hobby – einen notwendigen, wenn auch relativ „unwesentlichen" Ausgleich zu den tagsüber zähneknirschend ausgeführten Tätigkeiten zum Lebenserhalt – betrachteten. Völlig selbstverständlich, geringfügig, ja belanglos, jedenfalls nicht weiter von Bedeutung. Auch die auf diese Weise erworbenen Kenntnisse, Verhaltensweisen, Einstellungen wurden nicht als etwas erlebt, das sich im beruflichen Zusammenhang sehr wohl als Mittel zur beruflichen Selbstverwirklichung hätte nutzen lassen.

Warum aber diese Trennung? Ich höre die innere Stimme des Realitätsprinzips: Bleib auf dem Boden – die Bäume wachsen nicht in den Himmel. Ein Hinweis zumindest darauf, dass es wohl nicht immer gelingt, eine Integration des privaten und beruflichen Lebens zu erreichen mit dem Ziel, die eigenen Kompetenzen wirksamer zum Tragen zu bringen, systematisch auf- und auszubauen – oder zumindest Kenntnis davon zu nehmen zum eigenen Nutzen und dem der anderen.

Unter der Überschrift „irgendwie ein trauriges Ergebnis" berichtete die „ZEIT" Anfang der 90er Jahre, als es die Sowjetunion noch gab, von einem Erziehungsmodell, das damals für Furore sorgte. Die Eltern Nikitin hatten ihren sieben Kindern von der ersten Stunde des Lebens an jede erdenkliche Unterstützung gegeben, sich frei und ihren jeweiligen Möglichkeiten entsprechend zu entwickeln. Dazu gehörte, dass die Kinder von Beginn an vielfältige Anregungen erhielten, ihre geistigen, körperlichen und sozialen Fähigkeiten zu trainieren.

Das Ergebnis war mitreißend: Von weither kamen Scharen von Interessierten, die sich selbst davon überzeugen wollten, wie eine solche Erziehung kleinen Kindern zu so großen Erfolgen verhelfen konnte. Die Kinder erreichten ausnahmslos vor dem Durchschnitt ihrer Altersgenossen eine hohe geistige und körperliche Leistungsfähigkeit. Einige von ihnen wurden vor dem normalen Alter eingeschult, übersprangen dann einzelne Schulstufen, zeigten sich wesentlich leistungsfähiger als die anderen Kinder, bewältigten ihre Abschlüsse mit hervorragenden Ergebnissen, studierten und erreichten sogar hoch qualifizierte berufliche Abschlüsse. Ein Erfolg auf der ganzen Linie?

Es zeigte sich dann allerdings, dass diese exzellenten Ergebnisse längerfristig weder zur erfolgreichen Integration in Beruf und Gesellschaft führten noch von einer persönlichen Befriedigung im Erwachsenenalter begleitet waren. Man könnte sogar sagen, dass die Kinder Nikitin menschlich gesehen scheiterten. Sie waren mit sich und der Welt unglücklich, hatten das Gefühl, stecken geblieben zu sein, nichts aus sich gemacht zu haben. Eine von ihnen erklärte ihre anhaltende Erfolglosigkeit später mit einem grundsätzlichen Mangel an Antrieb. Sie konnte keinerlei Interesse aufbringen oder einen Sinn darin sehen, aus dem, wozu sie absolut befähigt war, eine berufliche und geistige Heimat zu machen (http://www.zeit.de/1990/44/Irgendwie-ein-trauriges-Ergebnis).

Soll das etwa heißen, dass es gar keinen Sinn machen würde, die Laufbahnplanung auf den Prinzipien von Freiheit und persönlicher Autonomie zu begründen? Mit Entschiedenheit: Nein! Aber irgendetwas muss doch hier schiefgegangen sein. Vielleicht hat es ja daran gelegen, dass den Kindern wirklich alles aus dem Wege geräumt wurde?

Eines ist wichtig: Ohne persönliche Konflikte, die eigenständige Auseinandersetzungen mit neuen Herausforderungen den ureigenen Kampf gegen äußere und innere Widerstände scheint es nicht zu gehen.

Und halten wir fest: Ganz offensichtlich reicht für eine persönliche Erfüllung im Leben nicht aus, ausschließlich intellektuelle oder andere leistungsbezogene Kriterien zu erfüllen, ja sogar überzuerfüllen! Was dann? An diesem Beispiel fällt zumindest auf, dass es nicht gelungen ist, die persönliche Sinnstiftung zu vollziehen. Wie sich später noch herausstellen wird, gibt es eine Fülle von Belegen dafür, dass es sich bei dem persönlichen Sinn um eine ganz entscheidende Lebensbedingung handelt. Wenn es mir gelingt, aus meinen Handlungen, Zielen und auch Kompetenzen einen ganz persönlichen Sinn abzuleiten, dann bin ich nicht nur zu allem imstande: Ich werde die schwierigsten Herausforderungen bewältigen können, aus den kritischsten Belastungen ohne dauerhafte Schäden herausgehen und mich immer wieder neu einstellen können. Das ist das bereits erwähnte Merkmal der Resilienz.

Entscheidend ist demnach nicht, wie die Dinge sein mögen, die mir auf meinem Berufsweg begegnen. Entscheidend ist vielmehr der Sinn, den ich Ihnen gebe. So gesehen ist die berufliche Laufbahnplanung eine konstruktive Leistung, ein Kunstwerk, das ich selbst gestalte. Ohne diese Sinnstiftung ist aber auch jede Laufbahnplanung auf Sand gebaut.

# Teil II: Die eigene Laufbahn auf dem Prüfstand: Wo geht es weiter?

## 1. Wendepunkte beruflicher Identität

### 1.1 Vom konkreten Anlass zur Bedürfnisspannung

Er sagt: „Was die mir angetan haben, werde ich denen nie verzeihen – für mich gibt es nichts mehr auf dem Arbeitsmarkt!" (Betriebsbedingt gekündigter Software-Entwickler, 35 Jahre); Sie sagt: „Ich kann doch nichts, ich war doch immer nur Hausfrau!" (Geschiedene Wieder-Einsteigerin, ohne Fachausbildung, 42 Jahre)

**„Wenn Sie immer das tun, was Sie schon immer getan haben, werden Sie immer das bekommen, was Sie schon immer bekommen haben. Wenn das, was Sie tun, nicht wirkt, tun Sie etwas anderes."** (Joseph o'Connor & John Seymore)

Es gibt die alte Regel: Wenn etwas gut läuft, mach weiter so! Erst wenn Störungen, Behinderungen, Fehler auftreten, mach dich daran, korrigierend einzugreifen. Das ist sozusagen die amerikanische Position.

Auf der anderen Seite, wenn das Leben wirklich einmal reibungslos verläuft, merken wir das dann überhaupt und nehmen es freudig zur Kenntnis? Oder nehmen wir diesen Zustand eher als gegeben hin, nur um uns umso mehr zu beschweren, wenn mal etwas aus dem Ruder läuft? So als hätten wir ein Anrecht darauf, dass alles immer glatt läuft. Wie genau differenzieren wir zwischen solchen Alltagszuständen, um uns gegebenenfalls wirksamer verhalten zu können?

Und ist es nicht auch so, dass immer wieder beklagt wird, wie wenig sich der Einzelne hier bei uns spontan aus seiner „Komfortzone" herausbewegt? Das Prinzip der Beharrens. Böse Zungen sagen auch, das sei die deutsche Krankheit. Das „auf Nummer Sicher" Gehen lag nach dieser Version schon immer näher als ein risikobeladenes Abweichen von allem Vertrauten, aber auch von den ausgetretenen Wegen, der ganz persönlichen „Loipe" im Alltag.

Was bringt dann umgekehrt jemanden dazu, in der Mitte des Lebens seinen beruflichen Lebensplan zu ändern, vielleicht sogar eine Kehrtwende einzuleiten? Hier gibt es gegenwärtig durchaus spannende Anlässe zu nennen, von der unerwarteten, betriebsbedingten Freisetzung in Massen, bis hin zu der Erkenntnis, „das kann doch noch nicht alles gewesen sein im Leben – ich möchte gerne meine Grenzen ausloten – fühle mich gelangweilt von den durchaus sicheren Ergebnissen meiner bisherigen beruflichen Entwicklung und bin neugierig auf Veränderungen".

Gleichzeitig geraten manche der bisher auf endlos geschalteten beruflichen Gewissheiten in der letzten Zeit arg ins Wanken, angesichts der unvergleichbaren finanzwirtschaftlichen Erdbeben – das betrifft den Mechatroniker bei einem der großen Automobilkonzerne ebenso wie den ehemals hochfliegenden Daytrader der Investmentbank.

Wie war das früher doch einfach, könnte man meinen. Kulturelle Zwänge, zusammen mit Familientradition, Erziehungsmustern und letztlich den persönlichen Werten eines Menschen, wiesen unhinterfragt in dieselbe Richtung. Gemeinsam bildeten sie die starke Tendenz im Einzelfall, einen bestimmten, vorgegebenen beruflichen Weg zu ergreifen und ein Leben lang daran festzuhalten. Wir dagegen haben heute die Globalisierung, unsichere Arbeitsplätze, vielfach eine sehr ungewisse berufliche Zukunft. Gerade Jugendliche scheinen davon in besonderer Weise betroffen zu sein.

Wünschen wir uns jedoch wirklich dahin zurück? Der scheinbar größeren Überschaubarkeit steht inzwischen immerhin ein nie gekanntes Maß an persönlicher Wahlfreiheit gegenüber. Man muss sie allerdings zu nutzen wissen!

Anlässe, das eigene Berufsprogramm zu wechseln – von konjunkturellen Veränderungen am Arbeitsmarkt bis zur individuellen Unzufriedenheit – gibt es demnach heute genug. Ob daraus aber auch der Wille zur grundsätzlichen beruflichen Veränderung wird, der Mut zum persönlichen „Change-Management" also, dazu bedarf es schon einer ganz besonderen Bedürfnisspannung.

Im Vorfeld dieses Buches wurde eine Reihe von Personen zu ihrem beruflichen Werdegang, ihren Interessen, Wünschen und der jeweiligen Zufriedenheit mit ihrer Laufbahn befragt (vgl. Fragebogen im Anhang). Einige Aussagen sollen im Folgenden aufgeführt werden.

### Die Schülerin
„… weiß nicht, ich würde gerne mit Menschen umgehen. Also, Kinder liegen mir da schon sehr nah. Geld spielt nicht so die Rolle, wichtiger wäre es, mich zu verwirklichen, vertrauensvolle Beziehungen zu anderen Kollegen, aber auch zu denen zu entwickeln, für die ich meine Leistungen erbringe. Es müsste schon so sein, dass ich mich anerkannt fühle und den Eindruck habe, in einem menschenfreundlichen Umfeld beschäftigt zu sein."
(19-jährige Praktikantin in einem Kindergarten, Hobbys: Reiten und Tanzen)

### Der Student
„Etwas Weltbewegendes sollte das schon sein. Natürlich möchte ich auch angemessen für meine Leistungen entlohnt werden. Und es wird auch Spaß machen, sich im Ausland zu bewegen. Meine Englisch-Sprachkenntnisse sind ja nicht allzu schlecht. Außerdem denke ich mir, demnächst in einem Unternehmen zu arbeiten, das mich geschäftlich auch ins Ausland entsendet. Zugegeben, der Status spielt natürlich schon auch eine Rolle, wenn ich mir vorstelle, bei meiner Familie und den Nachbarn geachtet zu sein. Und das drückt sich natürlich auch äußerlich in den Dingen aus, die ich mir leisten kann. Später denke ich, dass wichtig ist, Kinder zu haben und meine Familie versorgen können. So gesehen, ist mein Studium die Eintrittskarte in diese Welt."
(Fachbereich Betriebswirtschaft, 23 Jahre, Mitglied einer politischen Jugendorganisation)

### Die Abteilungsleiterin
„In meinem Bereich gab es immer sehr viel zu tun. Auch die physisch-mentalen Belastungen waren dabei in der Regel sehr hoch. So habe ich mir das am Anfang nicht vorgestellt. Dass man anderen Menschen, die man kennt und schätzt, brutal unangenehme Mitteilungen

machen muss, die zum Teil von anderen verursacht sind, von mir selbst aber verantwortet werden müssen, das war nicht immer leicht. Außerdem hört der Tag nicht um 16 Uhr auf: Wir haben sehr oft noch bis in die Nacht hinein gut zu tun – von den Geschäftsreisen, rund um die Uhr, mal ganz abgesehen. Heute gefällt mir aber gerade diese Aufgabenvielfalt, die eben immer auch mit persönlichen Konflikten zu tun hat. Und ich weiß natürlich, jetzt, wo ich auch ein gewisses Niveau erreicht habe, dass ich nicht unwichtig für das ganze Unternehmen bin"
(Personalleiterin eines großen Chemiekonzerns, 36 Jahre, Reiseverkehrskauffrau, geschieden, zwei Kinder)

**Der Nachfolger**
„Zunächst mal war das ja ziemlich kompliziert. Der Unternehmensgründer und ich kannten uns schon seit Jahren. Wir waren auf einer Fachmesse ins Gespräch gekommen, das heißt, eigentlich hat er mich ja angesprochen, und irgendwann hat er mich dann auch gefragt, ob ich mir vorstellen könnte, sein Nachfolger zu werden. Wer sagt da schon Nein? Wir haben dann einige Jahre sehr erfolgreich zusammengearbeitet, als Partner. Als schließlich alles soweit war, dass wir den Übergabeprozess angehen wollten, hat sich plötzlich die Hausbank quergelegt: Es hieß dann, ich hätte ja als abhängig Beschäftigter kein ausreichendes Grundkapital und damit könnte man keinen Finanzierungskredit befürworten. Damit war dann unser schöner Plan erst einmal geplatzt. Und das, obwohl mir mein Partner finanziell gesehen goldene Brücken gebaut hätte. Letzten Endes haben wir das nur hingekriegt, weil wir entschieden kooperativ und zielbezogen vorgegangen sind. Wir haben uns ganz einfach einen geeigneten ausländischen Investor gesucht, und damit alle Banken komplett umgangen. Ich nehme an, wir werden grundsätzlich bei dieser Strategie bleiben."
(Gesellschafter-Geschäftsführer, 45 Jahre, Diplom-Ingenieur, verheiratet, keine Kinder)

**Der Existenzgründer**
„Manchmal frage ich mich ernsthaft, ob ich da die richtige Entscheidung getroffen habe. Sie wissen ja: Der Selbstständige ist deshalb selbstständig, weil er ständig selbst dran ist – bei der Finanzierung und den Zinskosten, bei der Haftung und natürlich bei der Arbeit, und zwar rund um die Uhr. Ich bin jetzt seit vier Jahren dabei. Da sagte man früher im Allgemeinen, dass das Gröbste hinter einem liegt. Am Anfang lief das nach der Gründung ja auch überraschend gut an, das Produkt fand Interesse, ich hatte Unterstützung von alten Bekannten, Familie und einigen neuen Kunden. Jetzt haben wir aber inzwischen eine Wirtschaftskrise. Die Situation hat sich stark verändert und es fällt immer schwerer, Abnehmer im technisch-industriellen Produktbereich zu finden. Ich musste bereits eine Mitarbeiterin entlassen und bei der Bank finde ich kaum Verständnis für meine Lage; zumindest sind die nicht bereit, wie früher mit Überbrückungskrediten auszuhelfen.

Natürlich macht die Belastung auch nicht vor dem Privatleben halt. Ich kann nur von Glück sagen, dass meine Partnerin Verständnis für mich hat und noch bei mir ist – ich habe da ganz andere Beispiele vor Augen. Wenn das so weitergeht, werde ich auf absehbare Sicht mein Geschäft auflösen und mich wieder nach einer Festanstellung umsehen müssen."
(Diplom-Physiker, 39 Jahre, nicht verheiratet)

### Die Chefin

„Also wissen Sie, mir ist das sozusagen in die Wiege gelegt worden, als Enkelin des Unternehmensgründers (lacht). Ich musste aber auch dafür kämpfen und tue das heute noch mit Begeisterung. Meine Geschwister kamen alle nicht in Frage: Der eine wollte lieber Musik studieren, die andere ist Lehrerin geworden, der letzte im Bunde ist noch zu jung. Außerdem hatte ich immer schon ein gutes Verhältnis zu unserem Betrieb. Mein Opa hat mich schon als Kind immer mitgenommen, ich durfte hier ganz unbeschränkt herumspringen und kannte auch alle, die damals hier angestellt waren. Dann hat mich mein Vater irgendwann vor die Wahl gestellt, mit einzusteigen, und als ich mich im Kreis der Familie dazu bereit erklärt habe, hieß es dann: Ja, dann musst du aber auch richtig lernen. Dass ich fleißig war, wussten die ja; bei mir ging es um den richtigen Bildungsgang. Mein Vater und ich haben dann immer wieder lange zusammengesessen und über meine weitere Ausbildung gesprochen.

Dann kamen einige Jahre im Ausland dazu und die Tätigkeit in mehreren Fremdunternehmen. Nach zwölf Jahren war ich dann soweit, dass ich wieder in den väterlichen Betrieb einsteigen konnte, zunächst noch auf Ebene einer normalen Führungskraft im kaufmännischen Bereich; später kam dann, nach einem festgelegten Übertragungsplan, immer mehr Verantwortung hinzu, bis ich zum Schluss die Geschäftsleitung übernehmen konnte.

Wenn Sie mich fragen, was ich hätte anders machen sollen, ich weiß nicht – das war schon ein genial vorausschauender Plan meiner Vorfahren, die Kontinuität im Unternehmen zu sichern. Ich bin froh, dass auch mein Mann mitzieht: Der geht zwar einem grundsätzlich anderen Geschäft nach, aber wir ergänzen uns ideal und haben auch den privaten Bereich gemeinschaftlich im Griff. Auch der (meint ihren Ehemann) bringt schließlich mal den Müll raus (lacht herzhaft)."
(Unternehmerin, 48 Jahre, Diplom-Betriebswirtin, verheiratet, vier Kinder)

### Der Unternehmer

„… Ja, wie ist das damals losgegangen: Also eigentlich hatte ich ja schon 15 Jahre lang einen gut dotierten Job in einem Großunternehmen als Leiter der Forschung und Entwicklung. Sie glauben gar nicht, wie viel Stress man nur durch die Borniertheit und systematische Behinderung von Entscheidungen in solchen Betrieben hat. Irgendwann ist mir das so auf die Nerven gegangen, immer wieder gegen jede Vernunft der höheren Meinung folgen zu müssen – Sie wissen ja, „Ober sticht Unter" – dass ich ausgestiegen bin.
Ich war nicht nur bei allen Kundenfirmen bekannt und beliebt, ich war auch bekannt als derjenige mit den meisten eigenen Patenten. Ich habe mir also einfach meine Verfügungsrechte geschnappt, auf mein Know-how vertraut, mit einigen ausgewählten Kunden gesprochen und eine kleine „Lackbude" gegründet. Ach ja, und einige enge Mitarbeiter sind damals noch mitgegangen. Das Ding lief zunehmend gut und damit haben wir den ganz Großen einigen Ärger bereitet (schmunzelt)."
(72-jähriger Gründer und Eigner, Farben- und Lackindustrie, promovierter Chemiker, verwitwet, ein Sohn)

### Die Hausfrau

„(…) na, eigentlich ist ja mein Mann hier betroffen vom Arbeitsplatzabbau. Aber ich habe mir gedacht, wenn Sie doch hier so ein Angebot machen, können Sie mir ja vielleicht auch helfen

(…) Der Betriebsrat meinte, ich sollte mal mit Ihnen reden! Wir kommen ja jetzt finanziell ziemlich unter Druck und da überlege ich, ob ich nicht vielleicht auch mithelfen kann. Das Problem ist nur, ich war ja bisher nur Hausfrau, die letzten 20 Jahre lang. Habe drei Kinder bekommen, immer schön das Haus in Ordnung gehalten, gute Kontakte gepflegt und sozusagen meinem Mann den Rücken frei gehalten. Der hat ja immer gut verdient. Ich habe deshalb noch nie gearbeitet und auch nichts gelernt. Für mich ist doch nichts am Arbeitsmarkt zu holen. Eigentlich. Na gut, ich habe damals meinen Eltern in deren Geschäft ausgeholfen, am Samstag Keramikwaren verkauft und so… Aber da war ich doch noch so jung und das ist doch nichts Wert. Was soll man denn damit anfangen beim Arbeitsamt? Was soll ich bloß machen? Der Schwiegervater ist bereits verstorben, die Schwiegermutter lebt in unserem Haushalt; meine Eltern sind über 70 und pflegebedürftig(…).“
(Arbeitsuchende Familien-Managerin, 42 Jahre alt, verheiratet, 4 direkt und 3 indirekt Versorgungsberechtigte/Pflegebedürftige (Partner/Kinder/Eltern)

**Begegnungen: Berater trifft Ratsuchende**
Wann fängt man an, über die eigene berufliche Zukunft nachzudenken? Wann beginnt man, den eingeschlagenen Weg zu ändern oder ihn mit Entschiedenheit gerade weiterzuverfolgen? Gute Gründe gibt es sicher für jede dieser beiden Positionen. Ob ich nun dem elterlichen Rat folge, die bereits angelegten Chancen nutze und diese konsequent in meine eigenen Ziele übersetze; ob ich meine Selbstständigkeit wieder aufgebe, um die zu erwartende höhere Abhängigkeit für eine angeblich größere Sicherheit in Kauf zu nehmen; ob ich mich, zumindest vorübergehend für die häusliche Versorgung der Familie entscheide und damit als Mann vielleicht auch bewusst die Karriere meiner Frau fördere, oder einfach eine mehrjährige Weltreise mit Rucksack und Motorrad plane, um anschließend Bücher zu schreiben, Seminare über meine Reiseerfahrungen anzubieten –das alles steht mir grundsätzlich offen.

Ich muss eigentlich nur wollen, oder? Ach ja, an Geld sollte es natürlich auch nicht fehlen. Anders formuliert: Wie finanziere ich mich eigentlich, und wie sichere ich meine Existenzbasis?

Für viele stellt genau diese Frage des als unausweichlich erlebten Aspekts, Geld verdienen zu müssen, den Bruchpunkt zwischen ihren grundlegenden Wünschen und der ewigen Fortsetzung ihres „grauen Schicksals“ im beruflichen Alltag dar.

Wenn nicht mehr genau abzusehen ist, wann und in welcher Höhe der nächste Gehaltsscheck auf dem Konto verbucht wird, verschwinden oft auch gleich alle beruflichen Fantasien im Nichts. Es scheint unter solchen Voraussetzungen dann kaum noch ausreichend Kreativität vorhanden zu sein, sich vorzustellen, wie man von einer latenten Unzufriedenheit im Beruf über ein oder mehrere Wunschziele zu der Frage kommt, welche Mittel und Wege vielleicht zur Verfügung stünden, um sich diesen Zielen, auch in wirtschaftlicher Hinsicht, längerfristig wenigstens teilweise anzunähern. Möglich, dass man den Aufbruch nebenberuflich sogar am Feierabend und an den Wochenenden organisieren müsste. Mühevoll natürlich, wie alles im Leben?

• Wer sagt mir, dass ich mein Ziel überhaupt erreiche, dass ich nicht zwischendurch scheitern werde – und was dann?

- Mein Partner/meine Partnerin unterstützt mich nicht. Es heißt dauernd, ich sollte doch vernünftig sein, mit den Beinen auf dem Boden bleiben. Ich sollte aufhören zu „spinnen", die Bäume wüchsen nicht in den Himmel.
- Ich kann doch nicht einfach meinen Beamtenstatus riskieren – etwas so Sicheres werde ich im ganzen Leben nicht wieder finden!
- Der Spatz in der Hand ist schließlich besser als die Taube auf dem Dach.
- Das kann ich doch später immer noch machen, jetzt wird erst mal ordentlich gearbeitet, und dann kümmere ich mich um meine Wunschziele!

Denken Sie nur einmal einen Augenblick intensiv über diese Aussagen nach und darüber, welche Rolle finanzielle Erwägungen bei Ihrer eigenen Laufbahnplanung spielen können; antworten Sie dann auf die Frage: Was bedeutet Geld für Sie?

## 1.2 „Arbeiten, um Geld zu verdienen, um dann das zu tun, was man wirklich tun möchte?"

Mit dieser Frage bringt Peter König ein vermeintlich vernünftiges Lebensarrangement auf den Punkt. Der international anerkannte Wirtschaftswissenschaftler und Coach hat sich seit mehr als 25 Jahren mit der Frage beschäftigt, welche Auswirkungen das Geld auf unser Verhalten hat und umgekehrt. Er stellt *dieses* Modell des Geldverdienens grundsätzlich in Frage. Aufgrund all seiner Erfahrungen und Untersuchungen kommt er stattdessen zu dem Ergebnis, dass es sich dabei um eine **Projektion** handelt: also um etwas, das wir auf das Geld *übertragen*, an das Geld abgeben – das aber eigentlich *zu uns* gehört. Die Frage ist dann weniger, was das Geld letztlich für uns erreichen wird, vor allem, wenn wir lange genug darauf warten, als was wir uns selbst zumessen, wieder aneignen können, um ab sofort im Leben wirksamer zu sein.

„Projektion ist die unbewusste Verlagerung eigener Wünsche, Gefühle und Vorstellungen auf andere Personen oder Objekte." (Anna Freud)

„Meine Frau unterstützt mich nicht!" Ja, muss sie das denn? „Meine Kinder sind noch in der Ausbildung und ich sorge als Alleinverdiener für die Finanzierung – ich will, dass es ihnen einmal besser geht!" Mal angenommen, Sie würden morgen einen Herzinfarkt aufgrund der Arbeitsbelastung und der vielen Zigaretten zur Beruhigung erleiden – was denn dann?

Natürlich bedeutet das auch, dass streng genommen noch kein Unternehmen je mit Geld gegründet wurde, genauer gesagt mit der Projektion auf das Geld!
Ja, womit denn sonst?

Mit guten Ideen, Kreativität, Engagement, Besessenheit von einer Vision vielleicht, einem guten Wissen über die eigenen realen Kompetenzen bzw. Ressourcen; und natürlich mit der ur-eigenen Überzeugung, sich und anderen zu beweisen, dass man damit durchkommt – das schaffen kann – nämlich die eigenen Träume, Fantasien, Ziele, Pläne zu verwirklichen; oder wie wäre es damit: einfach ausgefüllt und zufriedener mit der reichhaltigen beruflichen Existenz leben zu können – und das gesund und auch im Einklang mit Ihrem Leben zu Hause als Privatmensch?

Monika Müller, Psychologin und Finanzcoach, eine der wenigen in Deutschland, die sich ebenfalls professionell mit dem Thema Finanzpsychologie beschäftigt, meint, dass bei dem „arbeiten, um zu" eine Formel zugrunde liegt, die nicht aufgeht. „Entweder ist dieser Weg sehr hart, dauert sehr lange und wenn wir dann angekommen sind, sind wir krank von all dem, was wir die ganze Zeit gemacht haben, oder wir erreichen schnell die erste Million, dann beginnt die Angst, diese wieder zu verlieren, man braucht die nächste oder eine Alarm-anlage."

Sie folgert, nicht zuletzt aufgrund ihrer intensiven Erfahrungen als Finanzcoach, dass es eines neuen Bewusstseins zu Geld bedarf; wir müssten zunächst einmal genauer verstehen, wie Geld eigentlich für uns funktioniert, wie wir besser mit Geld umgehen können.

Wenn Sie bei Ihrer kurzen Überlegung eben dazu gekommen sind, dass Geld gleichbedeu-tend sei mit Freiheit, Sicherheit oder etwas Ähnlichem, dann sind Sie zumindest in guter Gesellschaft: Das geht nämlich vielen, wenn nicht den meisten unserer Mitmenschen so.

Nur bedeutet das gleichzeitig, dass Sie selbst vielleicht in der Situation verharren, auf den richtigen Zeitpunkt zu warten, um dann irgendwann Ihre beruflichen Vorstellungen ver-wirklichen zu können. Vielleicht ewig. Wie man vor einem schnell drehenden Karussel steht und überlegt aufzusteigen.

Oder Sie denken die ganze Zeit über das Risiko nach, aufgrund Ihrer Unerfahrenheit zu scheitern, einen wirtschaftlichen Verlust zu erleiden, und bringen es nicht über sich, die vertraute Sicherheit in Frage zu stellen: Man müsste ein ausreichendes Finanzpolster haben! Wer wird bloß Ihre Träume finanzieren? Raten Sie mal, was passiert, wenn Sie niemanden finden, der das Risiko finanziell mit Ihnen teilen möchte.

Aber: *Geld allein macht nicht (un-)glücklich* (Angst vor Verlust/Trauer über den Mangel)! Es muss bei jedem von uns noch etwas anderes geben, das davor oder darunter liegt, warum wir unsere beruflichen Wunschvorstellungen nicht angehen: mangelnde Perspektiven vielleicht oder Unsicherheit, weil keine geeigneten Helfer vorhanden sind. Es kann aber auch sein, dass Sie sich beruflich tatsächlich etwas vornehmen, das Sie später einmal bitter bereuen könnten – wenn Sie es denn erreichen. In all diesen Fällen tritt das Geld gerne als Schutzbe-hauptung in den Weg.

Manchmal lassen sich die Dinge einteilen in „ich habe etwas, das ich nicht haben-/sein möchte" (Geld = Bereicherung oder Arbeitsüberlastung) oder „ich habe zu wenig von etwas!" (Geld = Freiheit bzw. Sicherheit). Das Erstere bedeutet eventuell, dass ich einen Bogen um das Geld mache werde, in dem Bestreben, meine negativen Erwartungen zu ver-meiden; Letzteres hat zur Folge, dass ich dem Geld ständig hinterher jage und mich dabei gleichzeitig immer mehr von mir selber entferne, ohne mich dadurch unbedingt dem Geld *auf positive Weise* anzunähern.

Daraus ergeben sich eine Menge Fragen von der Art: Wie kann ich aus eigener Kraft sicher und frei werden – mit und ohne Geld – oder wie kann ich mein Arbeitsaufkommen dauer-haft besser regulieren, ebenfalls mit und ohne Geld?

Diese Thesen sind natürlich provokant. Es ist aber trotzdem interessant, darüber nachzudenken, warum einige Leute sich unter widrigsten Umständen aufmachen, ein neues Leben
zu beginnen – mit und ohne Geld – und dabei erfolgreich sind. Wie machen die das? Gelten
für diese in jeder Hinsicht unternehmerisch Denkenden solche einschränkenden Überlegungen etwa nicht?

Es gibt offenbar Menschen, die diese „Gesetze der Physik" aushebeln können und sich ganz
einfach, aber erfolgreich darüber hinwegsetzen; oder sind es vielleicht besondere Umstände,
die uns befähigen, ganz plötzlich und unvorhergesehen über uns hinauszuwachsen? Bedarf
es eines besonderen Tritts des Schicksals in den verlängerten Rücken, um sich erfolgreich
zum beruflichen Neuland aufzumachen?

Fragen Sie doch einmal erfolgreiche Unternehmer im Mittelstand, unter welchen Bedingungen Sie ihr Unternehmen begründet und über die Jahrzehnte geführt haben: Sie werden
erstaunt sein, wie wenig da – auch an finanziellen Mitteln – zu Beginn vorgegeben war,
wieviel auf spontane Anregungen zurückging und wie vieles letztlich durch den unbeirrbar
sturen Willen zustande kam, die eigenen Vorstellungen gegen alle Vernunft durchzusetzen!
„Ich will mein Baby leben sehen!"

Wie auch immer, es führt jedenfalls nichts an einer ernsthaften Auseinandersetzung mit den
Gefahren und Risiken, auch in wirtschaftlicher Hinsicht vorbei, bevor Sie sich auf den Weg
zu etwas beruflich grundlegend Neuem aufmachen: Und das schließt die Frage des eigenen
Verständnisses von Geld in Ihrem Leben ein.

Es geht darum, einige unserer persönlichen Projektionen auf das Geld zu analysieren, um
sie dann eventuell zurückzunehmen. Das könnte uns einen ungehinderteren Blick auf die
eigenen Chancen und Grenzen der Laufbahnplanung geben.

Wir werden uns im Folgenden näher mit dem Verhältnis von Risiko und Laufbahnplanung
befassen und kommen dabei auf das Thema der psychologischen Funktionsweise des Geldes
zurück.

Auch die beiden Finanzprofis gehören übrigens durchaus zu denen, die für sich den Teu-
felskreis durchbrochen und ihre inneren Gewissheiten in beruflicher Hinsicht in die Tat
umgesetzt haben. Sehr erfolgreich, wie Sie sich überzeugen können. Beide haben ihr Wissen
veröffentlicht und geben ihre Erfahrungen heute gerne an Interessierte weiter.

## 1.3  Wer nicht wagt, wird auch nicht aufbrechen!

Manche verlassen sogar ihre vertraute Lebensumgebung, die Stadt, in der sie aufgewachsen
sind, und ihre Freunde, das Land, in dem sie geboren wurden – alles auf der Suche nach: Ja
wonach eigentlich?

Wenn man sich einschlägige Auswanderer-Dokumentationen in den Medien ansieht, geht
es durchaus um die Suche nach dem „gelobten Land". Frei nach dem Motto der Bremer

Stadtmusikanten: „Kommt, lasst uns aufbrechen, etwas Besseres als den Tod finden wir überall!"; und mit Tod lässt sich heutzutage der Verlust von Kreativität, Einsatzbereitschaft und Lebensfreude verbinden.

Nur, ob man da auch wirklich findet, was man sucht, ist zumindest in vielen Fällen fraglich. Dies zeigt die größere Zahl derer, die, aus welchen Gründen immer, zurückkehren, immerhin um viele lebenswichtige Erfahrungen reicher! Ein Grund mehr, von derartigen Experimenten Abstand zu nehmen?

Aufbrechen hat mit Mut zu tun. Manchmal auch mit dem Mut der Verzweiflung, ist also nicht immer gut durchdacht! Und mit Ungewissheit. Man verliert schließlich die Bodenhaftung, wenn man zu laufen beginnt. Damit steigt die Unsicherheit, den Boden unter den Füßen überhaupt zu verlieren, die Angst meldet sich, abzustürzen.

Den Mut lassen wir einmal stehen als notwendige Voraussetzung für den ersten Schritt – die Ungewissheit dagegen wollen wir anhand einer guten Zielplanung und der systematischen, schrittweise geplanten Annäherung an die Berufswünsche kontrollieren und durch zunehmende Klarheit auf dem Wege dahin ersetzen. Es bleibt unvermeidlich, eine gewisse Unsicherheit auszuhalten. Die Kunst besteht darin, gleichzeitig das reale Risiko zu kontrollieren.

Was haben nun die oben genannten Beispiele zur beruflichen Laufbahn gemeinsam? Es geht um das Verhältnis von fremdbestimmter zu selbst-gestalteter beruflicher Entwicklung. Selbst wenn ich einen oder mehrere gute Gründe dafür habe, mich aufzumachen, die gewohnten Verhältnisse hinter mir zu lassen, heißt das noch lange nicht, dass ich mich auch wirklich zu einer solchen Entscheidung durchringe, geschweige denn, dass ich diesen Schritt mit Erfolg bewältigen könnte.

Was also dann? Zunächst einmal, wer keine **Bedürfnisspannung** erlebt, der wird sich kaum je aus seiner „Komfort-Zone" herausbewegen. Dies gilt gleichermaßen für den Jugendlichen, der vor der Aufgabe steht, die lebensentscheidende Berufswahl zu treffen, wie für den Umsteiger im mittleren Alter.

Letztere/r hat allerdings mehr damit zu schaffen, sich von einigen gut zementierten Gewohnheiten, Ansichten und Überzeugungen – Vorurteilen – zu lösen. Wer bin ich beruflich wirklich? Was steckt darunter? Was weiß ich, was ich weiß? Wo ist das Ausstiegs-Loch an die frische Luft? Was hat mich bloß dazu getrieben, vor 20 Jahren eine schon im Ansatz falsche Entscheidung zu treffen und diese seither jeden Tag immer wieder neu zu bestätigen? Da ist manchmal auch ein gewisses Schuldgefühl beteiligt, so lange ausgehalten, so lange geschwiegen zu haben.

Wir reden heute gerne davon, dass sich der Mensch in unserer fortgeschrittenen Gesellschaft selbst „definiert". Wir tun das immer wieder aufs Neue, immer häufiger, wie es Naturgewalten (die „Realität"), aber auch persönliche oder zwischenmenschliche Anlässe („die Wirklichkeit") erfordern können. In diesem Wort „definieren" steckt die Vorstellung, dass wir tatsächlich weniger den äußeren Zwängen unterworfen sind als unseren eigenen Anpassungsbestrebungen, ob jetzt bewusst oder unreflektiert.

Demzufolge können wir uns auch von eigenen oder fremden Fixierungen wegbewegen. Wir nennen das **Selbst-Gestaltung** – der eigentliche Kern des persönlichen Change-Managements; andererseits: Wie beliebig darf denn eine solche „Definition" sein und vor allem wie oft kann man sich so „um-definieren", ohne sich selbst zu verlieren: „Wer für alles offen ist, kann bekanntlich nicht ganz dicht sein."

Um es vorwegzunehmen: Die Aufgabe, sich zu „definieren", stellt eine sehr persönliche, tiefgreifende, manchmal auch schmerzhafte Angelegenheit dar. Und sie ist ganz und gar nicht beliebig, sondern unverwechselbar und einzigartig. Immer wieder neu! Sie fordert von uns den Willen, uns aufrichtig mit dem bisherigen Leben auseinanderzusetzen, die Augen vor den eigenen Chancen und Grenzen zu öffnen, Erreichtes gegen (Un-)Erwünschtes abzuwägen – und dies teilweise im inneren Dialog und teilweise in Anwesenheit (hoffentlich) freundlicher, doch nichtsdestoweniger aufrichtig-klarsichtiger Gesprächspartner.

Die Rede ist davon, dass wir auch bei der eigenen Laufbahnplanung zum Erfolg zwingend der Rückmeldungen anderer Menschen bedürfen, um aus unserer Schneckenhaus-Perspektive herauszukommen! Einschneidende Verhaltensänderungen in grundlegenden Lebensbereichen unterliegen nun einmal dem Störfeuer unangenehmer Gefühle ebenso wie verzerrter Wahrnehmungen. Verkürzt ausgedrückt: Eigentlich denken wir, dass wir schon die richtigen Dinge tun – festgefügte Einstellungen (Gewohnheiten, „meine Erfahrung!", Vorurteile) hindern uns aber immer wieder daran, die notwendigen Schritte wirklich konsequent in Angriff zu nehmen; im Übrigen schaut ja leider niemand mit denselben „kalten" Augen auf die eigenen Fehler, wie das ein Fremder kann, der eben nicht in dieser Haut steckt!

Es darf sich dabei auch um eine Gruppe handeln, die mir solche notwendigen Rückmeldungen ermöglicht; und dann haben wir zusätzlich noch den Gruppendruck zu gewärtigen: die Eigenschaft spontan im Alltag zusammengewürfelter Gruppen nämlich, einzelne Abweichler auf die gemeinsame Gruppenmeinung einzuschwören. „Bist Du nicht für unsere Ansichten – dann bist Du gegen uns!" Kann ich unter diesen Umständen zu mir selbst stehen und meine inneren Gewissheiten verteidigen?

Das gegenseitig sich überbietende Debattieren kennt jeder Trainer und Moderator, dessen Aufgabe es ist, in der offenen Diskussion einen fairen Austausch und ausgewogene Redebeiträge herzustellen. Ein leuchtendes Beispiel für den professionellen Umgang mit Gruppendruck, eitler Selbstbespiegelung und absichtsvoll überbewerteten Einzelmeinungen vor laufender Kamera liefert Frank Plasbergs TV-Sendung „Hart aber Fair".

Dabei kommt es auch hier auf den Zusammenhang an: Die Debatte in freier Gegenrede an sich ist nicht zu verurteilen! In Trainingsgruppen zu Rhetorik, Dialektik und Verhandlungsführung arbeiten wir sogar daran, dass die Teilnehmer ein größeres Selbstvertrauen entwickeln, indem sie lernen, argumentativ „mit härteren Bandagen" zu kämpfen. Es ist hier das Ziel, sich angemessen und wirksam zu wehren, seinen Interessen mit größerer Überzeugungskraft zum Erfolg zu verhelfen.

Die **Gruppe** beherrscht beides: **Konfrontation und Schutz.** Vor allem gehört dazu aber eine geradezu schonungslose Klarheit in den Rückmeldungen, die nicht immer verstanden oder ertragen wird. Der unschätzbare Vorteil, sich diesem „Spot-Light"-Gefühl in einer Gruppe auszusetzen, besteht darin, unterschiedliche Sichtweisen zur eigenen Realitätsprüfung zu nutzen. Man erhält eine Chance, seine Vorstellungen und Argumente zu verfeinern oder zu revidieren; gleichzeitig kann diese Schonungslosigkeit sehr verletzend wirken, gerade wenn es sich darum handelt, die zarten Ansätze beruflicher Wünsche, Träume und Hoffnungen zur Diskussion zu stellen. Man kennt die Tendenz, sich in solchen Situationen selbst zu zensieren, um nicht angreifbarer zu werden.

Andererseits bietet gerade eine Gruppe von wohlwollenden Freunden, Kollegen, Seminarteilnehmern jedem einzelnen Mitglied Schutz und das Gefühl von Geborgenheit. Das ermöglicht Ihnen, eine noch unsichere berufliche Definition von sich selbst erst einmal „im Schongang" vor ausgewähltem Publikum zu testen, bevor Sie damit wirklich an die Öffentlichkeit gehen. Dazu benötigen Sie Vertrauen, das nicht zuletzt durch eine klar strukturierte Gruppenleitung entsteht.

Hier wird bewusst zwischen den privaten, spontan sich ergebenden Diskussionen unterschieden, z.B. in der eigenen Familie, und professionell geleiteten Teamsitzungen wie im Rahmen einer Supervision. Mit **Supervision** meinen wir Arbeitsgruppen, in denen Fachkollegen, aber auch bunt zusammengewürfelte Teilnehmer zum Beispiel über Fragen der beruflichen Entwicklung, Konflikte am Arbeitsplatz oder im Privatleben verhandeln. Ziele liegen darin, unmittelbare Problemstellungen zu bewältigen sowie Leistungsfähigkeit und persönliches Wohlbefinden zu verbessern.

Während spontane Diskussionen häufiger destruktiv in gegenseitigen Verletzungen aufgrund mangelnder Einfühlsamkeit, unzureichender Kenntnisse eines konstruktiven Diskussionsverhaltens und natürlich gegensätzlicher Interessen enden, vermitteln professionell moderierte Begegnungen in der Gruppe zwischen Klarheit, authentischem Meinungsaustausch und der Schutzfunktion für alle Teilnehmer.

Ein besonders heikler Punkt bei der Interaktion von Gruppen liegt in der Verhandlung sozialer Rollen und persönlicher Identität. Hier kochen sehr schnell die Emotionen hoch, wenn sensible Punkte berührt werden nach der Art, wie man sich selbst sieht, nämlich entgegengesetzt zur Wahrnehmung anderer: „Was bilden die sich ein – die verstehen mich doch gar nicht!"

Dennoch liegt eine zentrale Aufgabe des persönlichen Change-Managements gerade darin, in beruflicher Hinsicht gesellschaftliche Rollen bewusst, verantwortungsvoll zu verhandeln, auszugestalten, zu verändern, vielleicht anzunehmen oder abzulehnen, auf jeden Fall aber eine eigene stimmige Identität im Verhältnis dazu zu entwerfen. Hier fließt die Verhandlung sozialer Rollen(-muster) und gegensätzlicher Bewertungen auf der Gruppenebene mit ein. Dazu nachfolgend mehr.

## 1.4 Soziale Rollenmuster – Stützen oder Bremsen?

Gesellschaftliche Vorgaben in Form von Rollenanforderungen helfen und hindern gleichzeitig bei der Laufbahnplanung.

Soziale Rollen gibt es in unserer Gesellschaft unendlich viele: als da wären die des Busfahrers, der Mutter, des Geschäftsführers, der Erzieherin, des Atomphysikers, des Arbeitslosen usw.

Bitte beachten Sie, dass wir bereits in diesen wenigen Begriffen mit „unerlaubten", weil abwertenden, Geschlechtsrollen-Vorurteilen um uns geworfen haben. Ist Ihnen aufgefallen, dass hier keine „Kranführerin" (wie in der ehemaligen DDR) und auch kein „Hausmann" (im real existierenden Deutschland) aufgeführt wurden?

Nun, was bedeutet es denn eigentlich, ein weiblicher Arbeitsloser zu sein, eine Busfahrerin oder vielleicht eine Diplomchemikerin für Nanotechnik – immer bezogen auf die jeweiligen sozialen Rollen, die jemand spielt – bzw. die ihm oder ihr zugewiesen werden? Welche Bedeutung hat es, ob die jeweilige Funktion von einem Mann oder einer Frau belebt wird? Ist das nicht eigentlich unerheblich? Fachlich gesehen mag das so sein, nicht aber wenn wir von Chancengleichheit und Selbst-Gestaltung im Beruf reden! Und selbstverständlich auch nicht, wenn wir wissen, dass in Deutschland Frauen für dieselbe Tätigkeit vielfach immer noch signifikant weniger Lohn erhalten als ihre männlichen Wettbewerber – zusätzlich noch einmal unterschieden nach West- und Ost-Bundesländern. Genau hier geht es um die Bedeutung sozialer, aber auch geschlechtlicher Rollenmuster und die Art und Weise, wie man in beruflicher Hinsicht damit umgeht.

Soziale Rollen richten sich nach dem kulturellen Hintergrund aus (Deutschland versus Japan, aber auch Reihenhaussiedlung versus sozialer Brennpunkt); sie unterscheiden sich damit teilweise auch qualitativ gravierend, in Abhängigkeit von den jeweiligen kulturellen Bezugspunkten in einem bestimmten gesellschaftlichen Bereich.

Auf die Arbeitswelt bezogen wirken sich z. B. in einem fashion-orientierten Betrieb, bei Pharmavertretern oder im Vertrieb von Kosmetikprodukten Personal-Selektionsprozesse anders aus als in technik-orientierten Bereichen.

Als Mann oder Frau bin ich ebenso ganz allgemein in soziale wie speziell in Geschlechtsrollen eingebunden. „Geschlechterrolle oder Geschlechtsrolle (engl. gender role) nennt man die Verhaltensweisen, die in einer Kultur für ein bestimmtes Geschlecht als typisch oder akzeptabel gelten (und Individuen zugewiesen werden), oder die Verhaltensweisen eines Individuums, die dieses mit seiner Geschlechtsidentität in Verbindung bringt und/oder in denen es seine Geschlechtsidentität zum Ausdruck bringen will. In neuerer Zeit [werden] in soziologischen und psychologischen Kreisen zunehmend [die Begriffe] Sex und Gender [für das Geschlecht einer Person voneinander getrennt], um die kulturell und gesellschaftlich vorgegebenen Geschlechterrollen von den biologischen Gegebenheiten zu unterscheiden." (http://de.wikipedia.org/wiki/Geschlechterrolle).

„Sex" bedeutet demnach das biologische Geschlecht einer Person, während wir mit „Gender" sozial-psychologische Aspekte der Identität meinen. Beides wirkt natürlich auf Denken, Fühlen und Verhalten sowie die soziale Integration eines Menschen ein, und das bereits mit den ersten Lebenstagen. Lange vor der biologischen Geburt beginnt also schon der soziale und psychologische „Stapellauf" – durch die Bauchdecke hindurch.

Manchmal ergänzen sich die Rollen einer Person (männlicher Abteilungsleiter; weibliche Personalreferentin; geschiedene/r Arbeitsuchende/r), manchmal stehen sie geradezu im Widerspruch zueinander (Ehemann *und* Mitarbeiter; Mutter *und* Lehrerin). An diesen Rollen, die ich kraft meiner jeweiligen Position in der Gesellschaft übernehme oder die mir zugewiesen werden, hängen dementsprechend eine Vielzahl an Erwartungen – meine eigenen und die der anderen. Da sich diese Erwartungen häufig nicht decken, kennen wir natürlich auch unendliche Anlässe für Konflikte, und zwar innerhalb einer Person genauso wie zwischen verschiedenen Menschen, Gruppen usw.

Es ist ja nicht so, dass wir ständig über unsere Rollen, die wir (zu) spielen (haben), nachdenken; das geschieht eher dann, wenn es bereits zu Konflikten gekommen ist, welche uns geradezu auf den Rollencharakter unseres Alltagsverhaltens stoßen. Rollen wirken also zunächst einmal unhinterfragt im Hintergrund. Das Bewusstsein darüber kann aber jederzeit aktiviert werden. Was jedoch noch nicht bedeutet, dass wir uns dann der Zusammenhänge bereits voll bewusst wären; geschweige denn, dass wir uns an solchen Stellen leicht von den weiterhin wirksamen Einschränkungen dadurch lösen könnten.

Halten wir zunächst einmal fest, dass Rollen(-verhalten) nicht zwingend vorgegeben – dem Menschen aufgrund seiner Natur sozusagen unveränderlich mit auf die Welt gegeben sind: Bestenfalls sind sie von biologischen und sozialen Gegebenheiten abgeleitet. Es handelt sich also tatsächlich um gesellschaftliche Konventionen (Übereinkünfte), die allerdings derart grundlegend, historisch „alt" oder von zentraler Bedeutung für unsere Handlungsfähigkeit im Alltag sein können, dass es durchaus zu Verwechslungen kommt: Manchem sind diese Unterschiede gar nicht bewusst. In der Tat halten daher viele Menschen ihre Einbindung in diverse Rollenmuster für unausweichlich vorgegeben – so als handelte es sich dabei um genetische Anlagen!

Schon die Auswahl oder Zuweisung einer sozialen Rolle erfolgt jedoch nicht neutral. Sie hängt vielmehr von einer Vielzahl von Faktoren in der äußeren Umwelt und innerhalb einer Person ab. Wo lande ich mit meinem Eintritt in die Welt – im „Haus auf dem Hügel" oder in einer „Slum Hütte" – ist dann ebenso bedeutsam wie die Frage, wem ich mich im Laufe meines Lebens wirklich verbunden fühle: Werde ich mich aufgrund meiner besonderen Lebenserfahrungen eher den Hell´s Angels anschließen oder einem himmlischen Kirchenchor der evangelischen Gemeinde? Ich habe die Wahl und habe sie auch wieder nicht! Das gilt für Trans-Sexuelle ebenso wie für Präsidentschafts-Kandidaten.

Ein weiteres Beispiel aus der Arbeitswelt soll das illustrieren: Man wird zwar nach Lage der Dinge, aus rechtlichen Gründen, heute keine Stellenangebote in den Zeitungen mehr finden, die geschlechtsbezogen formuliert wären: „Suche Assistentin"/"Suche Ingenieur" (das gängige Kürzel zur Vermeidung von Rechtsunsicherheit lautet „m/w"); und doch gab es bisher kaum Ingenieurinnen (von Astrophysikerinnen einmal ganz abgesehen) und auch so gut wie keine Erzieher.

Wer also wählt da aus, was genau passiert im Einstellungsprozess: Ist es im Einzelfall der Personalleiter, der vor Ort im Bewerberinterview feststellt, dass die Kandidatin doch ungeeigneter erscheint als der gestandene „Durchsetzer" mit dem gewünschten „Stallgeruch"; oder ist es die Kandidatin selbst, die gar nicht erst antritt, weil sie sich als nicht ausreichend gerüstet selbst selektiert? Oder fliegt einer von zwei Kandidaten (m/w) vielleicht schon in der Vorauswahl unter den Tisch? Rollenerwartung oder Kompetenz-entscheidung? Da müssen wir im Alltag genauer hinsehen, um zu unterscheiden!

Aus dem Zufall der männlich/weiblichen Verteilung auf bestimmte Berufsgruppen wird dann bei genauerer Betrachtung vielfach ein sehr zielgerichtetes, wenn auch nicht immer bewusstes Prinzip der Zuordnung und Selektion. Wenn der Prokurist und Personalleiter eines technik-orientierten Unternehmens dem Berater bedeutet, dass man im Vertrieb wegen der fehlenden Akzeptanz für weibliche Außendienstler in den männlich besetzten Kundenunternehmen ausschließlich männliche Kandidaten berücksichtigen könne, spricht das Bände; derselbe sagt gleichzeitig, dass sein Labor („natürlich!") rein weiblich besetzt sei: Um Kompetenz und Professionalität allein kann es hier also wohl nicht gehen. Eher um die Frage, mit wem sich der „König Kunde" angeblich am wohlsten fühlt. Vielleicht sollte hier nicht nur der Kunde sich einen gewissen „Erziehungsprozess" zumuten lassen, sondern vielmehr die Chance erhalten, seine wesentlich höhere Offenheit in der Praxis unter Beweis zu stellen!

Na und selbstverständlich gilt dieses Ausschluss-Prinzip unter ganz bestimmten Bedingungen (Kindergarten, Flugbegleiter, Hebammen) ebenso für männliche Interessenten, insbesondere in den sogenannten Tendenzbetrieben (kirchliche Einrichtungen, Gewerkschaften usw.). Wo bleibt denn da die Bewährungschance?

Selbst der Beruf des Krankenpflegers gilt nach wie vor in manchen Kreisen als geschlechtsspezifisch unpassend – sprich: un-männlich. Manche brauchen so lange, von ihrem Vorurteil zu lassen, bis sie sich selbst in den fürsorglichen Händen einer männlichen Pflegekraft befunden haben. Einige sollen durchaus geläutert von ihrem Krankenhaus-aufenthalt zurückgekehrt sein. Sicherlich mit am interessantesten ist hier die Erkenntnis, dass sich derartige Vorurteile bis in den eigenen Berufsstand hinein fortpflanzen. Das zeigt sich dann, wenn der Krankenpfleger von der Kollegin fürsorglich aufgefordert wird, doch einen angemesseneren, weil technischen Beruf zu ergreifen. Rollenvorurteile (Stereotype) machen also auch vor Fachkomptenz nicht halt.

Es zeigt sich allerdings bei genauerer Betrachtung, dass die Geschlechterrolle, wie alle sozialen Rollen, grundsätzlich variabel, verhandelbar ist: Selbst wenn die gesellschaftlicheTendenz zur Vereinheitlichung bei der Mehrheit der RolleninhaberInnen genau das Gegenteil nahelegt – die Festlegung auf bestimmte Verhaltens- und Erwartungsmuster nämlich: Letzten Endes richtet sich dieser „Rollenwandel" nach der Bereitschaft und Stärke der „Rollenträger", die ihnen zugewiesenen Rollen teilweise anzunehmen, auszufüllen, in Frage zu stellen, durch Gegenentwürfe abzuwandeln – oder abzulehnen und durch ein geeigneteres „Rollenmuster" zu ersetzen.

In unseren aufgeklärten Zeiten ist man also auch im Beruf immer noch nicht sicher vor festgefügten Vorurteilen. Und das trotz aller jüngeren Bemühungen des Gesetzgebers um Ausgleich (Allgemeines Gleichbehandlungsgesetz, AGG). Da kann es eigentlich nur eine Lösung geben: dass viele (m/w) mit konstruktiven Taten dagegen vorgehen und zeigen, wie sehr diese Erwartungen inzwischen nicht nur ungerechtfertigt, sondern auch hinderlich sind. Interessanterweise haben gerade diejenigen, die es heutzutage ganz offensiv damit aufnehmen, die größten Chancen weiterzukommen: *Vor-Urteile* haben etwas mit Nicht-wissen zu tun. Sie bedeuten, dass jemand noch nicht auf der Höhe des Wissens ist – z.B. weil er, wie in unserem Beispiel, noch nie eine Frau im Vertrieb erlebt hat (Ähnliches galt für weibliche Ingenieure bis vor kurzem ganz allgemein); dem Manne und der Frau kann aber geholfen werden: Die Verblüffung ist da am größten und das Vorurteil stirbt genau in dem Moment, wo die reale Person vor einem steht und sämtliche bis dato sorgsam gepflegten Anschauungen mangels realer Bestätigung in sich zusammenfallen. Wie sagt man als Ingenieur: Es kommt auf den Versuch an!

So kann aus einer langjährig fürsorglichen, liebenden Hausfrau und Mutter durchaus eine toughe Geschäftsfrau werden, wie der karriereorientierte Aufsteiger urplötzlich zum Öko-Sponsor mit ganzheitlicher Naturverbundenheit mutiert; wichtig: Die einzelne Person kann sowohl ihre angestammten Rollen ablegen und durch geeignetere ersetzen („der Aussteiger"/ „die Karrierefrau") als auch im Rahmen ihres vorhandenen Rollenmusters ganz persönliche und durchaus einschneidende Veränderungen vornehmen („der Hausmann"/„die Unternehmerin mit Familie")!

In all diesen Fällen geht es um die klare, persönliche Entscheidung – weg von einem als unbefriedigend erlebten Muster – hin zu einer erfüllteren Lebens-/Berufsplanung.
Demnach hängt die Übernahme und Ausgestaltung bestimmter Rollen heute mehr denn je von der persönlichen Entscheidung einzelner Menschen ab. War noch in den 50er Jahren des 20. Jahrhunderts die Übernahme sozialer Rollen in Deutschland überwiegend zwingend vorgegeben, kaum in Frage gestellt und wurde, über den entsprechenden sozialen Druck vermittelt, durchgesetzt, hat der zunehmende Wertewandel seit den späten 60er Jahren zu einer grundlegenden Aufweichung dieser Zwänge geführt – und damit zu einer erhöhten persönlichen Entscheidungsfreiheit.

Auch wenn man, angesichts der regelmäßig wiederkehrenden Bildungsberichte der Bundesregierung zur Verteilung von Absolventen auf die verschiedenen Schulformen wie Haupt-, Realschule, Gymnasium usw., in Relation zum familiären Hintergrund, eher einen gegenteiligen Eindruck erhält, hat sich die soziale Durchlässigkeit in den westlichen Gesellschaften insgesamt geändert. Heute können signifikant mehr Menschen einen Aufstieg durch persönliche Leistung erreichen, auch wenn sie zunächst unter eher ungünstigen Bedingungen gestartet sind. Und das trotz der nach wie vor ungleichen Zuweisungsmuster zu den verschiedenen Schulformen.

Natürlich konnte man sich Bildung und damit soziale Aufstiegschancen immer schon in Form von Privatschulen, Auslandsaufenthalten usw. kaufen, wenn man dazu in der Lage war; aber auch ohne Privileg bestehen als Gegengewicht zu den immer noch erkennbaren Formen einer Festlegung aufgrund sozialer Herkunft heute ausreichend Möglichkeiten, mit

Hilfe staatlicher, privater Förderung, auch auf dem Wege nachgezogener Ausbildung alternative berufliche Laufbahnen zu betreten. Werden diese aber wirklich realistisch gesehen und ausreichend genutzt? Da wir daran zweifeln, wollen wir die damit verbundenen Chancen beim Gegenentwurf zur individuellen Laufbahnplanung berücksichtigen.

Diese einerseits dauerhaften gesellschaftlichen Entwicklungsschritte, andererseits fortschreitende Veränderungsdynamik im sozialen und kulturellen Zusammenleben gerade der westlichen Gesellschaften sind von grundlegender Bedeutung für unser Thema. Auf den Punkt gebracht: Wenn es diese laufenden Veränderungen sozialer Rollenzuschreibung und persönlicher Identitätsbildung nicht gäbe, brauchten wir über die persönliche Einflussnahme bei der eigenen Berufswahl und damit auch Identitätsbildung gar nicht erst zu reden.

Selbst in entschieden autoritären Gesellschaftssystemen laufen jedoch eingeschränkt solche sozialen Evolutionsprozesse stetig und unumkehrbar ab. Sie sind sozusagen der Sand im Getriebe jeder perfekt durchorganisierten Gesellschaftsform, die darauf beruht, dass die Masse der Mitglieder dieser Gesellschaft sich einem einheitlichen staatlichen Rollenverständnis unterordnet oder anpassen muss.

Anfangs reagiert der Staat noch mit abgestuften Repressalien auf zunehmende Störungen der sozialen Ver-Ordnung. Mit der Zeit werden diese Anstrengungen jedoch immer aussichtsloser, in dem Maße nämlich wie sich sozusagen auf der „Graswurzelebene" der Bevölkerung alternative Rollenmuster verselbstständigen – und sich damit ein ganz neues Selbstbewusstsein inkl. des entsprechenden Anspruchsdenkens herausbildet. Diese Vorgänge sind gut nachlesbar, nicht nur an der Entwicklung der vergangenen 40 Jahre in den westlichen Ländern, sondern auch in Kuba, Osteuropa und zuletzt beginnend in China. Und selbst die Initiatoren und Nutznießer dieser Entwicklungen können irgendwann kaum noch ausmachen, wo denn nun die ganz entscheidenden Weichenstellungen stattfanden, so selbstverständlich, evolutionär erscheint manchmal der Wandel im Rückblick.

Wer sich aber „neu definiert" – und das betrifft die psychologische Ebene – der lehnt sich zunächst einmal gegen ein bestehendes Muster auf – sei es sozial vorgegeben („Was wird der enttäuschte Vater denken, wenn ich mich von der Nachfolge im Unternehmen verabschiede?"), sei es mit persönlichen Risikoabwägungen verbunden („Wo geht das bloß hin? Was mache ich, wenn meine Pläne, im Ausland anzusiedeln, scheitern?").

Er oder sie wird demnach eine ganze Menge an Unsicherheit, Angst und auch äußerem Druck hereinlassen, und wer will das schon? Das reduziert die Anzahl derjenigen, die anfangen, geschweige denn durchhalten, ganz erheblich! Es muss schon gute Gründe dafür geben, sich auf diese Reise zu begeben.

Wie hoch ist also die Bedürfnisspannung bei Ihnen, liebe Leserin, lieber Leser, um weiterzulesen und vielleicht die persönlichen Konsequenzen zu ergreifen?

**Übung „Bedürfnisspannung"**
Nutzen Sie jetzt die Übung „Bedürfnisspannung" auf Seite 146.

# 2. Auf der Suche nach der eigenen Kompetenz: „Woher weiß ich, was ich kann und weiß?"

## 2.1 Das persönliche Wissensmanagement

Es bedarf an dieser Stelle manchmal schon einiger Überzeugungskraft, um zu vermitteln, dass die „Brille" nicht mehr stimmt. Ob ich mit der Erwartung an die Sache herangehe, dass alle Angebote und auch alle Anforderungen von außen zu kommen, haben oder ob ich selbst mich für angemessen ausgestattet halte, um mir einen eigenen Laufbahnplan zu „schnitzen" entscheidet letztlich über den ungetrübten Blick auf meine wahren Fähigkeiten und Beschränkungen. Wer kann mir aber den erforderlichen Zugang zu meiner eigenen Grundausstattung verschaffen – und was kann ich denn selbst dabei leisten?

Unser Wissen nährt sich aus vielen Quellen – Beobachtungen, Aufzeichnungen, Tests, Arbeitsproben und Gesprächen.

Wer aufmerksam hingesehen und hingehört hat, konnte sich ja schon beim Kind seine Gedanken zu den persönlichen Kernkompetenzen, Vorlieben und Neigungen des späteren Erwachsenen machen.

Was passierte da? Bereits die kleinsten Kinder arbeiten sich spielerisch an ihren angeborenen Optionen ab: Unseren inneren Vorgaben entsprechend ist es immer das Nächstliegende, mit dem wir uns in diesem Alter spontan beschäftigen und das uns fasziniert – unbewusst, ohne weiter darüber nachzudenken. Das ist eine Behauptung und die will begründet sein: Die Beobachtung zeigt, solange niemand aufbegehrt, spielen auch viele kleine Jungs ganz gerne mit Puppen, während kleine Mädchen sich liebend gerne mit Eisenbahn oder Autos abgeben können. Die geschlechtsrollentypische Ausrichtung entsteht also erst durch Modelle, Anweisungen Erwachsener und natürlich den sogenannten Gruppendruck der anderen Kinder. Das nennen wir Sozialisation. Das meint nur zum Teil bewusste Erziehung. Ganz allgemein erlangen in diesem Alter solche Objekte Aufmerksamkeit, zu denen das Kind einen inneren Bezug herstellen kann. Anderes wird sehr schnell wieder weggelegt.

Später entscheidet man sich natürlich eindeutiger. Worin liegt denn der Reiz, sich freiwillig mit einem Musikinstrument zu beschäftigen, angestrengt dem Orchester auf der Bühne im Konzertsaal zuzuhören, ja selbst die Qual von Unterrichtsstunden zu ertragen, um selbst ein Instrument zu beherrschen und sogar einen Nutzen daraus zu ziehen, wenn da nicht eine gewisse unterschwellige Neigung auf Verwirklichung drängt? Das kostet einen schließlich jede Menge Energie und manchmal auch Überwindung – allzeit zum Abbruch der Bemühungen bereit.

Dasselbe gilt natürlich für die eigenständige, unaufgeforderte Wissbegierde im Zusammenhang mit naturwissenschaftlichen, mathematischen Fragen des Lebens. Und noch ein Beispiel sei hier genannt: Beide eben genannten Typen von Kindern interessieren sich vielleicht nicht unbedingt genauso stark für sportliche Aktivitäten, die wiederum für einen dritten Typus den überragenden „Lustgewinn" bringen.

Selbstverständlich gibt es dabei Überschneidungen, kaum ein Kind ist in der Realität derart einseitig ausgerichtet, dass es sich nur für das eine und sonst für nichts interessierte.

Es entspricht auch sicher nicht dem allgemeinen Bildungsideal, eine solche Einseitigkeit zu fördern. Die ganze spontane Lebensenergie beim Toben und Lärmen fällt dabei ebenso positiv ins Gewicht wie umgekehrt die angeborene Denkfähigkeit, die Fähigkeit, Ursache und Wirkung im scheinbar zufälligen Geschehen auszumachen. Manchmal sehr zur Verwunderung der eigenen Eltern. Und hier reden wir noch von Eigenschaften, die jedem Einzelnen von uns ganz allgemein zur Verfügung stehen. Die Mischung macht es!

Dennoch lassen sich schon im Kindesalter gewisse Schwerpunkte ausmachen. Noch viel interessanter wird es, wo es sich um individuelle Abweichungen, Präferenzen (Vorlieben), Neigungen handelt. Beispiele beziehen sich auf die Körper-Koordination (Fähigkeit zu jonglieren, Taschenspieler-Tricks auszuführen, ein Musikinstrument zu beherrschen), das räumliche Vorstellungsvermögen (Welches von zwei Zahnrädern läuft in eine bestimmte Richtung? – auch auf dem Papier dargestellt; später die Wahrnehmung dreidimensionaler Muster im Konstruktionsdesign) oder auch die Lust, sich eher mit dem Verstehen und Anfertigen technischer Gegenstände zu beschäftigen als mit Malen und Zeichnen fantasievoller Gebilde. Wenn es erlaubt wird.

Nörgelnde Kinder erleben wir hingegen da, wo ihnen die Erwachsenen empfehlen: „Spiel doch mal was Vernünftiges, lies doch mal was"; „Hock´nicht immer in der Stube und bastel an deinem PC herum"; oder so ähnlich wie „Warum hilfst Du denn nicht mal dem Papa dabei, den Staubsauger zu reparieren!" Das haben wir uns ja auch nicht selbst ausgesucht!

Warum nicht einfach mal annehmen, und sei es nur für einen Moment, dass alle alles könnten. Im Prinzip?

Frage an Sie, lieber Leser: Was macht einen guten Mathematiker aus? Wie zeichnet sich ein typischer, erfolgreicher Verkäufer aus? Was ist das Besondere an einem Piloten, an der Software-Entwicklerin oder dem Konzert-Impresario? Und könnte jeder den Job der anderen übernehmen, unter welchen Bedingungen vielleicht?

Für das Auftreten der erblichen Voraussetzungen im Verhalten eines Menschen gilt, dass sie in der Sprache des Statistikers normalverteilt sind; d. h. es gibt im Prinzip nur sehr wenige Personen, die zu einer bestimmten Eigenschaft extrem befähigt sind oder so gut wie keinen Zugang haben; die Mehrzahl gruppiert sich mehr oder weniger um einen Mittelwert, mit anderen Worten, sie haben einen durchschnittlich ausgeprägten Zugang dazu. Hier sprechen wir auch von unterschiedlichen Talenten, sozusagen auf der „Grundstufe" der Kompetenz.

Und selbst die Intelligenz, definiert als das Vermögen, neue Anforderungen und Aufgaben schneller und leichter zu bewältigen als jemand anders, folgt diesem Prinzip der Verteilung; bezogen auf alle Menschen einer bestimmten Kultur sowie geordnet nach Geschlecht und Alter. Allerdings ist man selbst hier mit Blick auf die sozialen Einflüsse inzwischen bescheidener geworden: Man spricht heute nicht mehr davon, dass Intelligenz gänzlich unbeeinflusst von äußeren Lernbedingungen wäre.

Um noch einmal auf die eben gestellte Frage zurückzukommen, ob vielleicht – und unter ganz bestimmten Umständen – alle alles könnten: Das erscheint nahezu ausgeschlossen! Nach allen Erkenntnissen könnten sie das aufgrund der unterschiedlichen Kern-kompetenzen natürlich nicht, auch wenn es in den Randbereichen einzelner Kompetenzen Überschneidungen geben mag. Dazu ist die Vielfalt menschlicher Eignungsaspekte einfach zu groß.

Selbst wenn wir in der Lage sind, über ein sehr breites Fähigkeitsspektrum zu verfügen, wird die Pilotin wohl nicht den Job des Finanzmanagers übernehmen! Es sei denn, sie brächte tatsächlich gleichzeitig die erblichen Voraussetzungen für derart komplexe Leistungen wie Zahlenverständnis, analytische Tiefenschärfe und absolute Genauigkeit, gepaart mit einer hoch ausgeprägten Belastbarkeit unter physisch-psychischen Extremsituationen mit; von Kreativität und Fantasie einmal ganz abgesehen.

Im Übrigen macht auch eine Spezialisierung im Interesse des persönlichen Erfolgs nur da Sinn, wo es sich lohnt, auf andere Eigenschaften zu verzichten nach der Devise „Stärken stärken und Schwächen schwächen!". Letztlich kommt es aber auf das Zusammenwirken der beiden Teilkomponenten von „Können" und „Wollen" an:

- **Liegt die angestrebte Spezialisierung tatsächlich im Eignungsrahmen eines Menschen?**
  Wenn beispielsweise jemand mit einer ausgesprochen hohen körperlichen Koordinationsfähigkeit gesegnet und damit befähigt ist, schon als kleines Kind ohne größere Schwierigkeiten auf einem Einrad Slalom zu fahren, Flickflack zu turnen oder auf einem dünnen Stahlsein zu jonglieren oder mit den kleinen Fingern winzige Dinge mit großer Leichtigkeit in geringfügig größere Behälter zu manövrieren wie einen dünnen Faden in ein Nadelöhr? Dann liegt die Vermutung nahe, dass dieser Mensch irgendwann in der Lage wäre zu lernen, wie man zu einem hervorragenden Ski-Abfahrtsläufer wird oder wie man mit einer Mikropinzette die Unruh an einer kostbaren Armbanduhr repariert. Wenn auf der anderen Seite jemand ein natürliches Interesse daran entwickelt, seltene Pflanzen, Falter, Steine und Ähnliches zu beobachten, zu untersuchen, zu archivieren und vieles mehr, dann spricht gleichfalls einiges dafür, dass dieser Jemand später wissenschaftliche Experimente durchführen und seine Theorien schriftlich weitergeben kann und auch möchte. Dazu muss man schon sehr genau, beharrlich und auf theoretisch-abstrakte Aufgaben orientiert sein.

- **Entscheidender Auslöser für Verhalten ist die persönliche Motivation!**
  Sollte dieser Mensch ganz einfach kein Interesse an der jeweiligen Aufgabe entwickeln, auch wenn er dazu befähigt wäre (sprich: sollte er/sie nicht dazu motiviert sein), dann wären alle weiteren Bemühungen vermutlich umsonst. Motivation bedeutet jedoch nicht nur ein sehr wechselhaftes Spannungsverhältnis von Aktivität und Neutralität im täglichen Leben, sie hat ebenfalls ihre Wurzeln gleichzeitig in erblichen und sozialen Bedingungen: Die Auswahl dessen, worauf ich mich konzentriere, was mir Spaß macht, wofür ich mich einsetze, hat letztlich ebenfalls mit meiner genetischen Grundausstattung zu tun, wie wir ja bereits am Beispiel der spielenden Kinder aufzeigen wollten. Umgekehrt gilt allerdings auch: Wenn dem brennenden Wunsch

keine ausreichende Befähigung entspricht, sind die Aussichten ebenfalls gering, eine gewünschte berufliche Laufbahn zu verwirklichen. Dass auch die Auswahl einer beruflich erfüllenden Tätigkeit vor diesem Hintergrund ganz entschieden nicht beliebig zu sehen ist, das erkennen wir an den unzähligen missglückten Versuchen von Menschen, trotz vorhandener Motivation dennoch erfolglos an einem bestimmten Berufsziel zu arbeiten. Es gibt schließlich Legionen von Abbrechern, Aufgebern und verzweifelten Wiederholern, von denen nur ein Teil ihr Ziel dann doch noch erreichen – aber zu welchem Preis? Außenstehende sehen ohnehin immer nur den Erfolg, vom Ergebnis her präsentiert. Im Dunkeln bleibt dabei der mühevolle Weg, von der Idee über die harte Arbeit der Selbstfindung mit allen Selbstzweifeln bis zum bejubelten Erfolg.

Sei dein eigener Mentor! Mit anderen Worten: Sorge für ausreichenden Schutz, aber hole auch das Optimum aus dir heraus!

■ **Alles beginnt mit der Frage: Was weiß ich, was ich weiß – was weiß ich, was ich kann?** Diese Frage beinhaltet zweierlei: Zum einen geht es um die Inhalte. Was zeichnet mich aus, was sind meine Eigenschaften, welche unverwechselbaren – förderlichen oder hinderlichen – Charakteristika unterscheiden mich von allen anderen? Zum anderen stellt sich die Frage, wie finde ich mein persönliches Eignungsprofil heraus?

### „Es war einmal ..." – Zwei Beispiele zum Einstieg:

Beispiel 1: Da ist der hoch qualifizierte Wissenschaftler im Unternehmen mit der Funktion des Geschäftsführers. Sein Aufstieg ist geradlinig-linear, er kann auf der Karriereleiter einen Erfolg an den anderen reihen, bevor es zu der fatalen Fehlentscheidung kommt: Aufgrund seiner immensen Verdienste in der Produktentwicklung und Anwendungstechnik beim Kunden empfiehlt man ihn in die Leitungsposition. Das Unternehmen wächst und gedeiht.

Überaus beliebt und als versiert eingeschätzt, sagt er nicht rechtzeitig „Nein!", sondern lässt sich, ohne weiter darüber nachzudenken, darauf ein, die Ebene seiner Erfolgskompetenzen zu verlassen, und landet damit in der Sackgasse. Jetzt dreht sich das Verhältnis um: Er hat plötzlich keine Erfolge mehr. Scheint wie vom Pech verfolgt. Jetzt hangelt er sich von Misserfolg zu Misserfolg und von Fehlschlag zu Fehlschlag, und der Ruf gerät dabei zunehmend in Misskredit. Kollegen, Mitarbeiter und Förderer gleichermaßen lernen ihn als inkompetent und geradezu für den Bestand des Unternehmens gefährlich kennen. Man macht ihn für den Niedergang des Unternehmens verantwortlich. Um es kurz zu machen: Vor lauter guten Ideen zeigt er nicht die Geschäftstüchtigkeit, die so dringend benötigt wird. Es kommt, wie es kommen muss: Man stellt ihn vor die Wahl, sich ein neues Berufsfeld zu suchen.

In der Folge bewirbt er sich um die Position des hochkompetenten Forschers und Entwicklers in einem neuen Unternehmen. Die andere Seite erkennt seine Stärken, erkennt aber gleichzeitig, dass hier – möglicherweise aus einer Notsituationen heraus – ein Konflikt vorliegen könnte: Man stellt die einzig richtigen Fragen: Ist dieser Mann überqualifiziert für die Position und wird er imstande sein, die Rückschritte im Vergleich zu seiner früheren Aufgabe – in Bezug auf Gesamtverantwortung und finanzielle Ausstattung – zu verkraften? Er selbst reagiert auf die Fragen „cool":

„Nein, nein, das ist kein Problem, ich freue mich auf die neue fachliche Orientierung, ich komme wieder zurück zu dem, was mich wirklich erfüllt, ich benötige keine Führungsaufgaben, um mich zu verwirklichen. Meine Frau ist ebenfalls einverstanden mit dem beruflichen und örtlichen Wechsel." Es bleiben Zweifel. Und die Gefahr einer erneuten Fehlbesetzung.

Beispiel 2: Da ist die brillante Aufsteigerin. Hoch intelligent, mit besten Sprachkenntnissen (Englisch, Französisch, Spanisch, Weißrussisch); hat sich längere Zeit im Ausland aufgehalten und dort auch gearbeitet. Sie ist von der Schulausbildung mit vorgezogenem Abschluss über ein ultra-kurzes, erfolgreich abgeschlossenes Studium der Betriebswirtschaft und Rechtswissenschaften zunächst in einem Großunternehmen als Assistentin des Vorstandes eingestiegen. Es folgten in schneller Abfolge verschiedene Berufungen auf Posten im In- und Ausland, Herausforderungen, die die ganze Person mit vollem Risiko des Scheiterns beanspruchten. Unter anderem sollte eine Unternehmenseinheit unter schwierigsten Bedingungen restrukturiert werden, die kurz vor der Auflösung stand. Mit klarem Blick, klugem Sachverstand und der nötigen Härte, sich durchzusetzen, bestand sie alle diese Aufgaben mit Bravour.

Dann landet sie auf einem verhältnismäßig konventionellen Führungsposten im Top-Management, anfangs mit großem Einsatz und Spaß an der Sache. Hier braucht sie nicht lange, um gründlich durchzufallen. Sie stößt auf zunehmenden Widerstand, der sich darin äußert, dass sie von einigen mit System ausgebremst, behindert, vorgeführt, von anderen mit eisigem Schweigen bedacht, geradezu gemieden wird.

Ja doch, sie hat ihre Erfolge. Operativ gesehen erreicht sie ihre Ziele: kostenmäßig ist die Firma auf Vordermann, die Zahlen stimmen; aber der Preis ist menschlich inakzeptabel hoch. Schließlich bricht sich die Aggression offen Bahn: Von den Betriebsräten über die engsten Kollegen bis in verschiedene Interessengruppen hinein wirft man ihr offen Führungsunfähigkeit vor. Sie gehe über Leichen, verhalte sich blind und gefühllos für die berechtigten Interessen der Menschen in ihrer Umgebung und nutze jede Gelegenheit, ihre Macht auf Kosten anderer auszuspielen. Es bleibt ihr keine Wahl, als den Rückzug anzutreten: Sie legt ihr Amt nieder und verlässt das Unternehmen.

Diese Beispiele sollen Folgendes verdeutlichen:
* Ohne eine detaillierte Kenntnis der eigenen Stärken und Schwächen ist es schwer, die geeignete Berufswahlentscheidung zu fällen;
* es bereitet dann auch Schwierigkeiten, unterwegs die richtigen taktischen Entscheidungen zu treffen zwischen Angriff und Anpassung, vor allem aber, diese richtig zu kommunizieren;
* auch wenn zu Beginn der Laufbahn alles quasi von selbst läuft, stellen sich mit der Zeit immer wieder kritische Entscheidungssituationen ein, die entweder auf die nächste Entwicklungsstufe führen oder die bisherigen Erfolge wieder zunichtemachen können;
* unter den meisten Arbeitsbedingungen reicht es nicht aus, nur seine Lieblingsstärken zu kultivieren: Diese Einseitigkeit könnte auf Dauer fatale Folgen haben: Der „Panoramablick" ist öfter gefragt als der „Tunnelblick";
* es ist immer gut, ein gesundes Netzwerk im Arbeitsumfeld aufzubauen, das einem im Ernstfall ermöglicht, Fehler zu tolerieren, Fehlentscheidungen gegenzusteuern, zumindest aber erfolgreich darüber zu verhandeln;

- die Entwicklung der eigenen Kompetenzen sollte mit den laufenden Anforderungen Schritt halten: Stillstand kann bedeuten, dass man hinter die bereits erreichten Standards zurückfällt. Es hilft, für sich einen längerfristigen Entwicklungsplan zu entwerfen, der die laufenden Veränderungen kontinuierlich erfasst und anhand dieser Fortschritte in regelmäßigen Abständen angepasst wird.

**Übung „Selbstgestaltung"**
Machen Sie sich die Konsequenzen an Ihrem eigenen Beispiel deutlich, anhand des Szenarios zur „Selbstgestaltung" auf Seite 147: Dort finden Sie entsprechende Hinweise und Anregungen.

## 2.2 Sei dein eigener Mentor!

Wenn ich mich erst einmal in den Steinbruch meiner beruflichen Eignung begeben habe, stehen mir grundsätzlich folgende Möglichkeiten offen:

- der Weg über die Selbstexploration
- der Einsatz von wissenschaftlich entwickelten Testverfahren
- unterschiedliche Instrumente zur Selbst- und Fremdeinschätzung
- Rückmeldungen aus Gesprächen mit anderen Menschen (Kapitel 3)

Diese unterschiedlichen Wege stehen im Prinzip jedem zur Verfügung, nicht zuletzt Online im Internet. Schauen wir uns die entsprechenden Hilfsmittel einmal genauer an.

**Phase 1: Rekonstruktion der Biografie**
Selbstexploration bedeutet zunächst, die eigene **Geschichtsschreibung** vorzunehmen. Es geht um die gezielte Erforschung der eigenen Vergangenheit anhand von Zeitzeugen, Dokumenten und Erinnerungen.

Wie bin ich so geworden, wie ich heute bin? Welche Leute, Ereignisse, Erfahrungen waren dabei wichtig? Wer hatte einen wesentlichen Einfluss, bewusst oder unbewusst auf meine Entwicklung? Welche Modelle spielten dabei eine Rolle? In welchem Familienumfeld bin ich aufgewachsen, welche Familienkultur wurde vorgelebt? Kann ich mich noch erinnern, wen ich schon als Kind bewundert oder verachtet habe?

Gleichzeitig nehmen wir Akteneinsicht: Was ist mir geblieben aus früheren Zeiten? Welche schulischen Arbeitsergebnisse kann ich noch zurückverfolgen, welche Produkte aus meiner Freizeit wie handwerklich-kreative Gegenstände sind noch verfügbar oder erinnerlich? Was waren damals meine Hauptinteressen, wer waren meine Freunde und Freundinnen, wie haben wir unsere Zeit zusammen verbracht, welche Geheimnisse hatten wir miteinander? Gibt es noch Fotos aus der Zeit?

Was können **Zeitzeugen** darüber berichten, Familienangehörige, aber auch Bekannte. So mancher hat sich heute im Internet über eine der Kontaktbörsen wiedergefunden. Das könnte auch Anlass für eine aktive Suchstrategie sein: Mal herausfinden, ob der oder die, an die ich mich zwar noch erinnere – das ist aber lange her – sich noch wieder auffinden lassen; was ist aus denen geworden und vor allem: Was können die mir über mich erzählen?

**Beobachten – Beschreiben – Bewerten.** Die Reihenfolge ist wichtig: Versuchen Sie zunächst, so viele Informationen über Ihre Kenntnisse und Erfahrungen zu sammeln wie möglich, diese so genau und detailliert zu beschreiben, wie Sie können. Möglicherweise benötigen Sie dazu mehrere Durchgänge. Das kann geschehen mithilfe von Tagebuchaufzeichnungen („Logbuch"), Videobändern, Filmen, schriftlichen Dokumenten, Fotos, Erinnerungen, Gedanken, Gefühlen und vielleicht Gegenständen, die Ihnen einmal sehr wichtig waren bzw. aus Ihrer Vergangenheit geblieben sind. Manches hatten Sie fast vergessen. Erstellen Sie einen Fragenkatalog, den Sie im Laufe der Zeit abarbeiten, präzisieren, laufend erweitern. Was wollen Sie über sich herausfinden?

Im Verlauf der Beschäftigung mit sich selber stellen Sie fest, dass vieles, was bereits von aktuelleren Ereignissen überlagert war, wieder an die Oberfläche tritt. Damit schärft sich der Blick auf das, was Sie ausmacht. Gehen Sie erst dann daran, diese Informationen zu gewichten. Bewerten bedeutet, den Dingen eine bestimmte Richtung zu geben, auch wenn es nur darum geht, hervorzuheben (wichtiger, hilfreicher, prägender) oder wegzulegen (loslassen, aufgeben, nach hinten stellen).

Wenn Sie mit dem letzten Schritt beginnen, riskieren Sie, die Recherche zu früh zu beenden, bedeutsame Informationen zu übersehen, darauf zu verzichten oder neutralen Beobachtungen den Stempel des Werturteils aufzudrücken. Damit könnte aber Ihre Zielplanung beeinträchtigt werden.

Allerdings sollten wir uns überhaupt von der Vorstellung verabschieden, dass es sich dabei um objektive Aussagen handelt. Da wir unsere Welt im Wesentlichen selbst schaffen, können wir davon ausgehen, dass praktisch jede Erfahrung, jedes persönliche Ereignis in unserem Leben von uns in irgendeiner Weise konstruiert wird. Das beginnt bereits in dem Augenblick, wo sich etwas ereignet, vollzieht sich über die Erinnerung, das Gespräch mit anderen bis hin zu einem Moment, in dem man vielleicht gezwungen ist, auf Anfrage zu berichten, was denn nun wirklich geschehen sei.

Wir definieren uns buchstäblich selbst und unser ganzes Leben unterliegt einer solchen Konstruktion. Verantwortlich dafür sind vor allem unsere Gefühle und Emotionen, die es praktisch unmöglich machen, ein bestimmtes Ereignis objektiv wahrzunehmen, zu speichern oder wiederzugeben. Verantwortlich sind aber auch die Zeit und unsere Merkfähigkeit, die, noch dazu unter dem Einfluss von Wünschen und Erwartungen, manchmal ganz eigenartigen Veränderungen unterliegt.

Folgende Beispiele verdeutlichen diesen Zusammenhang:
Auf einer Kreuzung hat sich ein Unfall ereignet. Aus verschiedenen Richtungen kommend, sind ein Lastwagen, ein Motorrad, ein Personenwagen und ein Erntefahrzeug kollidiert. Eine Frau konnte den Vorfall von ihrem Balkon aus beobachten. Sie sagt vor der Polizei aus, das rote Cabrio sei mit großer Geschwindigkeit bei Rot in den Kreuzungsbereich eingefahren; einen Motorradfahrer hat sie nicht gesehen. Der junge Mann von der anderen

Straßenseite aus hat erlebt, wie der Motorradfahrer auf einer Ölspur ins Schleudern geriet und unter das Erntefahrzeug rutschte. Ein alter Mann, der mit seinem Enkelkind aus der Richtung des Lastwagens vorbeikam, berichtet, das Motorrad habe die schwarze Luxuslimousine „geschnitten" und sei dann zügig weitergefahren. Die Polizei ist ratlos: Was soll man mit solchen Zeugenaussagen anfangen? Gehen wir davon aus, dass die schockartige Gleichzeitigkeit der Ereignisse alle Beteiligten emotional aufrüttelt, ja mental überfordert, dann können wir unterstellen, dass alle Zeugen nicht nur von ihrer Sicht der Dinge überzeugt sind und niemand absichtlich die Unwahrheit gesagt hat. Alle haben auch irgendwie Recht, es passt nur nichts zusammen!

Eine älteres Ehepaar, seit Jahrzehnten verheiratet, streitet sich immer wieder in Gesellschaft anderer über die gemeinsamen Erlebnisse. Der Mann erzählt gerne sein Lieblingsgeschichte, wie er sich damals erfolgreich den Weg zu ihr gebahnt hat. Interessanterweise klingt die Geschichte jedesmal etwas anders – dramatisch aufgebaut und in allen Einzelheiten liebevoll inszeniert. Die Frau schüttelt immer wieder den Kopf, rollt mit den Augen und hält mit ihrer eigenen, etwas abweichenden Sichtweise dagegen. Beide haben für sich gesehen Recht, jeder aus seiner persönlichen Handlungsperspektive heraus, die der andere nicht direkt zur Kenntnis genommen hat! Aufgrund der unterschiedlichen Perspektiven schon im Augenblick des Geschehens, der laufenden inneren Rekonstruktionen über die Jahre hinweg, unterschiedlicher Merkfähigkeit und vielem mehr, können die Ansichten objektiv wohl kaum zur Deckung gebracht werden. Man wird sich wohl weiter streiten, es sei denn, eine Partei würde irgendwie von der Absolutheit ihrer Ansichten abrücken, sodass beide besser differenzieren, die stimmigen Punkte in der Sicht des anderen erkennen und den Rest verhandeln könnten; damit bliebe auch die Kommunikation im Interesse der fortdauernden Beziehung zwischen den Verhandlungspartnern aufrechterhalten.

Das soll aber keinesfalls bedeuten, dass die Selbstexploration insgesamt wertlos wäre. Sie beruht zwar auf subjektiven Wahrnehmungen, teilweise isolierten Erkenntnissen und Erfahrungen, ist also zunächst einmal anfällig für alle Arten von Verzerrungen; gleichzeitig stellt sie aber das Fundament unserer Arbeit an einem stimmigen beruflichen Lebensplan dar. Je mehr objektive Erkenntnismittel ich anschließend einbeziehe, umso nachvollziehbarer, schlüssiger und auch verlässlicher für mich selbst wird meine Konstruktion letztlich ausfallen: Eine bedeutsame kreative Gestaltungsleistung im gleichzeitigen Bemühen um Objektivität und Vermittelbarkeit.

## Moments of Excellence

„Begeben Sie sich an einen ruhigen Ort, an dem Sie nicht gestört werden können. Das Licht sollte gedämpft, jegliche Lärmquellen sollten ausgeschaltet sein. Setzen oder legen Sie sich bequem hin, und schließen Sie die Augen. Atmen Sie langsam und regelmäßig ein und aus, bis Sie spüren, dass Ihre körperlichen Spannungen sich lösen und Ihre Aufmerksamkeit sich Ihrer inneren Welt zukehrt.

Stellen Sie sich nun eine Situation vor, in der Sie ein für Sie bedeutsames Erlebnis persönlichen Erfolgs hatten, völlig im Einklang mit sich selbst waren. Ein angenehmes Gefühl der Ausgeglichenheit und des körperlichen Wohlbefindens durchströmt Sie. Sie erleben wieder, wie es ist, mit sich völlig im Lot zu sein. Führen Sie sich dieses Erlebnis innerlich so

deutlich wie möglich vor Augen: Was sehen Sie, was hören Sie, wie genau können Sie die
äußeren Umstände beschreiben, welche Menschen sind anwesend, was wird gesagt, wie
tritt man Ihnen gegenüber"
(Auszug einer Fantasiereise zu den eigenen Moments of Excellence)

Von entscheidender Bedeutung für unseren künftigen Erfolg ist die Erinnerung daran, dass
wir auch in der Vergangenheit immer wieder persönliche Erfolgserlebnisse hatten. Auch
kleine! Vielleicht finden Sie, dass die es nicht wert sind, erwähnt zu werden. Irrtum: Viele
Menschen behindern sich, ohne es zu wissen, selbst, indem sie ständig negative Gedanken
mit sich herumtragen und die positiven Erfahrungen unter den Tisch fallen lassen. Denken
ist inneres Sprechen. Die Art, wie wir innerlich mit uns umgehen, beeinflusst einerseits unser
Verhältnis zu den anstehenden Plänen, Absichten, Projekten; andererseits würden einige von
uns nicht einmal ihren ärgsten Gegnern die Art von Abwertungen zumuten, die sie sich selber angedeihen lassen. Im Kopf. Und das Tag für Tag, rund um die Uhr. Wie soll man denn
da bloß eine befreite Erfolgsorientierung entwickeln? Versuchen Sie es doch einmal anders:
Wenn Sie sich morgens im Spiegel ansehen, dann sagen Sie sich – laut oder still:
„Ich bin von mir überzeugt und ich werde heute einen sehr erfolgreichen Tag haben!" Mal
sehen, was passiert, wenn Sie das wiederholt machen.

Das Anerkenntnis persönlicher Erfolgserlebnisse, selbst wenn sie noch so gering sein mögen,
ist von Bedeutung. Je klarer Sie sich an derartige Erfahrungen erinnern können, umso eher
versetzen Sie sich selbst in die Lage, auch in schwierigen Situationen diese Erlebnisse auf-
zurufen; damit versetzen Sie sich in einen positiven, weil erfolgsorientierten Zustand: Voraussetzung für eine entspanntes Auftreten, sei es zur Konfliktlösung, sei es zur Gehaltsver-
handlung oder vor dem Gespräch mit einem lange vermiedenen Angstpartner.

Hier geht es aber noch um etwas ganz anderes, nämlich um die Frage, was macht denn
nun ihre Erfolgskompetenzen aus. Wenn Sie sich auf die beschriebene Weise wohlwollend
mit sich selbst auseinandersetzen, werden Sie an einen Punkt gelangen, an dem Sie genau
beschreiben können, auf welche Weise und mit welchen Verhaltensweisen Sie den erlebten
Erfolg bewirkt haben: der Schlüssel zu Ihren spontanen Schlüsselkompetenzen.

Bevor Sie sich mit der objektiven Verfahren wie Tests und Arbeitsproben befassen, könnte
dies ein wirksamer Weg für Sie sein, sich im Gespräch mit sich selbst den Grundlagen anzunähern.

**Phase 2: Potenzialermittlung: Subjektive und objektive Zugänge zu den eigenen
Kernkompetenzen**

**Der Test**
Eignungstests haben in Deutschland eine lange Tradition. Bereits in den 30er und 40er Jah-
ren wurde aus militärischen Gründen über eine genaue Erfassung erforderlicher beruflicher
Eigenschaften nachgedacht. Ergebnis waren zunächst Eignungstests für Piloten.

Später kam es zur Entwicklung so genannter Assessment Center. Hier wurden die Kandidaten mit einer Vielzahl von Aufgaben unterschiedlicher Art in Gruppen konfrontiert, die

allesamt möglichst nahe an den künftigen beruflichen Aufgaben angelehnt waren. Um die Komplexität der Führungaufgaben in der Wirtschaft abzubilden, wurden daher nicht nur Papier- und Bleistifttests verwendet, sondern zunehmend auch Aufgaben zu Planung, Organisation, Zeitmanagement und Ähnlichem sowie Kommunikation in Gruppendiskussionen sowie Präsentationen.

Entscheidend für alle Arten von Testverfahren, die wissenschaftlich entwickelt und überprüft wurden, ist, dass sie einem sehr strengen Konstruktionsdesign unterliegen. Sie müssen nachweislich, und das wird in regelmäßigen Abständen immer wieder überprüft, den Kriterien Reliabilität, Validität und Objektivität genügen. Reliabilität bedeutet die Zuverlässigkeit, mit der ein bestimmtes Testergebnis auf den Punkt trifft; mit anderen Worten, macht man den Test noch einmal, zum Beispiel innerhalb eines halben Jahres, müsste ziemlich exakt dasselbe Ergebnis herauskommen: Ansonsten könnte dieser Test nicht als verlässlich gelten. Dieses Merkmal bezieht sich auch auf die Personen, die den Test vorgeben: Es muss absolut gewährleistet sein, dass, unabhängig von den Personen, die den Test beaufsichtigen, das Ergebnis zuverlässig für eine bestimmte Person gilt.

Validität sagt demgegenüber aus, dass ein Testverfahren genau das misst, was es zu messen vorgibt. Vereinfacht gesagt, bedeutet dies, dass der berufliche Eignungstest keinesfalls irgendwelche psychiatrischen oder psychosomatischen Erscheinungen wiedergibt, sondern sich ausschließlich auf das Arbeitsverhalten bezieht.

Neben dem Merkmal der Objektivität, das wir hier nicht weiter ausführen müssen, sollte ein Test noch solche Kriterien wie Fairness den Probanden gegenüber, Ökonomie (Zeit und Durchführungskosten) sowie Praktikabilität (Anwendungsfreundlichkeit) berücksichtigen.

So erfreulich es ist, dass ein Test solchen strengen Auflagen unterliegt, und damit ein Höchstmaß an Zuverlässigkeit gewährleistet, müssen wir aber doch feststellen, dass das gewisse Nachteile mit sich bringt: Zwangsläufig sind wissenschaftliche Test jeweils nur für einen sehr eingeschränkten Bereich gültig und damit anwendbar.
Als geschulter Eignungsdiagnostiker ist man sich der Vor- und Nachteile bewusst. Es ist sinnvoll und gut zu wissen, dass es Instrumente gibt, die von einer größtmöglichen Genauigkeit und reproduzierbaren Präzision in einem sehr eingeschränkten Bereich sind. Daneben existieren andere Instrumente, die auf ähnliche Weise verlässlich, aber wesentlich breiter angelegt sind und damit mehr Möglichkeiten zur Interpretation bieten, auch wenn dadurch bei Letzteren die Zuverlässigkeit nicht eben in demselben Maße wie bei den wissenschaftlichen Testverfahren gegeben ist.

**Die „Kunst" besteht darin, für eine bestimmte Person das treffende Instrumentarium zusammenzustellen, um genau das abzubilden, was untersucht werden soll, genau auf *die* Frage eine Antwort zu entwickeln, die – in unserem Fall – dem Umsteiger eine klare Aussage zu seinen Voraussetzungen bietet, bezogen auf eine bestimmte, angestrebte berufliche Laufbahn.**

Aus demselben Grunde ist man inzwischen aber auch allgemein noch einen Schritt weiter in Richtung der umfassenden Beurteilung von Kompetenzen und Potenzial einer Person gegangen. Ausschlaggebend dafür sind nicht zuletzt die Möglichkeiten einer computergestützten und noch dazu online erfolgenden Untersuchung. Das nennt sich „Profiling", „Job-Match" oder etwas neutraler „Assessment".

Die Idee des Profilings beinhaltet, Bewerber zu finden, die von ihren beruflichen Eigenschaften her gesehen ideal mit dem Anforderungsprofil für einen bestimmten Tätigkeitsbereich übereinstimmen. Mit Profiling ist daher eine differenzierte Rundum-Analyse der Kandidaten gemeint, die beispielsweise nicht nur auf intellektuelle Leistungsmerkmale („Was macht er/sie?") und Persönlichkeitseigenschaften („Wie macht er/sie das?") abhebt, sondern auch die individuelle Motivation mit erfasst („Will er/sie überhaupt?"). Das wird dann jeweils auf ein sehr detailliertes Anforderungsprofil bezogen (Job-Match) und kann in gezielte Anregungen für ein Coaching sowie gegebenenfalls in verhaltensorientierte Fragen für ein Auswahlgespräch übersetzt werden. In der Praxis verschwimmen allerdings die Grenzen zwischen diesen unterschiedlichen Begriffen.

Der „Job-Match" bietet zusätzlich die Möglichkeit, aus einer Vielzahl bereits vorliegender Anforderungsprofile zum Beispiel Vorgaben für den typischen Außendienstmitarbeiter in einer Pharmafirma, den Entwicklungsingenieur eines Lack und Farben Unternehmens oder die Marketingchefin eines Lebensmittelkonzerns herauszufiltern. Übereinander gelegt bilden dann beide Profile – das der Position und das andere der Person – die Voraussetzung für einen genauen Abgleich bezüglich der individuellen Passform. Damit, und natürlich untermauert durch ein eingehendes Auswertungs-/ Coaching-Gespräch mit der fraglichen Person, lassen sich prinzipielle Über- oder Unterforderungen von vorne- herein mit an Sicherheit grenzender Wahrscheinlichkeit ausschließen.

Assessment, wörtlich also Bewertung, Einschätzung, richtet sich allgemeiner auf die Frage, was eine bestimmte Person kennzeichnet: Wofür wäre jemand eigentlich hervorragend geeignet oder eher nicht? Hat jemand auch noch andere Möglichkeiten, etwas wirksam zu tun, ist jemand auch noch für andere Tätigkeiten als die bisher bekannten geeignet – weit über das hinaus, was wir bisher benötigten?

Frage: Ist jemand als Elektriker auch imstande, kundenorientiert zu beraten; kann ein Elektriker neben seiner bisherigen Tätigkeit als Starkstrom-Mann auch in einem Kernkraftwerk eingesetzt werden?

Als Berater ist man gleichzeitig immer wieder angenehm berührt von der zufrieden-verblüfften Reaktion der Kandidaten: „Wie können Sie das alles aufgrund so geringer Informationen über mich wissen?" „Woher wissen Sie das – stimmt genau!", „Sie haben mir die Augen geöffnet – ich weiß nur noch nicht genau, wo Sie das her haben!" So oder ähnlich lauten immer wieder geäußerte Reaktionen, meistens am Beginn einer vertrauensvollen Beratungsbeziehung.

Beim Assessment geht man schließlich noch einen Schritt weiter in Richtung einer vollständigen und damit natürlich auch fairen Potenzialbeurteilung: Man bindet dieses oder ähnliche Verfahren in eine umfassendere Struktur von Gesprächen, schriftlichen Untersuchungen und Arbeitsproben ein, die sich über mehrere Tage hinweg erstrecken können und durchaus auch Gruppen von Probanden – zum Beispiel den ganzen Vorstand eines Unternehmens – einbeziehen (Management Audit).

Dabei ist auch festzustellen, dass sich inzwischen die Qualität dieser Verfahren wesentlich verbessert hat; und das bedeutet, dass heutzutage mit Einschränkungen jeder sozusagen im Einzelverfahren diese Instrumente auch für sich selbst nutzen kann. Man ist also keineswegs darauf angewiesen, erst ein Unternehmen zu finden, das einen durch den Assessment- Prozess schleust. Vielmehr kann ich auch hier die Fäden (zu Beginn) selbst in die Hand nehmen.

Dass sich die Qualität verbessert hat, zeigt sich an zweierlei: Zum einen gab es früher ausschließlich Methoden, die aus der klinischen (Psychotherapie; Psychiatrie) oder der pädagogischen Psychologie (Schule/Erziehung) stammten. Diese Verfahren waren und sind nur begrenzt auf die Anforderungen der Arbeitswelt übertragbar, finden aber nach wie vor Verwendung: Ob ich aber, um ein bestimmtes existierendes Instrument anzusprechen, das aus der psychoanalytischen Tradition um C. G. Jung stammt, ein roter, gelber, grüner oder blauer Typ bin, mag für mich von großem Interesse sein, insbesondere wenn ich die dahinterliegenden Persönlichkeitseigenschaften des Machers, Initiators, Teamsters und Analytikers berücksichtige. So beliebt wie diese Verfahren momentan sind, sie helfen mir jedoch relativ wenig weiter, wenn es darum geht, meine spezifische berufliche Eignung (vor allem in besonderen Arbeitssituationen) zu beschreiben. Und das schlägt insbesondere dann zu Buche, wenn man sich den hohen Differenzierungsgrad zeitgemäßer Eignungsdiagnostik ansieht.

### Die Selbst- und Fremdeinschätzung
Wo ist der Spiegel, der mir zeigt? Die Macht der Fremd- und Selbsteinschätzung.
Hier handelt es sich streng genommen nicht um einen Test im eigentlichen Sinne: Sie müssen keinen Fragebogen zu Ihren persönlichen Einstellungen ausfüllen und auch keine Drahtbiegeprobe zur Beurteilung Ihrer handwerklichen Geschicklichkeit bearbeiten, werden nicht nach richtig oder falsch beurteilt, und auch nicht mit anderen Personen in einer möglichst realitätsgerechten Übungssituation verglichen.

Das alles entspricht auch nicht den festgelegten Konstruktionskriterien eines wissenschaftlichen Testverfahrens wie oben beschrieben. Was aber nicht bedeutet, dass diese Verfahren weniger akribisch von Wissenschaftlern in aller Welt entwickelt worden wären. Auch hier suchen wir schließlich nach Verlässlichkeit und Präzision der Aussagen, Fairness und Objektivität.

Grundsätzlich geht es um Folgendes: Eine Person wird gefragt, wie sie sich nach vorgegebenen Kriterien einschätzt. Gleichzeitig wird vielen anderen Personen dieselbe Frage gestellt, mit Blick auf die erstgenannte Person. Es geht um die Blickrichtung: „Wie schätzen Sie Herrn Müller/Frau Meier ein?" Dann werden die Aussagen abgeglichen und auf ihre Übereinstimmung geprüft: Sehen die anderen mich grundsätzlich so wie ich selbst, wo liegen besondere Unterschiede und wie lassen diese sich erklären?

Es gibt dabei eine Vielzahl von Kriterien, die jeweils zur Auswahl stehen. „Führungs-fähigkeit", „Gerechtigkeit", „Durchsetzungsstärke", „Entscheidungsverhalten", „Mitarbeiterorientierung" und vieles mehr. Die Beurteiler bleiben anonym (sonst würde sich in der Regel wohl auch niemand äußern) und können sich im Verhältnis zur beurteilten Person auf verschiedenen Ebenen des Unternehmens befinden. Es kann sich somit um Kollegen von derselben Ebene handeln, aber auch um Vorgesetzte, Unterstellte und sogar Kunden, wenn es sich um einen Mitarbeiter im Vertrieb handelt. Das nennt man dann 360 Grad-Bewertung/-Feedback.

Man erfährt auf diese Weise eine ganze Menge über sich, wenn man imstande ist, einiges auszuhalten und die Zeichen zu deuten. Auf diese Weise wurde schon so manchem Unternehmensvorstand dezent der Kopf gewaschen. Wie in früheren Zeiten, als sich der König zu Fuß und in Verkleidungen unter das Volk mischte, kann mit diesem Instrument auch heute noch dem „König" ein unverfälschter Eindruck von der Stimmung im „Volke" vermittelt werden.

Das Ganze dient zunächst einmal der Kommunikation von Einschätzungen und Wahrnehmungen: Zur Diskussion stehen meine eigene Sicht und die meiner Umgebung. Natürlich sind diese Aussagen auf beiden Seiten immer subjektiv gefärbt, das heißt verzerrt. Abweichungen und Widersprüche anschließend zu diskutieren, führt aber dazu, bisher festgefügte Meinungen zu revidieren, neue Einsichten zuzulassen, um daraus letztlich konkrete Verhaltensänderungen abzuleiten.

In Teilen hat das Verfahren außerdem einen verblüffend ganzheitlich-kreativen Charakter, aufgrund der spielerischen Vorgehensweise bei der Selbsteinschätzung; es bringt dadurch nach unserer Beobachtung auch den widerständigsten Testgegnern während der Bearbeitung jede Menge Spaß, vor allem aber neue Erkenntnisse über sich selbst ein. Ein subjektives Vorgehen zur Kompetenzanalyse, welches dennoch aufgrund seiner genial komplexen Anordnung – spontan/anonym/umfassend – ein hohes Maß an Objektivität gewinnt und dabei ohne die üblichen Festlegungen (Breite versus Tiefe) von Tests auskommt.

Auch hier gibt es grundsätzlich zwei Fassungen. Die eine beruht auf der schriftlichen Vorgabe von Merkmalen und Verhaltensweisen im persönlichen Gespräch, anhand derer eine Person ihre Stärken und Schwächen einschätzen soll. Wichtig ist dabei, dass die Anzahl der Eigenschaften genau festgelegt ist und auch die Zuordnung auf Stärken/Schwächen nach einem sogenannten „forced choice" -Verfahren erfolgt (Anweisung: „Legen Sie bitte genau 22 Karten auf den Stapel „Schwäche" … und 22 Karten auf den Stapel „Stärke"."); man ist also gezwungen, sich für eine persönlich wichtige Auswahl zu entscheiden. Das wiederum verhindert, dass man sich ausschließlich positive Eigenschaften zuschreibt – oder sich rundherum abwertet. Beides kommt im Leben vor, bringt uns hier jedoch nicht weiter.

Andererseits ist die Auswahl vor Ort gar nicht so einfach. Ob jemand zur Selbstüber-schätzung neigt oder die Tendenz zeigt, sich zu unterschätzen, ist dafür natürlich von Bedeutung; dies kommt aber bei der Bearbeitung ohnehin zum Ausdruck und wird im Gespräch thematisiert. Wir kommen immer zu einem aufschlussreichen Ergebnis – und sind dabei ganz zwanglos bereits mitten in einer authentischen Diskussion über Wünsche, Befürchtungen, Gedanken und Verhalten.

Im zweiten Schritt wird das Verfahren ggf. mit den externen Aussagen anderer Beurteiler abgeglichen, die auf ähnliche Weise zustande gekommen sind, wie oben beschrieben.

Die andere Fassung erfolgt überwiegend standardisiert im Computer bzw. online. Analog zu den bereits beschriebenen Tests im Internet, ist hier das Vorgehen stärker festgelegt oder beruht vollständig auf vor-formulierten Instruktionen und Auswertungs -Algorithmen. Es entfällt also die kreative Bearbeitung von Hand; dafür können aber fast zeitgleich wesentlich zahlreichere Beurteilungen berücksichtigt werden, was in betrieblichen Zusammenhängen von Vorteil ist, z. B. wenn es vor Umstrukturierungen darum geht, die Unternehmenskultur zu beschreiben. 360 Grad -Bewertungen erfolgen rund um die Person herum und über verschiedene Betriebsebenen hinweg.

Aber auch ohne diesen globalen Aufwand hilft die Selbst- und Fremdeinschätzung in verkürzter Form jedem Einzelnen, ein klares Bild von den eigenen Kompetenzen zu erlangen. Dazu muss man im Prinzip nur eine Reihe von (festgelegten) Merkmalen unter die Lupe nehmen und anhand der Fragen prüfen, ob und in welcher Weise die hier geschilderten Eigenschaften zutreffen oder nicht. Beurteilungskriterien rangieren zwischen „stark ausgeprägt", „schwach ausgeprägt", „übertrieben", „weiß nicht" usw.

Damit lässt sich eingeschränkt sogar eine Übertragung auf die künftigen Job -Merkmale (Job-Match), wie oben beschrieben, leisten. Dazu werden in einem zweiten Schritt die Beurteilungen, sei es der Person selbst, sei es der Beurteiler aus ihrem Umfeld, neben die eingeschätzten Merkmale der künftigen Tätigkeit gelegt und damit vergleichbar gemacht, priorisiert nach den Einschätzungskriterien „wichtig", „mittelgradig", „unwichtig". Natürlich gibt es viele alternative Vorgehensweisen, die diese Verfahren immer wieder neu und interessant gestalten lassen, je nach Anlass der Beurteilung.

Wie bei jedem anderen Beurteilungsverfahren, handelt es sich auch hier ausschließlich um ein Mittel zum Zweck: nämlich Informationen zu generieren. Entscheidend sind daher die Erkenntnisse und deren Belastbarkeit, die das Verfahren über mich liefert, sowie die Ableitungen für ein zukunftsorientiertes Auswertungsgespräch: Was kann ich mit meinen neuen Erkenntnissen anfangen.

Ein fruchtbares Verfahren enthält daher auch detaillierte Anregungen, wie ich meine Entwicklung gezielt angehen kann. Dazu liegen hinsichtlich der Selbst-/Fremd-einschätzung teilweise umfangreiche Manuale vor. Anhand der vorgegebenen Eigenschaftskarten werden hier differenziert verhaltensbezogene Wege aufgezeigt, wie die persönliche Entwicklung gezielt und Schritt für Schritt vorangetrieben werden kann. Diese Fragensammlungen sind abgestuft vom Allgemeinen („Was hat die Person wo erlebt?"; „Welche Situationen sollten aufgesucht werden?") zum Besonderen („Welche Hobbys/Ehrenämter bieten sich an/welche Bücher sollten gelesen werden/welche Filme sollte man sich einmal anschauen?"; „Begleiten Sie einen Außendienstler im Verkaufsgespräch!").

Einige der wichtigsten Suchbereiche lauten:
*   Best Practice: „Beobachten Sie erfolgreiche und weniger erfolgreiche Modelle, was machen diese Leute (anders) und wie machen Sie es?"

- Risikoverhalten: „Nehmen Sie an einer Tour im Hochseilgarten teil!"
- Entscheidungsverhalten: „Entscheiden Sie innerhalb einer halben Stunde, wo Sie Ihren nächsten Urlaub verbringen wollen – beginnen Sie sofort mit der Planung!" „Blicken Sie im Restaurant kurz in die Speisekarte und suchen sich ein Gericht aus. Geben Sie der Bedienung Ihre Bestellung an, ohne noch einmal nachzuschauen!"
- Arbeitsproben: „Suchen Sie sich (befristete) Probeaufgaben in einem fehlertoleranten System, damit Sie Platz zum Experimentieren haben."

Setzen Sie sich ein mittleres Anforderungsniveau: nicht unrealistisch hoch, so dass Sie sich die Zähne ausbeißen, nicht lächerlich gering oder allzu vertraut, dass Sie den Erfolg nicht mehr genießen können;
- Hobbys, Sozialengagement, ehrenamtliche Tätigkeiten: Suchen Sie nach Aktivitäten in Ihrer Freizeit, die Ihren Horizont erweitern, helfen Ihr Kontaktnetz laufend zu verstärken und Ihre Balance zwischen Beruf und Freizeit zu verbessern; nebenbei schaffen Sie sich damit Erlebnisse, die Ihre Kenntnis von und die Zufriedenheit mit Ihrem Kompetenzniveau steigern.

**Phase 3: Die Arbeitsprobe**
Nichts ist so wirkungsvoll, um herauszufinden, was jemand wirklich zu leisten vermag, wie die Ausführung der Tätigkeit selbst. Deshalb liefern Künstler vor der Aufnahme in die Akademie und Fotografen vor der Übernahme eines Auftrags grundsätzlich Proben ihres Könnens ab. Leider ist das nicht überall möglich, auch wenn das bereits genannte Assessment Center dem Ziel der Praxisnähe bei der Beurteilung schon sehr nahekommt.

Da, wo eine Probe aufgrund der mangelnden Fehlertoleranz eines Systems – zum Beispiel in der Luftfahrt oder in Atomkraftwerken – von vornherein nicht in Frage kommt, bietet sich als Lösung eine Simulation an.

Simulationen und Arbeitsproben sind in gewisser Weise vergleichbar. In beiden Fällen versucht man vorauszusagen, wie hoch die Erfolgswahrscheinlichkeit bei Aufnahme einer bestimmten beruflichen Position sein wird, und das aufgrund von realen Tätigkeits-ergebnissen einer Person oder aus der Beobachtung ihres konkreten Verhaltens in einer bestimmten Anforderungssituation.

Der entscheidende Unterschied zu unserem Beispiel besteht allerdings darin, dass sich die Arbeitsmappe des Künstlers quasi auf die Vergangenheit bezieht, während eine Simulation immer die Zukunft zum Gegenstand hat; was die Arbeitsprobe im eigentlichen Sinne angeht – und hier reden wir zum Beispiel von einem Betriebspraktikum oder einem Abschnitt in der dualen Berufsausbildung, in dem ein bestimmtes Werkstück von den Auszubildenden zu bearbeiten ist – geht es ausschließlich darum, die konkrete Leistungsfähigkeit in einer genau definierten Situation zu erfassen. Näher kommt man wohl nicht an die Kompetenzen einer Person heran. Lediglich das Potenzial ist auch auf diese Weise wohl kaum zu bestimmen.

„Hast Du nicht Lust, am Sonntag mit uns Segeln zu gehen?" „Lust schon, aber das habe ich noch nie gemacht, das kann ich gar nicht!" „Das macht doch nichts, das werden wir Dir schon zeigen – Du bist doch nicht schwer von Begriff: Jedenfalls siehst Du nicht so aus!"

So in etwa stellen wir uns auch das Vorgehen bei einer wirksamen Arbeitsprobe vor: Warum probieren Sie nicht einfach mal etwas Ungewöhnliches aus? Man müsste allerdings definieren, worin genau die Aufgabe besteht, unter welchen Rahmen-bedingungen sie stattfindet, was festgestellt werden soll, damit vergleichbare Ergebnisse erzielt werden können und damit das Risiko des Misserfolgs nicht unübersehbar groß wird. Dazu werden wir in Teil III noch einige Informationen geben.

Viele machen das ja bereits. In diesen Zeiten begrenzter Arbeitsangebote ist der Andrang auf Praktikumsstellen, gerade für junge Akademiker, ungebrochen. Allerdings muss man dabei inzwischen ziemlich aufpassen, dass aus einem kurzzeitigen Verhältnis zur Probe nicht ein dauerndes Arbeitsverhältnis zum Schein wird. Praktika erfüllen grundsätzlich nur den einen Zweck, Kenntnisse über Anforderungen und Eignung zu vermitteln, und zwar idealerweise beiden Seiten, dem beruflichen Neulingen oder Umsteigern sowie den Unternehmen. Keinesfalls aber sollte das Angebot zum Praktikum missbraucht werden und als billiger Ersatz für ein reguläres Anstellungsverhältnis dienen.

**Das Self-Assessment**

Das ist die Methode der Selbstbeurteilung auf mehreren Ebenen. Unter dieser Bezeichnung fassen wir alles, was in diesem Abschnitt bisher aufgeführt wurde, um daraus einige Methoden zu einem Strauß zu bündeln, der Ihnen einen möglichst klaren Blick auf Ihre persönliche Ausstattung ermöglicht. Wie sie erkennen werden, lässt sich ein Teil sehr direkt, kurzfristig und mit geringem finanziellen Aufwand selbst anwenden. Davon soll an dieser Stelle die Rede sein; darüber hinaus gewinnen wir unschätzbare Einsichten und Hilfen im Gespräch mit anderen Menschen – dazu gehört der Aufbau eines Netzwerks, die Einbeziehung eines Mentors, gegebenenfalls aber auch die Zusammenarbeit mit einem professionellen Coach. Mehr dazu im Kapitel 3.

Ich weiß nicht, wie Ihnen, liebe Leserin, lieber Leser bei dem Thema „Test" zumute ist. Die meisten von uns haben aber noch aus ihrer Schulzeit eine gewisse Abwehrhaltung. Das hat natürlich mit der unangenehmen Erkenntnis zu tun, in aller Öffentlichkeit bewertet, mit Noten versehen, ausgewählt und damit auch abgelehnt zu werden. Das hat uns oft verletzt, das ist uns manchmal unfair vorgekommen.

Ich möchte dem entgegenwirken: Testen macht Spaß! Besonders dann, wenn Sie selbst mehr über sich erfahren wollen, und vor allem, wenn Sie das Ganze in die eigenen Hände nehmen können. Darüber hinaus werden Sie auch nicht danach beurteilt, wo Sie die meisten Fehler machen; im Gegenteil hilft dieses Defizitdenken gerade nicht weiter. Vielmehr suchen wir nach Ansätzen für Chancen und Potenziale – und die persönliche Mischung ist entscheidend: Wo sind für Sie die größten Erfolge zu erwarten, wo werden Sie sich am wohlsten fühlen, weil am ehesten befriedigende Ergebnisse möglich werden? Im Übrigen dürfen Sie beruhigt sein, niemand schaut Ihnen in die Karten, wenn Sie Ihr eigener Mentor sind. Die Daten sind in jedem Falle absolut vertraulich zu behandeln (Datenschutz).

Man kann sich leicht vorstellen, dass es inzwischen eine kaum noch überschaubare Flut unterschiedlicher Instrumente dieser Art am Markt gibt. Genauso wie es eine kaum noch überschaubare Flut an Beratern und Entwicklern gibt (google: „self assessment"). Helfen werden Ihnen bei der Auswahl Industrie-und Handelskammern, Handwerkskammern, aber auch die Agentur für Arbeit.

Um Ihnen jedoch den Einstieg in die Recherche zu erleichtern, finden Sie hier beispielhaft einige private Anbieter:

- www.hoganassessments.de
- www.insights.de
- www.profilesinternational.de
- www.rekrytema.com

Wir bemühen uns als professionelle Berater um ein möglichst schlüssiges, breit gefächertes Gesamtbild der persönlichen Befähigung. Das zu erreichen, ist mit einem einzelnen Verfahren kaum möglich, macht auch nicht wirklich Sinn: Wenn wir nach Genauigkeit streben, geht das notwendig zulasten der Informationsbreite und umgekehrt führt die Vielfalt der Erkenntnisse möglicherweise zu einer gewissen Oberflächlichkeit.
Im Sinne eines objektiven und vielschichtigen Bildes sollte man daher auch verschiedene Quellen nutzen. Wir wollen ja nicht allein die individuellen Kompetenzen im engeren Sinne erfassen, sondern auch in Richtung der noch auszubauenden Spielräume gehen.

Leider handelt es sich bei den analytischen Verfahren um „erläuterungsbedürftige Produkte", wie man im Marketing und Vertrieb sagt: Sie erklären sich nicht von selbst, schon aufgrund der Fülle an Interpretationen zwischen einzelnen Testwerten. Hier werden Sie nicht um ein Auswertungsgespräch mit einer Fachfrau oder einem Spezialisten vonseiten des Testkonstrukteurs herumkommen. Manche Untersuchungsergebnisse sind auf den ersten Blick widersprüchlich, schwierig zu interpretieren und würden ohne Zuhilfenahme des geeigneten Hintergrundwissens zu Missverständnissen führen. Sie wollen aber Klarheit haben! Außerdem verhindern Sie damit, dass die Ergebnisse durch ganz natürliche Vorgänge des Über- oder Unterschätzens verzerrt werden. Wunschdenken oder Selbstabwertung haben schon so manchen auf ein falsches Gleis gebracht!

Schließlich stellt jedes methodische Hilfsinstrument immer nur ein Mittel zum Zweck dar. Hier erhalten Sie wertvolle Hinweise, die im weiteren Verlauf in eine klare Planung, aber auch konkrete Maßnahmen und Handlungen eingebettet werden müssen. All das braucht Zeit – Zeit, sich auf den Weg zu machen, neu zu orientieren, Veränderungen zuzulassen und bewusst zu erleben, Zeit aber auch, Wege auszuprobieren, die sich in keinem Lehrbuch der Welt darstellen lassen; Schmerzen zu ertragen, die da entstehen, wo ich erkenne, dass niemand außer mir die Verantwortung für mich übernehmen kann – ganz im Gegensatz zu dem, was ich bisher vielleicht angenommen habe.

Halten wir fest: Es ist heute möglich, mit Hilfe von Untersuchungsverfahren, Freunden und Kollegen, manchmal auch Vorgesetzten oder Karriereberatern, sich den notwendigen Überblick über die eigenen Ressourcen zu verschaffen. Daneben ist aber auch die gezielte Selbstbeobachtung, die Dokumentation und Reflexion solcher Erfahrungen zu einem stimmigen Gesamtplan zu verknüpfen. Dann ist noch zu klären, ob ich geeignete Ziele an der Hand habe oder wie ich diese für mich selbst entwickeln kann.

Im nächsten Schritt reden wir davon, ob man diese Frage ausschließlich mit sich allein klären kann oder ob, und wenn ja in welchem Ausmaß Andere hinzugezogen werden, die bei der Klärung in irgendeiner Weise behilflich sein können.

Manche werden sagen, selbstverständlich löse ich solche Themen einzig und allein mit mir selbst; andere wieder geraten in Panik, fühlen sich vollständig überfordert mit der Aufgabe, dieses „Ding" vollkommenen allein angehen zu müssen.

Warum nicht einen vernünftigen Kompromiss herstellen: Ich kann tatsächlich alles allein machen – bin von niemandem abhängig, habe das Heft immer in der Hand; ich bin für mich selbst verantwortlich, weiß sehr wohl, was ich will und was für mich gut ist, und es stellt absolut keine Schande dar, sich aus strategischen Gründen hin und wieder auch einmal eine unabhängige Meinung einzuholen. Es würde mir sehr wohl auch gut tun, an einer ganz bestimmten Stelle meine individuelle Welt durch die neutralere Brille eines völlig fremden Menschen, noch dazu vielleicht eines Profis zu sehen, zu überprüfen, bereichern oder ganz einfach nur in Frage stellen zu lassen.

Für alle anderen: Niemand ist verpflichtet, immer alles allein zu machen, wenn es auch anders geht und noch dazu leichter und besser: Man darf sich auch Hilfe holen. Nach gewissenhafter Prüfung und Auswahl können Sie sich sehr wohl in die Hände eines geeigneten Gesprächspartners begeben, mit dem es Ihnen im Dialog gelingt, ganz leicht – wie von selbst – von Stein zu Stein zu springen, um in diesem Fischteich von A nach B zu gelangen.

Dieser grundlegenden Erkenntnis folgend, entwickeln wir einen Ansatz, der beiden Seiten gerecht wird; er erlaubt, die eigene berufliche Laufbahnplanung konsequent und systematisch voranzutreiben.

Hier hat sich das methodische Vorgehen des Vocating bewährt. Damit bin ich mein eigener Mentor – der Förderer und Sachwalter meiner ureigenen Interessen. Gleichzeitig ziehe ich – je nach meinem Bedarf – eine Vielzahl an Informationen, Förderern, Hilfsmitteln hinzu, die mich auf meinem Wege zur Laufbahnplanung unterstützen können. Damit steigt auch die Zielsicherheit, die Aussicht, meine beruflichen Wunschträume wirklich zu erreichen.

Beim Vocating durchlaufen Sie nun den gesamten Prozess der Laufbahnplanung:

- von der Idee am Ausgangspunkt über
- die klare und unmissverständliche Selbsteinschätzung,
- das transparente, auch für Außenstehende nachvollziehbare Planungskonzept und
- die individuelle Begleitung durch einen Mentor in der Praxis bis
- zur Auswertung der (vorläufigen) Ergebnisse, um dann zu einem neuen Zielhorizont aufzubrechen.

# 3. Im Ozean der Kompetenzen und keinen Rettungsring dabei?

## 3.1 Von Lotsen und anderen Wegbegleitern

Start-Veranstaltung der Arbeitsmarkt-Initiative „Arbeit durch Management/PATENMODELL" (pia) „Die Arbeitsmarkt-Initiative „Arbeit durch Management/PATENMODELL" eröffnet in Frankfurt das erste Büro in Hessen und stellt es am Montag der Öffentlichkeit vor. Stadträtin Daniela Birkenfeld begrüßt die Teilnehmer dieser Veranstaltung.

Ziel des Projektes ist es, Arbeitsuchende individuell und professionell bei ihrer Jobsuche zu unterstützen. Die bundesweite Initiative des Diakonischen Werkes setzt auf bürgerschaftliches Engagement und wendet sich an Manager, Führungskräfte und Personalentscheider in Wirtschaft und Gesellschaft, die zur Übernahme einer so genannten Jobpatenschaft bereit sind. Sachkompetenz, Kontakte in die Wirtschaft und Erfahrungen im Personalbereich bringen diese Job-Paten in ein kompetentes, zielführendes Coaching ein. Die Schirmherrschaft hat Oberbürgermeisterin Petra Roth übernommen.
(Internet-Pressemitteilung, September 2009,
http://www.patenmodell.de/startseite-hessen/frankfurt)

Diese Inititative ist eine wirklich hervorragende Idee. Der Weg führt weg von unspezifischen, ungerichteten und daher häufig unwirksamen Methoden der Beschäftigungsförderung, ausgeteilt mit der ganz großen „Kelle". Was hier ganz aktuell als äußerst kreativer Ansatz ins Leben gerufen wird, um eine Brücke zwischen dem Arbeitsmarkt und den Arbeitssuchenden zu bauen, sagt auch etwas aus über die Aktualität der persönlichen Laufbahnplanung, wie sie in diesem Buch dargestellt wird. Der Unterschied besteht nur darin, dass wir insgesamt weg wollen von der staatlichen Versorgung. Im Gegensatz dazu wollen wir die Laufbahnplanung von Beginn an in die eigenen Hände nehmen.

Das geschieht teilweise, indem Sie sich vollständig eigenaktiv mit sich selbst beschäftigen. Wir wechseln jedoch an dieser Stelle die Ebene der Auseinandersetzung, um Begleitung auf dem Wege zu unseren beruflichen Zielen zu suchen.

Es gibt natürlich die Arbeitsagenturen, es gibt Berater und Coaches – und es gibt Freunde. Manchmal gibt es auch noch eine weitere Möglichkeit: Nämlich den Paten, jemanden, der mich begleitet, mich schützt und vor Fehlentscheidungen bewahrt und das, ohne mich zu entmündigen. Wir nennen das auch Mentoring. Ein Mentor, das ist jemand, der, ohne eine professionelle Ausbildung durchlaufen zu haben, nur aufgrund seiner breiten und tiefen Kenntnisse von Nutzen ist. Er oder sie müssen im Grunde lediglich neutral, also frei von eigenen Verwertungsinteressen an die Sache herangehen.

Wie oben dargestellt, nimmt der Mentor Sie sozusagen an der Hand und übernimmt damit eine Art Patenschaft: Er oder sie verpflichtet sich, sein/ihr Wissen zur Verfügung zu stellen, auf bestimmte Chancen und Gefahren hinzuweisen sowie gegebenenfalls Türen zu öffnen. Gleichzeitig übernimmt der Mentor die Rolle des Lotsen: Er/sie hilft Ihnen als Neuling bei der Navigation durch die Untiefen der Laufbahnplanung.

Auf unser Thema bezogen stellt sich hier die einfache Frage, wie Sie Ihre Möglichkeiten am leichtesten und am wirksamsten realisieren – ganz allein oder wenigstens an bestimmten strategischen Punkten mit der hilfreichen Unterstützung durch Außenstehende.

Nachdem wir uns nun verschiedene Anlässe ebenso wie die eigentlichen Inhalte unserer Veränderungen angesehen haben, geht es jetzt um die Entscheidung, was Sie mit der Fülle dieser Optionen eigentlich anfangen wollen, wenn Sie diese erst einmal entdeckt haben; und wie Sie daraus letztlich einen stimmigen Plan für Ihre Weiterentwicklung ableiten oder ihn darauf aufbauen können.

In dem Zusammenhang ist zu fragen, inwieweit Sie in der Lage sind, die Umsetzung Ihrer Ziele vollständig in die eigenen Hände zu nehmen; ab welchem Punkt ist es angeraten, sich der Unterstützung durch einen neutralen Helfer oder eine Helferin zu versichern?

Wo also liegt der Eigenanteil in der Veränderungsarbeit und wo kann man nur gewinnen durch die Einbeziehung eines Gesprächspartners bzw. durch den bereichernden Austausch mit verständnisvollen Zuhörern? Die „Schnittstelle" sozusagen zwischen Ihnen und der lebendigen Ideenwelt der anderen.

Wenn wir uns im letzten Abschnitt mit der Selbstorganisation beschäftigt haben, geht es hier um den Aufbau eines Support-Systems. Wir stehen hier am Übergang von der Beschäftigung mit sich selbst zur Umsetzung eines Laufbahnplans in den beruflichen Alltag. Bindeglied ist die Vorwegnahme des eigentlichen „Stapellaufs" in vertrauensvollen Gesprächen mit einem geeigneten Wegbegleiter. Man kann das als eine Simulation ansehen, die hilft, möglichst viele Unsicherheitsfaktoren im Vorfeld in den Griff zu bekommen, bevor man tatsächlich den Sprung ins kalte Wasser wagt. Im Übrigen kann Ihnen die Einbeziehung von Unterstützern auch später auf Ihrem Wege helfen, zu erwartende, aber auch unvorhergesehene Hindernisse zu bewältigen.

Und schließlich macht es einen Unterschied, ob ich mir selbst ein Bonbon in den Mund stecke oder ob das jemand anders für mich tut, damit ich dabei die Augen schließen und einfach nur genießen kann: Ich kann meine Kräfte und auch meine Aufmerksamkeit präzise fokussieren, indem ich mich auf die Sache konzentriere und dabei sanft anleiten lasse. Der schiere Luxus also.

Die Vorteile des Beratungsgesprächs liegen auf der Hand:

- Ich entlaste sozusagen meine Aufmerksamkeit: Der Zuhörer hält mir den Rücken frei, während ich meine volle Konzentration auf die Aufgabe richte und mich dabei sozusagen von einem Lotsen durch die Widerstände und Konflikte lenken lasse, die mir begegnen;
- Der Lotse macht mich als neutraler, emotionsloser Beobachter auf Widersprüche und Verzerrungen aufmerksam, die mich in die falsche Richtung lenken würden – das kann schmerzhaft sein;
- Ich reduziere meine Unsicherheit um viele Befürchtungen, indem ich mir quasi die „Erlaubnis" zum Handeln durch eine unbeteiligte und wertfreie, in meinen Augen aber kompetente Beobachterin einhole;

- Ich lasse die Dinge stellvertretend durch eine andere Brille betrachten, um dadurch zu einer größeren Objektivität zu gelangen;
- Die Außensicht des anderen mache ich mir zunutze – reichere meine eigenen Ideen durch die Kreativität meiner Wegbegleiter an;
- all dies steigert Effektivität und Effizienz meines Vorgehens: Es hilft mir, auch durch das Probehandeln im Gespräch, mein Ziel schneller und leichter zu erreichen.

Die Sache hat nur einen Haken: Ich muss dazu meine Deckung aufgeben und dem anderen mein Vertrauen entgegenbringen! Damit setze ich mich notgedrungen einem gewissen Risiko aus, nämlich ausgenutzt zu werden oder mich abhängig zu machen.

Da liegt wohl auch der Grund, weshalb der eine oder andere intuitiv vielleicht lieber ganz allein und unbeobachtet mit seiner Entwicklungsfragen umgehen will, von den finanziellen Kosten eines professionellen Beratungskontaktes ganz zu schweigen.

Dennoch, die Frage der Realitätsprüfung ist nicht ausschließlich von mir allein, sozusagen aus dem eigenen Bauch heraus, zu bewältigen.

Es ist vielmehr positiv zu fragen: „Muss ich das denn alles alleine machen?" Training oder Coaching – wie auch immer: Ich erweitere meine Kompetenzen, auch in Richtung kommunikativer Fähigkeiten – wenn ich klug bin, und der Arbeitgeber sogar mitspielt – warum dann nicht auch in Form eines persönlichen, zumal zeitlich befristeten Beratungsverhältnisses.

Während ich eine Gruppe als Forum nutzen kann, um meine ungeprüften Ideen in den Ring zu werfen und nach allen Seiten hin zu untersuchen, hilft mir die Zweierbeziehung zum Coach oder Mentor, sämtliche Schritte von der Idee bis zur „Qualitätsprüfung" meiner Ergebnisse Hand in Hand zu durchlaufen. Die Gruppe bietet mir eher die Möglichkeit, in der Debatte meine Argumente zu schärfen, auf logische Widerspruchsfreiheit hin zu prüfen, um meine Interessen letztlich besser vertreten zu können – auch vor mir selbst. In der Gruppe gibt es allerdings immer einen Überschuss an konträren Einzelmeinungen beziehungsweise Konkurrenz und einen Mangel an Zeit für die persönliche Bearbeitung. Gerade die gegensätzlichen Interessen und Sichtweisen der Teilnehmer lassen Gruppensitzungen spielerisch, manchmal stürmisch verlaufen oder in Nebensächlichkeiten versanden.

Nichtsdestotrotz können beide genutzt werden, um zu mehr Klarheit zu kommen. Es lassen sich auch beide Wege miteinander verbinden, indem man sich einerseits von den unterschiedlichen Strömungen in einer Gruppe fordern und fördern lässt; andererseits die größere Dichte des Kontakts zu einem einzelnen Wegbegleiter sucht.

Zugegeben: Die Suche nach dem geeigneten Wegbegleiter ist nicht immer ganz leicht. Lassen Sie uns das also in aller Ruhe genauer betrachten, es geht immerhin darum, eine angemessene Transferhilfe für Ihre eigene Zukunftsplanung zu erhalten.

„Beraten ist eine Kunst, den Ratschlag anzunehmen, eine andere…", soll John F. Kennedy einmal gesagt haben. Wenn es schon nicht leicht ist, sich als „normaler Mensch" im Gespräch mit seinen Meinungen, spontanen Gefühlsregungen und konkreten Handlungstipps zurückzuhalten, so gilt das umso mehr, wenn man als Ratsuchender Rückmeldungen eines anderen aus der Beraterrolle heraus entgegennimmt. Es ist sehr leicht, sich verletzt zu fühlen, die neutralen Anmerkungen, Aussagen und Wahrnehmungen anderer abzuwerten, umzuinterpretieren, als Angriff auf die eigene Person zu definieren und damit sogar ohne es zu merken im eigenen System der verzerrten Sichtweisen steckenzubleiben. Dies wird umso eher und auch gravierender der Fall sein, wo es sich in den Rollen von Beraterin und Ratsuchenden nicht um professionell ausgebildete Gesprächspartner handelt.

Zudem sagt die Erfahrung, dass ich eher bereit bin, den Rat und die Deutungen eines Profis anzunehmen – der wird ja wohl recht haben und hat ja schließlich auch Geld von mir dafür bekommen – als mich auf den gesunden Menschenverstand eines Freundes oder Familienangehörigen einzulassen: Aber warum habe ich mich dann überhaupt für diesen Gesprächspartner entschieden, wenn nicht aus dem Bedürfnis heraus, mehr Klarheit für mich zu gewinnen.

Und in dieser Lage helfen tatsächlich auch die Intuitionen eines ganz normalen Menschen weiter. Ich sollte das allerdings prüfen und bin nicht verpflichtet, jede fremde Meinung als unveränderliche Wahrheit anzunehmen, bloß weil sich dieser Jemand bereit erklärt hat, mir zuzuhören. Es hilft dagegen sehr, zunächst zu schweigen, sich möglichst jeden Kommentars zu enthalten und dafür genauestens die eingehenden Tipps und Rückmeldungen aufzunehmen, zu prüfen, was an diesen Äußerungen daran sein könnte. Auch wenn es noch so schwerfällt.

## 3.2 Die Vereinbarung mit dem Wegbegleiter

Das reicht aber natürlich nicht. Was sind denn dann die unabdingbaren Kriterien für den Aufbau einer funktionierenden Beziehung zwischen Ratsuchenden und Beratern?

* Vertraulichkeit und Datenschutz
* Vermeidung von Abhängigkeiten
* Distanz und Nähe
* Aktives Zuhören
* Auftragsformulierung
* Nachweise einer Qualifizierung

**Vertraulichkeit und Datenschutz**
Oberstes Anliegen der Ratsuchenden ist der Schutz ihrer Persönlichkeitsrechte. Dazu gehört das Recht auf freie Meinungsäußerung, in diesem Zusammenhang von ganz besonderer Bedeutung. Es muss ohne Ausnahme gewährleistet sein, dass die ungeschützten Aussagen der Ratsuchenden auf den Kontakt mit ihrem Gesprächspartner/Berater beschränkt bleiben. Das mag sich sogar in der Wahl des Ortes niederschlagen. Entscheidend ist, dass das Gespräch unter vier Augen stattfinden kann. Darüber hinaus unterliegen Berater denselben Anforderungen an die Schweigepflicht wie zum Beispiel Ärzte und Juristen. Ein professioneller Beratervertrag wird daher auch immer eine entsprechende Klausel zur Vertraulichkeit und zum Umgang mit den Personendaten der Ratsuchenden enthalten. Schwieriger ist dies

im persönlichen Kontakt zwischen zwei Privatpersonen zu bewerten: wie steuere und kontrolliere ich als Ratsuchender den Gebrauch meiner Aussagen, um nicht nach einiger Zeit feststellen zu müssen, dass mir Teile dieser Informationen von dritter Seite vorgehalten werden. Je nachdem, wie sensibel ich selbst meine Aussagen einschätze wird es vermutlich nicht ausreichen, einfach nur auf die Einhaltung der Verschwiegenheit durch meinen Gesprächspartner zu vertrauen.

**Vermeidung von Abhängigkeiten**
Der Beratungskontakt, so wie wir ihn verstehen, ist vollständig unabhängig zu sehen von jedem weiteren Austausch zwischen denselben Personen. Er sollte auch im privaten Bereich freigehalten werden von jedem sekundären Anliegen nach der Devise „eine Hand wäscht die andere".

Es geht wirklich darum, in diesen äußerst sensiblen Zusammenhängen wertfrei, vertrauensvoll und unabhängig miteinander zu kommunizieren, einzig und allein zu dem Zweck, dass der oder die Ratsuchende Wege zur Lösung ihrer Probleme und/oder zur Erweiterung ihrer Möglichkeiten entdecken. Jeder Anschein, dass aufseiten der Beteiligten noch andere, unterschwellige Motive eine Rolle spielen könnten, wird das Verhältnis in Frage stellen oder sogar zerstören. Nur wenn ich selbst als Ratsuchender davon ausgehen kann, dass alle Interaktionen auf diesen Rahmen beschränkt bleiben und somit keine negativen Folgewirkungen für mich haben können, werde ich mich im Gespräch öffnen, um schrittweise auf die Verwirklichung meines Beratungsanliegens zugehen zu können. Und es käme einer absoluten Katastrophe gleich, falls dieser Vertrauensvorschuss im Nachhinein entwertet würde.

**Distanz und Nähe**
Gleiches gilt auch für den Umgang zwischen den beiden Parteien während des Beratungskontaktes: Einerseits kann man sich kaum einen Austausch zwischen Fremden vorstellen, der intimer und vor dem Hintergrund gegenseitiger Wertschätzung abläuft; andererseits dürfen die Grenzen zwischen Beratern und Ratsuchenden nicht verwischt werden. Um es ganz deutlich zu formulieren: Ein noch so intensiver Kontakt zwischen den beiden Parteien darf nicht verwechselt werden mit einer freundschaftlichen Beziehung zwischen Privatpersonen oder Kollegen auf einer ganz anderen Alltagsebene. Es geht hier letztlich um das Thema Macht und Autonomie sowie den verantwortungsvollen Umgang damit. Zwei Aspekte stehen bei diesem ungleichen „Macht-"Verhältnis im Vordergrund: die Rolle des Zuhörers/Beraters als anerkannter „Lösungs-Spezialist", aber auch der ungleiche Austausch von Informationen, nämlich die Preisgabe äußerst sensibler Angaben, deren missbräuchliche Bekanntgabe den Ratsuchenden durchaus schwerwiegend schädigen könnten.

**Aktives Zuhören**
Ganz gleich, ob es sich um einen Profi handelt oder einen einfachen zwischenmenschlichen Kontakt, die wichtigste Eigenschaft des Gesprächspartners besteht darin, aktiv zuhören zu können. Das hat auffordernden Charakter. Zum einen verschafft sich der Zuhörer ein klareres Bild von den Fragestellungen, Beweggründen und Bedürfnissen des anderen, indem er zunächst kommentarlos aufnimmt, was ihm dargeboten wird. Er lässt damit aber gleichzeitig den Ratsuchenden in seiner ganzen Person zu – enthält sich jeder Bewertung – und gibt damit die Erlaubnis, sich völlig frei zu definieren. Erst danach holt der Berater durch Rück-

fragen weitere Informationen ein, macht sich weitere Notizen, verdichtet seine Erkenntnisse, korrigiert Missverständnisse, schärft seinen Blick für das Gesamtinteresse und die Details.

**Auftragsformulierung**

„Was ist Dein Anliegen?" So lautet häufig die erste Frage am Beginn einer professionellen Beratungssitzung. Es handelt sich immerhin nicht um einen fröhlichen, belanglosen Gesprächsaustausch. Je klarer das Anliegen formuliert ist, umso höher ist die Erfolgswahrscheinlichkeit des Kontakts. Ob nun schriftlich fixiert im Rahmen einer professionellen Vereinbarung oder eher lose als Arbeitsgrundlage zu einer Sitzung: Entscheidend ist die gute geistige Voreinstellung und schließt selbstverständlich den Ratsuchenden mit ein: Auch dieser sollte sich vor Beginn des Gespräches am besten schriftlich darüber Klarheit verschaffen, worin sein Anliegen besteht: Was sehe ich als problematisch an, wie könnte eventuell eine Lösung aussehen, und was habe ich bisher bereits getan, um zu einer eigenständigen Bewältigung zu gelangen?

**Nachweise einer Qualifizierung**

Professionelle Beratung hat eine lange Tradition. Sie beruht auf wissenschaftlicher Forschung, allgemein akzeptierten Fachstandards und ethischen Traditionen. Dazu gehört auch der unumstößliche Grundsatz, den Nutzen des Klienten zu mehren und jeden Schaden von ihm fernzuhalten. Professionelle Berater zeichnen sich nicht allein durch einen großes Wissen in ihrem Fachgebiet aus. Sie sind in der Regel auch durch eine langjährige Schule gegangen, haben sich selbst differenzierten Tests und Prüfungen unterzogen, um sich der eigenen menschlichen Schwächen bewusst zu werden und diese zum Nutzen ihrer Klienten auszugleichen. Dieser Werdegang ist ablesbar anhand von Zertifikaten, die Berater im In- und Ausland erworben haben. Es gehört sicherlich zu meinen Rechten als Ratsuchender, im Vorfeld eines Gesprächskontaktes mit Beratern einen so genannten Reference Check durchzuführen: Auf verschiedenen Wegen wie Kontaktnetz, Internetauftritt, Berufsverband, werde ich versuchen, mir ein deutlicheres Bild von den Qualitäten meiner Berater zu verschaffen, bevor ich mich selbst im persönlichen Gespräch von der Passform überzeuge.

Wenn wir hier von „Mentor" reden, so bedeutet das noch etwas anderes: Mentor ist jemand, der aufgrund seiner Erfahrungen, der persönlichen Klarheit und einer möglichst großen Wertfreiheit im Umgang mit Ratsuchenden, kurz: aufgrund umfassender Vertrauenswürdigkeit, sich das Verdienst erworben hat, die Aufgabe des Wegbegleiters zu übernehmen. Das geschieht über eine gewisse, genau definierte Zeit hinweg, am besten mit klar umschriebenen Anforderungen an beide Seiten.

Diese Kompetenz zum Mentor kann, muss aber nicht unbedingt mit dem Alter eines Menschen in Verbindung gebracht werden. Zwar sind in der Tat lebenserfahrene, ältere Menschen eher in der Lage, spontan in der Kommunikation den anderen stehen zu lassen, Informationen zu vermitteln und geduldig zuzuhören. Es gibt aber durchaus integrierte, klarsichtige Mentoren unter 70 Jahren, die sich aufgrund ihrer Gesprächskompetenz als vertrauensvolle Ansprechpartner eignen. Die Schwierigkeit liegt insgesamt eher darin, die Richtigen auszuwählen. Das ist zunächst einmal absolute Vertrauenssache. In der Rolle des Ratsuchenden muss ich mir also die Mühe machen, „Shopping" zu gehen, zu prüfen, ob der „Nasenfaktor" stimmt, bevor ich mich eventuell auf eine länger dauernde und/oder intensive Gesprächs-beziehung einlasse.

Die Auswahl der Instrumente habe ich in der Hand. Von meinem täglichen Log-Buch ange-fangen, über unspezifische, breit gestreute Gesprächskontakte jedweder Art, die mir mosa-ikartige Teilinformationen eröffnen, bis hin zu einem programmatisch strukturierten Bera-terverhältnis stehen mir eine Vielzahl an Informationsquellen zur Verfügung.

Hier greift, wie grundsätzlich in allen Fragen des Zeit-Managements das Prinzip der Schrift-lichkeit. Es ist von entscheidender Bedeutung, bereits die Fragen schriftlich zu formulieren, die für mich von Bedeutung sind, und zwar für jede einzelne Begegnung. Ebenso ist es erforderlich, im Gespräch kurze Notizen zu machen, um den Verlauf der Unterredung zu dokumentieren; schließlich gehört zu einer sauberen Informationsverarbeitung, dass ich mir ausreichend Zeit nehme, nach dem Gespräch meine Ergebnisse auszuwerten, die Eindrücke festzuhalten und zu einer abschließenden Gesamtbewertung zu kommen.

Diese Vorgehensweise ist vollständig unabhängig von der Art des Gesprächspartners zu sehen – und sehr gewöhnungsbedürftig. Fangen wir also gleich damit an!

Sehen wir uns das noch genauer an. Nehmen wir einmal an, Sie würden sich für eine ver-trauensvolle Person in Ihrer Umgebung entscheiden, dann ist besonderer Wert auf deren Fähigkeit zu legen, genau zuzuhören und sich mit noch so sinnvollen Vorschlägen („Vor-schlagswesen") weitestgehend zurückzuhalten: Wir sind hier nicht im Reisebüro und es gibt auch kein festgelegtes Produktangebot, aus dem man nur, sozusagen mit einem Mausklick, auswählen müsste. Auch erübrigen sich anfangs alle noch so wohlmeinenden Wertvorstel-lungen von der Art „man sollte, müsste, dürfte" o. Ä.

Dennoch bleibt hier ein gewisses Restrisiko bestehen: Wir können einfach nicht erwarten, dass diese hehren Ansprüche von einem ganz „normalen Menschen" ohne jede fachliche Vorbildung eingehalten werden. Man sollte also an dieser Stelle eher dem Lotsen einen Bonus für unverfälschten „gesunden Menschenverstand", Vertraulichkeit, sowie Verschwie-genheit geben.

Ein aktiver Ratsuchender wird mit gezielten und gut vorbereiteten Fragen das Heft in die Hand zu nehmen suchen und sich Klarheit verschaffen: Als Ratsuchender steuere ich den Kontakt. Es ist mein Anliegen, so viele hilfreiche Informationen zu sammeln wie möglich. Ich verschaffe mir die noch so fragmentarischen Hinweise, um auf meinem Wege zu mir selbst weiterzukommen. Gleichzeitig akzeptierte ich keinerlei Abwertungen meiner Person, Versuche, mich in irgendeiner Weise abhängig zu machen oder auf eine bestimmte Linie einzuschwören: Autonomie des Ratsuchenden – also die Selbstgestaltung ist auch hier das Kernthema einer fruchtbaren Beratungsbeziehung.

Kommen wir wieder zurück zu den professionellen Beratungspartnern. Bei diesen kann ich davon ausgehen, dass die aus jahrzehntelanger Forschung der Zunft abgeleitete und aus mühsamer eigener Ausbildungspraxis (auch in der Auseinandersetzung mit sich selbst) gewonnene professionelle Identität nach bestem Wissen und Gewissen zum Nutzen der

Ratsuchenden eingesetzt wird. Zumindest aber kann ich mich darauf verlassen, dass nachprüfbare Standards eingehalten werden: wiederum im wohlverstandenen Interesse der Ratsuchenden. Letztlich geht es einzig und allein darum, dass derjenige, der meine Hilfe sucht, einen umfassenden menschlichen Vorteil aus dieser Beziehungen ableiten kann – ohne Beeinträchtigungen seiner Persönlichkeit, grobe Behinderungen auf dem notwendigen Weg oder ein sonstiges, klar nachvollziehbares Fehlverhalten des Beraters. Und dazu gibt es auch Berufsverbände wie den Bundesverband Deutscher Psychologen und Psychologinnen (BDP), die im Zweifelsfall nicht nur einen geeigneten Berater/eine Beraterin nach Maß vermitteln können, sondern auch als Ansprechpartner bei Unstimmigkeit dienen.

### Übung „Mentoring"

Das passende Szenario für Ihr eigenes „Mentoring" finden Sie auf Seite 148. Legen Sie damit eine Pause zum Denken ein, bevor Sie im Text fortfahren!

# Teil III: Berufliche Reiseziele oder: Wie man seinen Koffer packt

## 1. Wohin soll es eigentlich gehen?

*Ursprünglicher Berufswunsch Kerntechniker – verwirklichte Berufswahl: Hersteller von technischen Gerätschaften & Apparaten für Sado-Maso-Anbieter („Lustlos – die Erotik-Industrie in der Krise", Vox, 19.04.09)*

An diesem Beispiel zeigt sich, dass die berufliche Selbstverwirklichung durchaus eigentümliche Blüten treiben kann. Auch wenn er seinen ursprünglichen Berufswunsch aufgeben musste, weil es dafür in Europa nur noch einen verschwindend geringen Bedarf gibt, wirkte dieser Existenzgründer allerdings sehr zufrieden und ausgeglichen im Interview – am Ziel seiner Wünsche angekommen.

So what? Hat irgendjemand Einwände?

Wir wollen nicht verschweigen: Wirtschaftlich gesehen sind die Zeiten hart, härter denn je. Die Kosten der Existenzsicherung steigen unaufhaltsam, wobei die Folgen der zunehmenden öffentlichen Verschuldung in den kommenden Jahren voraussichtlich in nie dagewesener Größenordnung zusätzlich auf alle Bürger zurückfallen werden. Diese Auswirkungen der internationalen, wirtschaftlichen Kreisläufe treiben heute schon viele in berufliche Aktivitäten, die manchmal bis zur Selbstverleugnung gehen. Die Grenzen von Ethik und Moral sind in der real existierenden Welt von Porno und Kommerz dabei ohnehin längst überschritten. Vom Call-Center-Agenten bis zum Multi-Level-Marketing-Verkäufer – die Bandbreite der Möglichkeiten, durch berufliche Arbeit an Geld zu gelangen, ohne auf dem Lande Spargel stechen zu müssen, ist groß. Da stellt sich die Frage nach dem „Traumjob" häufig gar nicht mehr.

Gerade beim Thema der Selbstvermarktung durch die Vermittlung „absolut unwiderstehlicher" Produkte des täglichen Lebens im eigenen Freundes- und Bekanntenkreis waren jedoch schon seit längerem die Köder ausgelegt (Direkt- bzw. Multi-Level-Marketing): Die Aussicht auf permanent steigende und „absolut sichere" Gewinne, einzig und allein abhängig vom persönlichen Einsatz, bei minimalem Aufwand an Lernkosten usw., Hauptsache geringe Hemmungen in der zwischen-menschlichen Vermarktung der Produkte und ein hohes zeitliches Engagement, am besten rund um die Uhr. Das kann schon sehr verlockend sein. Die Auswahl der Produkte reicht dabei von Finanzanlagen über Versicherungen, Haushaltsartikel bis zu Dessous.

Persönliche Beobachtungen legen den Schluss nahe, dass insbesondere bei der Vermittlung von Finanzprodukten bis vor kurzem, nämlich bis zum internationalen Finanz-Crash, manche in einem eigenartigen „Film" mitspielten, zuweilen fernab jeder persönlichen Eignung oder Qualifikation – und entsprechend erfolglos bis überfordert. „Gier frisst Hirn", wie einige der zynischeren Profiteure selbst feststellen! Mit Sicherheit verdient dabei ohnehin immer der eine: derjenige an der Spitze der Pyramide – der mit dem ungehinderten Blick auf die unteren Ebenen der Zuträger und mit dem entscheidenden Einblick in das Geschäftsmodell, seine eigene Konstruktion.

Wie sich die Dinge auf diesem Gebiet, nach „Selbstreinigung" des Marktes und neuen Europäischen Regelungen weiterentwickeln, wird sich erst noch zeigen müssen.
Es steht jedem frei, durch extreme Leistung extrem erfolgreich zu sein, um damit auch sehr viel Geld zu erwirtschaften. Es fragt sich nur, wie gut auch hier die Kompetenzen im Einzelfall angelegt sind, wie gut gerade unter wirtschaftlichen Druckbedingungen das jeweilige Arbeitsmodell, bezogen auf die eigene Person, durchdacht ist und wie unterschiedlich damit am Ende die Verteilung der Gewinnchancen verläuft.

Also: **Wo will ich in zehn Jahren stehen?** Diese visionäre Frage trifft den intimsten Kern unserer Überlegungen und sollte von Ihnen eindeutig beantwortet sein, bevor Sie Ihrer beruflichen Laufbahnplanung klare, unverwechselbare Ziele auf der Handlungsebene unterlegen, unabhängig, nach freiem, gut informiertem Willen gewählt.

Zugegeben: Die Entwicklung ist noch nicht absehbar. Wir leben in einer Zeit gesellschaftlicher Umwälzungen, die sich ganz wesentlich auch auf die Arbeitswelt niederschlagen. Vertraute Gewissheiten, zum Beispiel über den Stellenwert von Banken und Versicherungen, gelten dauerhaft nicht mehr. Viele sind da schmerzhaft aufgewacht. Wir sind gezwungen umzudenken, und niemand kann sagen, was in Zukunft das richtige Modell wäre, zumal Politik und Wirtschaft selbst noch an der Entwicklung solcher zukunftsträchtiger Modelle arbeiten. Das verschärft natürlich den Konflikt bei der Berufswahl.

Umgekehrt: Wenn doch die Vorgaben in dem Ausmaß, wie wir es zurzeit erleben, entwertet werden, warum dann nicht gleich aktiv an der eigenen beruflichen Gestaltung arbeiten. Die Zeichen stehen mehr denn je gut für den Erfolg individueller Kreativität und des persönlichen Engagements. Das bedeutet, dass die Chancen lange nicht mehr so gut waren wie heute, in beruflicher Hinsicht eine wirklich nachhaltig befriedigende und erfüllende Aufgabe zu entwickeln.

Der eine oder andere mag nun einwenden: „Das interessiert mich doch alles gar nicht – so weit will ich mich jedenfalls nicht festlegen – letztlich zählt doch nur das Hier und Jetzt." Mit anderen Worten: Bin ich etwa nicht flexibel genug, mich bei Bedarf in eine neue berufliche Lebensform hinein zu entwickeln? Um mit den Bremer Stadtmusikanten zu sprechen: „Etwas Besseres als den Tod finden wir überall!". Stimmt! Was den Gedanken an Aufbruch und Durchbrechen der alten einengenden Berufsrituale am Arbeitsmarkt angeht, durchaus sinnvoll. Nur sollte dieser bedeutsame Sprung im Zweifel nicht „vom Feuer in der Bratpfanne" enden!

Der hoch qualifizierte, aus betrieblichen Gründen freigesetzte Diplom-Ingenieur, der sich so als „Klinkenputzer" wiederfindet, macht dann möglicherweise auch emotional ein schlechtes Geschäft.

## 1.1 Wie komme ich auf meine Trauminsel?

Analog zu den drei Teilen dieses Buches beruht Vocating auf den Stufen

I:   Rückblick auf die eigene Kompetenzentwicklung;

II:  Analyse der persönlichen Befähigungen und Limitierungen und

III: Definition des beruflichen Lebensplanes; Konstruktion eines geeigneten Ziel- und Handlungsmodells; Umsetzung und Erfolgskontrolle.

In diesem Kapitel sollen die bisherigen Aussagen zusammengeführt werden, um konkrete Hinweise abzuleiten, wie der Leser mit seiner eigenen Laufbahnplanung zum Erfolg kommen kann. Insbesondere werden hier folgende Fragen angeschnitten:

- Welche geeigneten Ziele lege ich meiner Laufbahnplanung zu Grunde?
- Wie kann ich sicherstellen, dass ich diese Ziele wirklich erreiche?

Die Zielbildung steht am Anfang jeder professionellen Laufbahnplanung; sie markiert sozusagen den Beginn der Reise, von den Gedankenspielen, Wünschen und Fantasien hin zu einer neuen und ganz konkreten beruflichen Existenz.

Sie umfasst letztlich konkrete Positionen (Assistentin; Referent; Abteilungsleiterin; Disponent; Techniker im Kundendienst u.v.m.) in Betrieben beziehungsweise Organisationen oder im Rahmen der beruflichen Selbstständigkeit (Geschäftsführer; Versicherungsmakler; selbstständiger Außendienstler etc.); es handelt sich dabei um vielfältige Tätigkeiten, Aufgaben, Verantwortungsbereiche sowie deren Einbindung in die unterschiedlichsten sozialen Netzwerke.

An der Quelle zu den Laufbahn-Zielen stellt sich mir die Frage, mit welchen Kernaufgaben, mit welchem Grundprofil an Tätigkeiten in einem bestimmten berufsbezogenen Kontext ich mich eigentlich überhaupt verbinden kann und will.

Wie wir gesehen haben, ist die persönliche Identität für die Laufbahnplanung von entscheidender Bedeutung. Aufgrund dessen kann auch die Festlegung auf eine bestimmte Tätigkeit keinesfalls beliebig sein: Für jeden von uns gibt es demnach, und das ist tatsächlich eine wichtige Erfahrungstatsache aus der Beratungspraxis, ein bestimmtes Spektrum, das zu uns passt. Aus diesem Tätigkeitsspektrum heraus muss demzufolge die Auswahl der beruflichen Aktivitäten erfolgen, damit die Laufbahnplanung auch erfolgreich verlaufen kann.

Das verhindert gleichzeitig, dass ich mich mit völlig ungeeigneten Aufgaben befasse, die mich letztlich über- oder unterfordern würden. Dazu muss ich meine individuellen Kompetenzen und Potenziale an dieser Stelle noch nicht einmal unbedingt unter die Lupe genommen haben.

Um zur Beantwortung dieser Frage zu kommen, benötige ich dagegen:
- eine Auflistung meiner eigenen Vorstellungen: Ideen, Wünsche, Abneigungen, abgeglichen mit bereits vorhandenen Kenntnissen („kenne ich"/„dazu kann ich *keine* Aussagen machen") sowie

- eine realistische Übersicht tatsächlich vorhandener Einsatzmöglichkeiten (Berufsbilder, Positionsbezeichnungen, Aufgabenfelder), bezogen auf die unterschiedlichen Bereiche von Wirtschaft, Verwaltung, Sozial- und Gesundheitswesen, Wissenschaft und Kultur.

Diese kreative Gestaltungsaufgabe umfasst einen Fantasie- und einen Rechercheanteil. Grob verkürzt: Erstellen Sie eine kreative Landkarte der für Sie realistischen Betätigungsfelder. Dabei ist zunächst einmal die übergeordnete Frage zu beantworten, welchen allgemeinen beruflichen Rahmen Sie wählen, Anstellungsverhältnis, Selbstständigkeit als freier Mitarbeiter oder die Rolle der Unternehmerin?

Untersuchen Sie dann im Detail sämtliche verfügbaren Informationen darüber, welche beruflichen Tätigkeiten Mann oder Frau heutzutage tatsächlich angeboten werden. Schon das dürfte Ihnen voraussichtlich auch bereits einen Blick auf die damit verbundenen Zugangswege liefern. Stellen Sie anschließend die Ergebnisse aus beiden Anteilen – Wunschvorstellungen und Anwendungsbereiche – gegenüber, und versuchen Sie, einen Abgleich im Sinne des kleinsten gemeinsamen Nenners vorzunehmen. Die Auswahl sollte Sie zumindest zu einer groben Vorauswahl der auf Ihre Anforderungen ausgerichteten Möglichkeiten führen.

Gehen wir noch einen kleinen Schritt weiter, dann können Sie dieses Prinzip noch erweitern und auf Möglichkeiten übertragen, die zunächst einmal weder erkennbar noch vielleicht überhaupt vorhanden sind: Denn Sie interessieren sich ja eventuell nicht nur für das, was bereits vorgegeben (bekannt und begrenzt verfügbar) ist, sondern auch für solche Aufgaben, die überhaupt erst entwickelt werden müssten. Hier könnten Sie später sozusagen ein „Patent" auf Ihre eigene Erfindung beantragen! Auf die Einzelheiten des Vorgehens kommen wir unten in Kapitel 1.4 noch zu sprechen.

Dies stellt im Vocating die zentrale Aufgabe dar, der Sie sich zu Beginn Ihrer Laufbahnplanung stellen müssen: Es geht schlicht um den Abgleich zwischen Ihren Idealvorstellungen und den real gegebenen Angeboten, ohne den weder eine detaillierte Kompetenzanalyse wirklich einen Sinn macht noch aussichtsreiche Ziele für die Zukunft ins Auge gefasst werden können.

Das ist gleichzeitig ein Punkt, an dem niemand so gut arbeiten kann wie Sie selbst. Es steckt ja auch niemand in Ihrer Haut, um zu beurteilen, was zu Ihnen passt und was nicht. Wenn Sie also nicht irgendwelche fremden Konstruktion von außen zukaufen oder sich aufdrücken lassen wollen, dann sollten Sie zu Beginn genau hier Ihre Energien konzentrieren.

Die Zielplanung knüpft im nächsten Schritt unmittelbar bei den Erkenntnissen an, die ich über meine Kompetenzen und Potenziale sammele. Ohne Ziele keine Orientierung, keine klare Ausrichtung, aber auch keine Möglichkeit, Fortschritte zu erkennen oder im Falle von Abweichungen korrigierend einzugreifen; noch nicht einmal die Chance, genau zu bestimmen, ob ich überhaupt angekommen oder wo ich denn stattdessen gelandet bin.

Das alles bedeutet aber noch nicht, dass ich wirklich imstande bin, meine Vorstellungen zu erfüllen, mich also meinen Zielen anzunähern. Wir befinden uns noch auf der Planungsebene am „grünen" Tisch. Dazu bedarf es schließlich persönlicher Kontrollinstrumente und des unverbrüchlichen Willens, meine Ziele tatsächlich zu verwirklichen – des persönlichen „Change-Managements".

## 1.2 Die saubere Zielbestimmung

Wir unterscheiden Ziele von Visionen. Der ehemalige Bundeskanzler Helmut Schmidt meinte einmal: „Wer Visionen hat, der sollte zum Arzt gehen!"

Altbundeskanzler Schmidt, bekannt für seinen trockenen Realismus, wollte damit wohl ausdrücken, dass sich Alltagsprobleme eher durch Anpacken, aufgrund von rationaler Analyse und handfesten Fakten lösen ließen als durch vage Fantasien.

Über die herausragende Bedeutung rationaler Analyse und Planung lässt sich nicht streiten. Nichtsdestotrotz sind Lösungen, die sich durch absolute Fantasielosigkeit auszeichnen, nach meiner Einschätzung langfristig nicht überlebensfähig. Und das betrifft in jedem Falle die langjährige Laufbahnplanung im Beruf! Vision in unserem Sinne bezeichnet die Fähigkeit, sich auch weit in die Zukunft hinein ein Bild von wünschenswerten Zielzuständen machen zu können.

So gesehen benötigen wir am Beginn unserer Laufbahnplanung zunächst einmal ein leuchtendes Bild von dem, was wir im besten aller Fälle erreichen möchten. Das motiviert unsere Handlungen und es ist immer wieder ein guter Fixstern zwischendurch, wenn uns mal die Luft ausgehen sollte, weil wir einen „Durchhänger" haben. Gerade dann ist es nämlich wichtig, sich daran zu erinnern, wie großartig unsere Ziele eigentlich sind und was wir bereits erreicht haben, auf dem Wege dahin.

Wenn Visionen tatsächlich aber eher vage und fantastisch, nicht richtig greifbar erscheinen, so braucht es zusätzlich einen konkreten Hebel, um tatsächlich messbare Erfolge zu erreichen, um unsere Vorstellungen in die Wirklichkeit zu übersetzen. Das sind die Ziele, von denen als Nächstes die Rede sein soll.

Ziele sollten grundsätzlich „wohlgeformt" sein, also folgenden Kriterien genügen: Formulieren Sie Ihre Ziele positiv. Das ist wie bei dem wiederholten Versuch, das Rauchen aufzugeben: sich von etwas weg zu motivieren, dürfte eher schwerfallen oder ganz unmöglich sein. Wenn ich Sie auffordern würde, nicht mehr an den berühmten rosa Elefanten im blauen Kirschbaum zu denken, erkennen Sie vielleicht sofort, was ich meine: Denken Sie jetzt einfach nicht mehr daran!

Unser Gehirn ist bereits programmiert. Das bedeutet, wir haben das Bild im Kopf und werden es erst einmal nicht mehr los; ähnlich verhält sich das auch mit einem „Ohrwurm", dem eingängigen Musikstück, das Sie vielleicht unterwegs im Autoradio gehört haben. Auch das kann Sie längere Zeit verfolgen, und Sie werden es nicht mehr los. Bis, ja bis Sie erfolgreich und konzentriert an etwas anderes denken, zum Beispiel die Nachricht, dass Sie darüber einen wichtigen Termin vergessen haben.

Auch bei der Laufbahnplanung geht es darum, dass Sie sich Ziele vornehmen, die positiv formuliert sind und damit in Ihrem Bewusstsein haften bleiben:
**Frage:** Welche Aufgabe peilen Sie an? Welche Kompetenz wollen Sie entwickeln? Wie heißt die Position im Unternehmen (welches Unternehmen denn)? Welche Branche fassen Sie ins Auge?

Beachten Sie dieses Merkmal nicht, laufen Sie Gefahr, Ihr Ziel bei dem geringsten Widerstand wieder fallen zu lassen oder vielleicht sogar zu vergessen. Es kann manchmal sehr wirksam sein, seine Ziele auf kleinen Zetteln notiert in der ganzen Wohnung zu verteilen: „Schreib Dein Buch, jetzt!" am Kühschrank, am Badezimmerspiegel, beim TV-Gerät, an der Haustür. Probieren Sie das einmal mit einem eigenen Ziel aus – Sie werden sehen, es wirkt Wunder!

Beschreiben Sie Ihre aktive Beteiligung. Die Ziele müssen Ihrem Einfluss (Eigenkontrolle) unterliegen. Nur das, was Sie selbst in die Hand nehmen, gehört Ihnen. Solange Sie noch in Kategorien denken wie: „Meine Frau/mein Mann sollte für mich", liegt das Gelingen Ihrer Pläne genau dort: im Ungewissen. Das betrifft den Kundenkontakt des Außendienst- mitarbeiters („Ich warte auf den Rückruf des Geschäftsführers") ebenso wie Ihr Bedürfnis nach Nähe, Verständnis, Unterstützung in der Partnerschaft – wenn Sie nicht darüber reden!
**Frage:** Was werden Sie selbst tun, damit das gewünschte Ergebnis eintritt?

Spezifisch sollen Ihre Ziele sein, in einen genau umschriebenen Kontext eingebettet: Nicht „Ich will viel Geld haben!", sondern „Am 14.11.2015 um 16.30 Uhr werde ich mich im Flieger befinden, auf dem Wege nach Havanna, um dort eine dreiwöchige Rundreise anzutreten."
**Frage:** Wer, wo, wann, was und wie genau?

Finden Sie sinnlich wahrnehmbare Beweise für die Erfüllung des Ziels. Statt: „Es wird mir gut gehen!", oder „Ich werde es geschafft haben", die nächste Stufe meiner beruflichen Entwicklung erreichen": „Der Chef drückt mir anerkennend die Hand, das kann ich buchstäblich fühlen, während er mir die Beförderungsurkunde überreicht." „Ich sitze auf der Uferpromenade Malecon von Havana, und der Seewind streicht über meine Haut; die Sonne wärmt mich, und ich beobachte die verschiedenfarbigen Menschen um mich herum, höre die Geräuschkulisse von Stimmen, Musikfetzen und Autohupen."
**Frage:** Woran werden Sie erkennen, dass Sie angekommen sind, Ihr Ziel erreicht haben – und das bereits hier und jetzt in Ihrem Kopf?

Legen Sie sich Rechenschaft darüber ab, ob Ihnen die erforderlichen Ressourcen in ausreichendem Maße zur Verfügung stehen, Ihr Ziel zu erreichen: „Ich habe die Kompetenz, die Betriebs-Software eines PC zu installieren." „Mein Businessplan zur Existenzgründung basiert auf einer mindestens zwölfmonatigen Startphase; für diese Periode sind die finanziellen Mittel durchkalkuliert und bereitgestellt, um mir einen Lebensstandard in Höhe von xx,– Euro pro Monat zu gewährleisten; ab dann liegen Auftragswerte in gleicher Höhe vor oder es greift Plan B (die Exitstrategie)."

Sind Sie passgenau qualifiziert, die ausgeschriebene Anstellung als Laborant annehmen zu können? Haben Sie ausreichende Sprachkenntnisse, um im Ausland beruflich tätig zu sein?

Sind Sie gesundheitlich auf der Höhe, den klimatischen Belastungen einer internationalen Reisetätigkeit standzuhalten?

**Frage:** Welche fachlichen, persönlichen und sozialen Voraussetzungen benötigen Sie, um die angestrebten Aufgaben zu bewältigen, ohne über- oder unterfordert zu sein?

**Angemessene Größe:** „Immerhin geht es um einen Zweijahres-Vertrag!" Die Größenordnung eines Ziels sollte so definiert sein, dass einerseits bedeutsame Veränderungen auf dem Wege dahin festgestellt werden können. So werden Ziele, die eine zu geringe Bedeutsamkeit aufweisen, nicht als lohnend erlebt. Andererseits kann man Ziele einfach nicht erreichen, die aufgrund ihrer Komplexität unüberschaubar sind. Die Größe des Ziels ist letztlich von entscheidender Bedeutung dafür, ob ich hinter meinen eigenen Möglichkeiten und Erwartungen zurückbleibe oder mir die Zähne ausbeiße.

**Frage:** Wie realistisch ist die Erwartung, dass Sie ein wirklich lohnendes Ziel erreichen? Haben Sie sich vielleicht zu viel vorgenommen oder könnten Sie sich sogar etwas mehr zutrauen? Können Sie sinnvolle Zwischenschritte definieren?

Machen Sie zum Schluss den Öko-Check, d.h., prüfen Sie die potenziellen Auswirkungen Ihrer Ziele auf andere wichtige Menschen und Werte in Ihrer persönlichen Welt (vgl. O'Connor & Seymour, 1996).

Das Element des Öko-Checks ist von ganz eigener Bedeutung – Sie könnten nämlich Ihre Ziele erreichen und dennoch darüber unglücklich werden oder bleiben. Damit das nicht passiert, sollte gewährleistet sein, dass die geplanten Veränderungen mit Ihrer Werteordnung und dem sozialen Umfeld übereinstimmen. Manches ist auf den ersten Blick allzu verführerisch. Dazu ein Beispiel: Mal angenommen, ich wäre Elvis, würde darüber aber keinerlei Befriedigung empfinden, sondern eher maßlosen Ekel, Überdruss und Müdigkeit am Leben, was hätte ich dann davon?

**Frage:** Was passiert mit Ihnen, wenn Sie Ihre Ziele wirklich erreicht haben? Ist dieser Zustand noch mit Ihren grundlegenden Wertvorstellungen vereinbar?

Cut! Wir setzten hier einen kurzen Einschnitt, damit Sie das Gelesene überdenken und auf sich übertragen können.

**Übung „Ziele und Wege"**
Nehmen Sie sich wieder etwas Zeit für die Übung „Ziele und Wege" auf Seite 149.

## 1.3  Ziele sind wie Fixsterne

Noch einmal zurück zu unserem Ausgangspunkt. Fernab aller moralischen Erwägungen redet man im Rahmen von Karriereberatung eigentlich nur von klassisch-bürgerlichen Berufsbildern – den sogenannten Lehr- oder Ausbildungsberufen, akademischer Laufbahn, kaufmännischen Existenzgründungen.

Wir haben erörtert, dass unter gewissen Umständen sicherlich auch verborgene Verhaltens-„Potenziale" urplötzlich zutage gefördert und in abweichenden Kontexten zur Anwendung gebracht werden. Wie sind diese dann eigentlich zu bewerten, vor dem Hintergrund von Kreativität, Handlungsorientierung, Mut und der Bereitschaft, sich flexibel neu zu orientieren?

Einmal abgesehen vom Problem der Flucht Einzelner in die zunehmende Abhängigkeit von bestehenden Ausbeutungssystemen ist dies verständlicherweise nicht unbedingt das, was wir hier unter Selbstgestaltung durch berufliche Laufbahnplanung verstehen. In manchen Fällen das schiere Elend! Der Lackmus-Test der beruflichen Laufbahnplanung:

Ist es das, wofür ich meine Lebensenergie langfristig einsetzen will?

Auch die Zukunft ist schließlich eine Projektion. Niemand war schon jemals da, wo man sich in Gedanken hinversetzen kann und wo einen die unterschiedlichsten Prognosen schon immer gerne gesehen hätten. Die Zukunft läuft also eigentlich wie der Horizont immer mit. Wie sehr wir auch die Hand danach ausstrecken, er wird sich uns nie annähern.

Für manche ist das geradezu die berühmte „Mohrrübe vor der Nase des Esels": Inflationär neue Ideen und „Ziele" im Kopf zu wälzen bedeutet eben noch nicht, auch nur einen Schritt real vorwärtszukommen. Diese Metapher vom Horizont beinhaltet, dass wir uns *nicht* in Richtung eines bestimmten Zieles hin *bewegen*; wenn wir also auch ein Ziel nicht unterwegs durch ein neues ersetzen, das dann jeweils genauso erreicht und damit wieder ungültig wird – oder im anderen Falle veraltet, seine Bedeutung und Kraft verliert, ganz einfach überholt ist.

Wenn wir die Zukunft erreichen, ist sie schon zur Gegenwart geworden – wenn es dabei bleibt, im nächsten Augenblick bereits veraltet. Das bedingt zweierlei:

Es reicht nicht, die Zukunft ständig vor Augen zu haben, wenn es nicht gelingt, eine Brücke dahin zu bauen. Es muss einen Fixpunkt geben, auf den ich zugehe, der Abstand dahin ist so genau wie möglich abzuschätzen; und dann sind die einzelnen Teilschritte zu definieren, die ich benötige, um in einer vertretbaren Zeiteinheit dahin zu gelangen.
Wie jede Antwort mindestens eine neue Frage aufwirft, führt jedes Ziel, das wir ins Auge fassen, zu neuen Erkenntnissen auf dem Wege dahin. Und damit auch zu neuen oder veränderten Teilzielen. Das gilt besonders da, wo es sich um langfristige oder sehr umfassende, globale Ziele handelt. Hier ist es umso wichtiger, konkrete Teilschritte zu beschreiben, wenn solche Ziele überhaupt realisiert werden sollen.

Was da passiert, ist, dass wir uns mit dem ersten Schritt auf diesem Wege bereits verändern, der Horizont unerfüllter Wunschbilder wandert immer mit. Begleitend zu den veränderten Wahrnehmungen müssen wir demzufolge auch unsere Bedürfnisse, Wünsche, Prioritäten in nicht vorhersehbarer Weise anpassen.

Die Rede ist erneut von der subjektiven Selbst-Gestaltung bei der Berufswahl. Aus einem einfachen Wunschbild ist ein belastbarer, längere Zeit überdauernder beruflicher Lebensplan zu machen.

Es gibt gleichzeitig keine Garantie: nämlich genau da zu landen, wo man am Ausgangspunkt gerne hin wollte. Alle Planungs- und Organisationsaspekte dienen aus dieser Sicht ausschließlich dem Verlangen danach, Unsicherheit und Komplexität zu reduzieren und gegen ein größeres Päckchen Klarheit auf dem Weg einzutauschen.

Diese Sicherheit kann trügerisch sein. Das zeigt sich spätestens dann, wenn sich die provisorische Gewissheit verselbstständigt, wenn wir den Fehler machen, uns allzu sehr auf die Belastbarkeit unserer gedanklichen Konstruktion zu verlassen. Was bedeutet das?

Ziele sind wie Fixsterne, an denen wir uns orientieren. Sie können bei mir oder den anderen Beteiligten jedoch fast ebenso schnell wieder verlöschen oder abgelöst werden, wie sie nach bestem Wissen und Gewissen angepeilt wurden.

Ich habe erlebt, wie das nagelneue Call Center einer internationalen Bank praktisch an dem Tage aufgelöst wurde, als es eröffnet werden sollte. So etwas kommt eigentlich jeden Tag und überall vor. Eine Planungs-Ruine. Da standen dann viele junge Mitarbeiter in mehreren Ländern auf der Straße und wussten nicht, wie ihnen geschah.

Wessen Ziele hatten sich da aus welchen vernünftigen Gründen geändert und wessen Fixsterne waren da verloschen?

Hier wird zum einen das Problem der Abhängigkeit meiner Ziele von denen eines anderen deutlich. Daneben stellt sich heraus, dass man machmal annimmt, es handelte sich bereits um die endgültigen Ziele – nur um im nächsten Augenblick zu erkennen, dass da (bei mir oder den anderen?) die Zielklarheit verloren gegangen ist.

Das kann natürlich auch vorkommen, wenn die reale wirtschaftliche Entwicklung der prognostischen Gesamtplanung von Management oder Unternehmern schlicht den Garaus macht. Da hat man dann die Rechnung ohne den Wirt gemacht!
Sind wir in solchen Situationen noch bereit und in der Lage, umzudenken – schnell und gründlich genug?

Nicht dass wohlüberlegte Ziele deswegen beliebig wären: Es ist lediglich eine gewisse Bescheidenheit mit Blick auf den „Machbarkeits-Wahn" angebracht. Indem ich nämlich einen Fuß vor die (geistige) Tür setze, bin ich schon in einer völlig anderen Welt angekommen. Wenn ich mich erst einmal aufgemacht habe, fange ich unmittelbar an, die umgebenden Bedingungen aufgrund des größeren Wirklichkeitsbezugs mit anderen Augen zu sehen – und mich gleichzeitig auch zu verändern: Faktor Zeit, Faktor Einflussdynamik und -vielfalt, Faktor Erlebniswelt.

Nicht zuletzt erlebe ich auch als Unternehmer oder leitende Führungskraft dann etwas ganz Neues und nehme die bisherigen Vorannahmen zugleich ganz neu wahr – habe ich aber noch die alte Brille auf, kann das bis in die Grundfesten verunsichern!

Nehmen wir ein anderes Beispiel aus dem individuellen Entscheidungsbereich: Nennen wir ihn Thomas Trautmann. Der 35-jährige Projektmanager eines großen mittelständischen

Unternehmens im Fahrzeugbau entschließt sich aus persönlichen Gründen, seinen Arbeitsplatz aufzugeben. Die Unternehmenskultur engt zu stark ein, lässt zu wenig Entscheidungsfreiraum; die Chefs, im Amt ergraut, führen sich auf wie Väter: Neuerungen werden grundsätzlich ausgebremst – die Arbeitsbelastungen ist immens und Gehaltsverhandlungen verlaufen regelmäßig im Sande.

Alles in allem gute Gründe, sich von den eingetretenen Wegen zu lösen. Vielleicht auch eine gute Gelegenheit, sich selbstständig zu machen: Da leuchten die Augen!

Vieles spricht dafür: die große Kompetenz (die Expertise), der enge Kundenbezug in der Branche (das Networking), die guten Ideen Trautmanns, was man alles für den Kunden tun könnte (die Geschäftsidee) und schließlich sein Mut, sich selbst einen solchen Schritt zuzutrauen (die Selbst-Gestaltungswille).

Man spricht das alles im Familienkreis durch, möchte die Ehepartnerin miteinbeziehen. Diese ist aber wider Erwarten gar nicht angetan von der Idee einer wesentlich höheren menschlichen und beruflichen Ertragslage.

Im Mittelpunkt stehen stattdessen Fragen nach Sicherheit, Existenzsicherung, Risikobereitschaft, stehen auch diffuse Verlustängste.

Ergebnis: Thomas Trautmann geht den „vernünftigen" Weg weiter, verzichtet auf die großen, vagen Ziele und passt sich nach Kräften im bisherigen Job an; vielleicht wird auf Dauer eine andere Tätigkeit angepeilt, die aber vor allem nicht allzusehr vom bisherigen beruflichen Horizont abweichen sollte.

Wie ist das einzuschätzen? Es sind verschiedene Konsequenzen denkbar:

- Das könnte tatsächlich die richtige Entscheidung gewesen sein. Das Führungsdilemma löst sich einige Zeit später auf, die Position des Projektmanagers verbessert sich schlagartig und unvorhergesehen mit dem Rückzug einiger Personen aus der Geschäftsleitung; sowohl die Leistungsfähigkeit, Zufriedenheit als auch die wirtschaftliche Basis von Thomas Trautmann verbessern sich zusehends.
- Es war in der Tat die richtige Entscheidung: Mit der Zeit stellt sich heraus, dass die persönliche Wirksamkeit Trautmanns auf dem Boden einer klaren Basis im Unternehmen größer ist, als es die unklare, aber mühsame unternehmerische Neuausrichtung jemals gewesen wäre. Und auch die Motivation, sich darauf einzulassen wäre möglicherweise nicht ausreichend gewesen; Trautmann macht ein Verhandlungstraining mit und setzt sich anschließend auf dem Verhandlungswege durch.
- Die Ehe wächst und gedeiht vor diesem Hintergrund klarer Überschaubarkeit und regelmäßiger, planbarer Einkünfte – von der gut koordinierten Aufgabenverteilung der Partner im Alltag einmal ganz abgesehen.
- Die Ehe geht jetzt erst recht den Bach hinunter, weil sich der Ehemann Thomas als entscheidungsschwach und nicht expansiv gezeigt hat.
- Die Ehe landet in der Sackgasse, weil einer von beiden seine grundlegenden Lebensziele nicht verwirklicht und dies dem anderen nachträgt.

- Es kommt zur Auflösung des Arbeitsverhältnisses unter ungünstigen Bedingungen: die Leitung des Unternehmens kommt zu der Erkenntnis, dass man auf einen Mitarbeiter verzichten kann, der als führungsschwach gilt und nicht mobil genug angesehen wird.
- …?

Vielleicht können Sie sich ja noch weitere Szenarien vorstellen. Es lohnt also, über die Konsequenzen unserer Laufbahnplanung sehr genau nachzudenken. Eine Garantie, dass die individuellen Erwartungen eintreffen, kann es auch hier nicht geben. Dazu sind allein die äußeren Einflüsse zu vielschichtig. Alles hängt also letztlich von Ihrer Motivation und Risikobereitschaft ab: Wie stark sind Sie davon überzeugt, dass ein grundsätzlicher beruflicher Wandel Ihrem Leben entscheidende Impulse geben würde; und was sind Sie dann bereit, dafür in Kauf zu nehmen? Allerdings wäre es schon gut, wenn wir uns noch „Netz und doppelten Boden" bereithalten würden, den berühmten „Plan B", nur so für den Fall des Falles.

- Bevor es jetzt richtig ernst wird, noch einmal zurück zu *„Ziele Und Wege"* im Anhang. Schauen Sie sich die Anregungen und Ihre Erkenntnisse noch einmal genau an: Bleiben Sie dabei oder möchten Sie jetzt noch einige Veränderungen vornehmen? Dann geht es weiter.

## 1.4 Darauf kommt es an: Laufbahnplanung in zehn Schritten

**Schritt 1**

Klären Sie Ihre Bedürfnisspannung! Was veranlasst Sie momentan, sich mit Ihrer Laufbahnplanung zu beschäftigen? Ist es die Unzufriedenheit mit Ihren derzeitigen Verhältnissen? Ist es das Bedürfnis, einmal einige Steine umzudrehen, weil Sie wissen wollen, was sich darunter befindet? Treibt Sie irgendjemand, mehr aus sich zu machen? Ist es ein konkreter Anlass von Arbeitsplatzverlust, vielleicht sogar betrieblich bedingt? Wer gibt eigentlich den Ausschlag – sind Sie das selbst oder sind es andere und wie drängend empfinden Sie diese Antriebe? Wie oft haben Sie in den vergangenen 14 Tagen über eine grundsätzliche Neuorientierung in beruflicher Hinsicht nachgedacht, bevor Sie auf dieses Buch stießen? Belastet Sie das Thema?

Anhand dieser Fragen sollten Sie eigentlich schon erkennen können, ob das Thema wirklich für Sie von Bedeutung ist – ob Sie unverbindlich stöbern wollen oder ob es sich lediglich um einen allgemeinen Informationsbedarf handelt. Vielleicht sagen Sie jetzt aber: „Bingo!", das ist es, und haben dabei ein ganz komisches Gefühl im Bauch, meist ein gutes Anzeichen dafür, dass Sie sich gerade mit den wichtigen Dingen beschäftigen.
Vielleicht benötigen Sie aber auch noch ein bisschen Zeit, um sich in Gesprächen mit anderen mehr Klarheit über Ihr Anliegen zu verschaffen. Wie auch immer: Bevor Sie anfangen, muss klar sein, dass es für Sie wirklich ein Herzensanliegen ist, beruflich völlig neue Wege einzuschlagen. Nur dann werden Sie vermutlich einen wirklich intensiven Nutzen für sich selbst aus diesem Buch ableiten.

**Schritt 2**

Klären Sie die Abhängigkeit von Ihrem sozialen Umfeld! Wissen Sie bereits, wie Ihr unmittelbares Umfeld auf Fragen Ihrer beruflichen Veränderung reagiert oder müssen Sie das erst noch herausfinden?

Entscheidend ist, dass Sie möglichst genau einschätzen können, wie groß Ihre Freiheitsgrade hinsichtlich stillschweigender Billigung oder offener Unterstützung tatsächlich sind. Dann können Sie auch ihre Erfolgschancen besser einschätzen. Werden Sie infolgedessen um ihre ureigenen Interessen kämpfen müssen?

Was können Sie demnach unbeschadet für sich selbst entscheiden, und wo betreten Sie mit Ihrer Laufbahnplanung automatisch fremdes Territorium?

Für den Fall, dass Sie ausschließlich für sich selbst verantwortlich sind: Wo müssen Sie sich unbedingt informieren, Meinungen einholen, ja sogar Zustimmung erwirken? Je früher Sie sich darüber klar werden, wie Sie wirklich und tatsächlich entscheidungstechnisch eingebunden sind, umso besser. So mancher war schon bei Antritt der Laufbahnplanung sehr entspannt, um dann früher oder später zu erkennen, dass es einfach nicht mehr weiterging, sei es aus Loyalität zu wichtigen Bezugspersonen, sei es aufgrund eindeutiger Sabotageakte anderer.

### Schritt 3

Erstellen Sie die „kreative Landkarte" Ihrer künftigen beruflichen Aufgaben. Ermitteln Sie Ihre Kompetenzen und Potenziale! Setzen Sie sich mit ihren Stärken und Schwächen auseinander, und zwar so präzise wie möglich: Nehmen Sie jede erdenkliche Gelegenheit wahr, sich vermittelt über objektive Testverfahren, Gespräche und Gruppendiskussionen ein verlässlich breites und tiefenscharfes Bild von ihren Eigenschaften zu machen; und sorgen Sie dafür, ihre Erkenntnisse schriftlich zu fixieren bzw. aufzubereiten. Sprechen Sie immer und immer wieder mit anderen darüber, bis Sie sich mit allen ihren Seiten wohl fühlen können.

Das ist übrigens auch ein Zweck des Self-Assessments – dass Sie nämlich mit den gegensätzlichen Seiten vertraut werden, die Sie ausmachen (was Ihnen nicht gefallen dürfte) oder damit, wie man Sie auch sehen kann (worauf Sie letztlich kaum Einfluss haben), dass nicht irgendjemand Sie an der unpassendsten Stelle, in einem Vorstellungsgespräch vielleicht, mit einer gut gezielten Frage aus dem Sattel hebt. Das schärft im Übrigen nicht nur Ihre Klarsicht sondern auch Ihre Argumentation.

### Schritt 4

Entwickeln Sie einen schriftlichen Ablaufplan! Nach Ihrem derzeitigen Kenntnisstand ist der Weg zum Ziel in allen denkbaren Einzelheiten vorauszubestimmen. Teilen Sie den Ablauf in einzelne Phasen ein; bestimmen Ihre Aktivitäten, daran beteiligte Personen, Fristen und Prioritäten. Machen Sie sich Gedanken darüber, wann Sie welche Aufgaben durchführen wollen, in welcher Reihenfolge, und wie lange Sie jeweils dafür benötigen. Anfangs mag es sich dabei um ungenaue Schätzungen handeln; mit der Zeit werden Sie infolge der zunehmenden Erfahrungswerte immer sicherer.

Dazu gehört auch, unterwegs immer wieder zurückzublicken, um zu vergleichen (Abweichung vom Ist-Soll-Zustand) und korrigierend eingreifen zu können. Die andere Seite unserer Betrachtung ist eben, dass Sie von einem relativ offenen und unstrukturierten Ausgangspunkt loslegen. Was kann man da schon dauerhaft über die Zukunft aussagen? Sie brauchen aber einen vorläufigen Leitfaden, um Ihre Ziele überhaupt anpeilen zu können. Es bleibt an dieser Stelle also nichts übrig, als zunächst einmal „schätzometrisch" an die Sache heranzugehen. Im weiteren Verlauf sammeln und ordnen Sie allerdings die erforderlichen Daten (vgl. Schritt 3: die „kreative Landkarte" der beruflichen Aufgaben), füllen die „Platzhalter", um dann auch Ihren Plan entsprechend anzupassen. Der Realitätsabgleich: Aus der reinen Idee wird ein zunehmend verlässlicher Handlungsplan. Der hat in der Alltagspraxis Bestand, gerade weil er anhand von realen Zahlen-Daten-Fakten immer wieder verbessert wurde.

Vielleicht werden Sie am Ende überrascht sein, wie wenig von Ihren ursprünglichen Erwartungen unverändert geblieben ist – wie viel an zielführenden Ereignissen Sie dagegen Ihrem Ziel nähergebracht haben.

Die Uhr läuft, die Ereignisse sind turbulent, streckenweise passiert alles gleichzeitig. Wie wir gesehen haben, ist nicht nur die Merkfähigkeit begrenzt und störbar; man nimmt auch die Geschehnisse nicht unbedingt objektiv war: Wir konstruieren vielmehr vor dem Hintergrund unseres Weltbilds – jede Sekunde eine kreative Leistung, sozusagen! Wenn Sie mit dieser Entwicklung Schritt halten wollen, sind Sie gezwungen, so früh wie möglich mit der Erfassung und Archivierung der Ereignisse zu beginnen.

### Schritt 5
Entscheiden Sie, worin die Eigenanteile Ihrer Arbeit liegen werden! Was müssen, sollen, können sie absolut alleine machen und an welchen Stellen wollen Sie delegieren, nicht nur andere zwecks Unterstützung einbeziehen, sondern gezielt einzelne Anteile im Rahmen einer professionellen Karriereberatung abgeben? Legen Sie sich fest, wie viel Ihnen die eigene Entwicklung letztlich wert ist; verpflichten Sie sich, machen Sie sozusagen einen Vertrag mit sich selbst! Je mehr Sie abgeben, umso mehr werden Sie investieren müssen an Finanzmitteln, Vertrauen, Koordination der „Zulieferer"; andererseits lassen sich Ihre bedeutsameren Langfristziele auf diese Weise vielleicht schneller, nachhaltiger und auch befriedigender verwirklichen.

### Schritt 6
Definieren Sie die Schnittstellen zum Mentor; legen Sie die Auswahlkriterien für eine Vereinbarung fest. Selbst wenn Sie sich dafür entscheiden, Ihre Laufbahnplanung alles in allem im Alleingang durchzuführen: Sie werden spätestens bei der Frage des Verhaltens-Feedbacks (neutrale Rückmeldungen von Außenstehenden) auf externe Unterstützung zurückgreifen wollen. Worin bestehen solche Schnittstellen in Ihrem Plan: Wann und wie werden Sie sich also auf die Suche nach einem geeigneten Lotsen machen – männlich oder weiblich? Legen Sie fest, worauf ihre Auswahlkriterien beruhen, wie Sie Ihr Anliegen auf dem Weg zum Erfolg definieren, und wie Sie dieses kommunizieren wollen? Entwerfen Sie eine Vereinbarung, die beiden Seiten gerecht wird und ihnen selbst ein Optimum an Unterstützung bietet, um Ihre Ziele zu erreichen. Lassen Sie gegebenenfalls auch diese Vereinbarung von einem neutralen Dritten gegenchecken!

### Schritt 7
Bauen Sie Ihr soziales Supportsystem aus! Das A & O Ihrer Laufbahnplanung liegt in der Wechselwirkungen zwischen Ihrer entschiedenen eigenen Arbeit und der Einbindung in

ein funktionierendes Netz von Unterstützern, Ratgebern, wohlmeinenden Wegbegleitern. Suchen Sie gezielt und aktiv nach geeigneten Kontakten. Das kann geschehen durch direkte oder indirekte Suche. Veranstalten Sie Partys, laden Sie ein, wen immer Sie kennen oder treffen und fordern Sie dazu auf, andere mitzubringen. Setzen Sie eine Kleinanzeige in ihr Verbandsblättchen. Suchen Sie darin nach Gleichgesinnten, die sich ebenfalls für eine Laufbahnentwicklung interessieren. Nutzen Sie Netzwerke in Internet, um nach klaren Suchkriterien Ihren Bekanntenkreis Schritt für Schritt auszubauen… lesen Sie aufmerksam das Kapitel über Networking. Nehmen Sie diese wenigen Vorschläge zum Anlass für Ihre eigenen Überlegungen: Wie schaffen Sie es, sich auf einer breiten Woge der Unterstützung auf Ihrem Weg zum beruflichen Ziel tragen zu lassen?

**Schritt 8**
Entwickeln Sie Checklisten! Gewöhnen Sie sich bei der Arbeit an Ihren konkreten Aufgaben auch das Denken in Checklisten an! Checklisten erleichtern das Leben bei der Arbeit. Sie helfen, Ihre Aufmerksamkeit zu fokussieren, entlasten das Gehirn, lassen sich leicht abheften, um später wieder Verwendung zu finden. Damit brauchen Sie auch hier das Rad nicht immer neu zu erfinden. Außerdem dienen Checklisten zur Kontrolle von Verfahrensabläufen: Man kann leichter die genaue Reihenfolge einhalten und spart auch noch geistige Energie ein. Und schließlich wird es mit zunehmender Übung Ihrem Kopf leichter fallen, in bestimmten Situationen strukturiert zu denken. Irgendwann brauchen Sie eigentlich keine schriftlichen Checklisten mehr, weil Ihr Kopf beweglich genug ist, virtuelle Checklisten einzuhalten. Durchaus eine Art von Gehirn-Training also. Das könnte ein Ziel der Übung sein.

**Schritt 9**
Sorgen Sie für die richtige Motivation, für körperliche und seelische Gesundheit! Denken Sie bei der schriftlichen Planung auch an ausreichende Pufferzeiten sowie Aus-Zeiten für Ruhe und Erholung, sportliche Betätigungen, gesunde Ernährung unter „relaxten" Umgebungsbedingungen; berücksichtigen Sie schließlich „Premium-"Zeiten für wertfreien Spaß, die Liebe und vieles mehr.

Ihr Plan hat Grenzen, wie jeder andere Plan auch: Pflastern Sie daher nicht Ihren Tag zu mit nahtlos anschließenden Aufgaben! Beachten Sie stattdessen, dass sich Termine verschieben oder verlängern können, dass die öffentlichen Verkehrsmittel nicht immer pünktlich einlaufen und dass Sie auch das beste Navigiersystem in Ihrem Auto zuweilen im Stich lässt.

Und noch eines: Gestehen Sie sich bitte jederzeit das Recht zu, den Plan zu durchbrechen, beiseitezulegen oder abzuändern – wenn es die Situation nach Ihrer Meinung erfordert. Zurückkommen können Sie jederzeit, und dann bitte mit voller Energie!

**Schritt 10**
Kontrollieren Sie den Erfolg! Laufend! Haben Sie einen klar formulierten schriftlichen Laufbahnplan erarbeitet? Sind Ihnen auch die übrigen Schritte von 1 bis 9 gut gelungen, dann sollte es eigentlich keine Probleme bereiten, jederzeit, vor allem aber in regelmäßigen Abständen genau zu bestimmen, wie nah Sie inzwischen ihren Zielen gekommen sind, oder wie groß der Abweichungsgrad zu einer gegebenen Zeit noch ist. Fragen dazu: Sind Ihre Erfolgskriterien noch dieselben wie zu Beginn? Was hat sich verändert – wie geht es weiter?

Wie leicht fällt es Ihnen, Fortschritte zu erzielen und zu genießen? Was macht Ihr Netzwerk? Haben Sie mehr Kontakte, mehr Förderer – und damit mehr Unterstützung als früher? Sind Sie mit der Suche nach einem Mentor weiter gekommen; arbeiten Sie selektiv mit einem Coach an Teilfragen Ihrer Laufbahnplanung? Das Wichtigste aber: Wie zufrieden sind Sie mit sich? Sie wissen ja, auch kleinere Erfolge sollten anerkannt und belohnt werden! Wir werden die Frage der Erfolgskontrolle im Kapitel 5 wieder aufgreifen, wenn es darum geht zu beurteilen, ob Sie angekommen sind.

Alle diese Teilschritte können Sie in Form einer Matrix schriftlich erfassen, um sich jederzeit einen schnellen und präzisen Überblick Ihres laufenden Entwicklungsstandes zu verschaffen. Damit erleichtern Sie ihre Entscheidungen auf dem Wege zum beruflichen Ziel. Indem Sie allgemeine, globale Ziele in konkrete Aktivitäten übersetzen, machen Sie im Übrigen Ihre Ziele erst erreichbar – und schließlich werden Sie nicht davon überwältigt, vor einem schier unüberwindlichen Berg der Anforderungen zu stehen; Sie haken stattdessen Ihre vielfältigen Aufgaben eine nach der anderen nacheinander ab: Das wiederum motiviert, weil Sie jederzeit Ihre erfolgreichen Leistungen nachvollziehen können. Was nicht erfolgreich bewältigt wurde, kann nachbearbeitet oder umformuliert werden.

## Matrix zur Entscheidungshilfe: Laufbahnplanung in zehn Schritten

|  | Aktivität | Aktivität | Aktivität | Aktivität | Aktivität | Aktivität | Aktivität | Aktivität | Aktivität | Aktivität |
|---|---|---|---|---|---|---|---|---|---|---|
| S 1 | Belastung checken... | | | | | | | | | |
| S 2 | | Partner-gespräch | | | | | | | | |
| S 3 | | | Self-As-sessment | | | | | | | |
| S 4 | | | | Plan schrei-ben | | | | | | |
| S 5 | | | | | Eigenan-teil auflisten | | | | | |
| S 6 | | | | | | Kontakt zu Mentoren herstellen | | | | |
| S 7 | | | | | | | Networking im Internet einrichten | | | |
| S 8 | | | | | | | | Checkliste „Verhand-lung" | | |
| S 9 | | | | | | | | | Sauna-besuch planen | |
| S10 | | | | | | | | | | Zielplan revidieren |

*Abb.1: Aktivitätenplan zur Kontrolle des zielgerichteten Vorgehens bei der Laufbahnplanung*

Es wurde dargelegt, dass im Alltag die Dinge nicht scharf voneinander getrennt sind. Demzufolge macht es einen Sinn, bei der Laufbahnplanung nicht nur die Abfolge der einzelnen Teilschritte zu überwachen; jeder einzelne Teilschritte ist auch im Hintergrund mit jedem anderen verknüpft. Die Matrix, als Beispiel oder Vorlage zu sehen, kann Ihnen helfen, ständig neu an Stellen einzugreifen, die nicht leicht zu lösen sind, gerade weil sie im Hintergrund miteinander verzahnt erscheinen. So können Sie auch im Nachhinein Schwachstellen beheben, die sich erst im Laufe der Zeit als solche zu erkennen geben.

Dazu ein Beispiel. Sie beginnen damit, Ihre Bedürfnisspannung zu untersuchen (*„Belastung checken"*); währenddessen stellen Sie fest, Sie sind in diesem Punkt abhängig von dem Verständnis Ihrer Frau und der Kinder; gleichzeitig sind Sie sich selbst noch nicht so sicher, welche beruflichen Aktivitäten nicht nur für Sie in Frage kämen, sondern Ihnen auch Spaß machen würden; und schließlich fehlen Ihnen ganz einfach verlässliche Informationen zur Angebotsvielfalt am Arbeitsmarkt. In der Sprache des Vocatings sind hier drei verschiedene Bausteine beteiligt:

1. Kommunikation: Vier-Augen-Gespräche mit dem Ehepartner; im Anschluss daran gegebenenfalls eine Familienkonferenz („Papa wird sich beruflich verändern! Was können wir alle dazu beitragen? Was wird sich für jeden von uns verändern? Wer hat welche Aufgaben zu erfüllen?")
2. Selbstexploration: Welche Tätigkeiten kann ich mir vorstellen, inwieweit bewege ich mich von dem vertrauten Spektrum weg? Wo sind Lücken in meinem Wissen, die geschlossen werden sollten?
3. Recherche: Klopfen Sie den Arbeitsmarkt auf mögliche Angebote/Nischen hin ab. Quellen können Zeitungsartikel, Ausschreibungstexte, Stellengesuche sein; aber auch Gespräche mit der Industrie- und Handelskammer und den Handwerkskammern, Innungen, Verbänden, Arbeitsagenturen/Center für Arbeitsmarkt Integration und vielen anderen mehr.

Die Reihenfolge dieser Aktivitäten ist keinesfalls vorgegeben: Womit Sie anfangen, hängt natürlich von Ihrer Priorität nach Wichtigkeit bzw. Dringlichkeit ab.

Nachdem wir nun die Vorarbeiten geleistet haben, geht es an die Umsetzung:
- Wir haben uns einen umfassenden Blick über unsere Kompetenzen und Spielräume verschafft;
- der grobe Laufbahnplan steht fest, das heißt, Ziele, Fristen und Prioritäten sind zumindest vorläufig definiert;
- erste Kontakte zu möglichen Begleitern und/oder Helfergruppen sind aufgenommen worden.

Neben einer guten Planung, die ein mögliches Scheitern aus unterschiedlichsten Blickwinkeln mit in die Überlegungen einbezieht, dürfen Kontrollfunktionen nicht vernachlässigt werden, um sowohl laufende Veränderungen im richtigen Licht zu sehen als auch die unterwegs erkennbaren Abzweigungen wahrzunehmen, die uns manchmal im letzten Augenblick davon abhalten, in eine Sackgasse zu laufen. Stichwort: Weichenstellen nicht vergessen! Im Übrigen ist auch das ein guter Grund, sich einen persönlichen Lotsen an Bord zu holen, der „die andere Brille" auf hat. Ab hier betrachten wir das persönliche Change-Management aber nicht mehr nur objektiv: Wir werden uns auch mit subjektiven und sozialen Begleitaspekten beschäftigen.

# 2. „Na wunderbar, aber das traue ich mir nicht zu!"

*Weil einfach einfach einfach ist.“*
(Werbespruch Symio, 2005)

**Übung „Don't worry, be happy!"**
Dieses Kapitel fängt gleich mit einer Übung an: Sind Sie bereit für das Szenario „Don't worry, be happy!" auf Seite 150? Dann los!

## 2.1 Die Angst vor der eigenen Courage: Komplexität und Unsicherheit

Es hilft alles nichts: Wir haben es mit einem unklaren Ausmaß an „Komplexität" und damit „Unsicherheit" zu tun.

Unsicherheit deshalb, weil ich am Beginn meines Weges trotz aller mühevollen und auch logisch schlüssigen Planungsaktivitäten nicht wissen kann, worauf ich mich tatsächlich einlasse.

Komplexität, weil mein Gesamtplan notwendig eine ganze Reihe von Elementen, Bedingungen, Wechselwirkungen und deren Begleiterscheinungen enthält, die den gesamten Ablauf unüberschaubar machen und im wahrsten Sinne des Wortes unlösbar erscheinen lassen; während das Zusammenwirken der Einzelteile insgesamt verborgen bleibt.

Noch dazu bedingt die Komplexität selbst Unsicherheit: „Es schwindelt einen, wenn man hinab sieht!"; umgekehrt erhöht Unsicherheit die Komplexität, wenn wir dazu tendieren, einen Plan künstlich „aufzublasen", aus dem Bestreben heraus, auch alles Notwendige zu erfassen, nichts auszulassen – man könnte ja auf entscheidende Vorteile verzichten!

Das genau zeichnet nach der Definition ein komplexes System aus: Die Komplexität hängt ab von der Anzahl der Bestandteile und den jeweiligen Wechselwirkungen dieser Teilelemente – die wir letztlich nicht mehr kontrollieren können.

Komplex ist vielschichtig – nicht unbedingt aber auch verwickelt, also kompliziert. Je interessanter und fantastischer der Plan zu meiner künftigen Laufbahn jedoch ausfällt, umso höher auch der Grad der Komplexität – und damit Unüberschaubarkeit.

Ein Irrgarten hingegen scheint aus der Vogelperspektive durchaus nicht kompliziert aufzulösen, man müsste nur mit der Heckenschere mittendurch gehen! Wenn man sich aber darin befindet, ist es aufgrund der kunstvoll-verzweigten Anlage unmöglich, ohne Hilfsmittel wieder herauszufinden.

Ein Algorithmus im Rahmen einer Programmsoftware schließlich mag in der Regel klar und eindeutig formuliert sein – widerspruchsfrei logisch aufgebaut – in vielen Fällen ist er äußerst komplex und muss deswegen trotzdem nicht gleichzeitig kompliziert sein, sondern klar gegliedert und anschaulich. Zumindest gilt das für den geübten Programmierer, mit endlosen Speicherplatzkapazitäten gesegnet!

Im Gegensatz dazu ist bekannt, dass man auch die einfachsten Fragen erst kompliziert *machen* kann: Für manche besteht daher Genialität ganz einfach darin, die Dinge einfach zu fassen. Der Raumfahrt-Ingenieur Sergej P. Koroljow soll einmal gesagt haben: „Die Genialität einer Konstruktion liegt in ihrer Einfachheit. Kompliziert bauen kann jeder."

Soziale Systeme sind allein aufgrund der Tatsache komplex, dass eine Vielzahl von Teilaspekten zu berücksichtigen sind, deren Zusammenwirken häufig weder zu erkennen noch vorauszusagen ist. Hier hilft in der Regel nur das Reden und Verhandeln, aber auch Ausprobieren, manchmal die schwierigsten von allen Voraussetzungen.

Laufbahnplanung erfolgt immer in sozialen Systemen. Deshalb greifen mitunter auch keine einfachen Patentrezepte auf dem Wege zum beruflichen Wunschziel.

Hierzu ein Beispiel. Es wird mir kaum gelingen, alle möglichen Bedingungen und deren wechselseitige Einflüsse zu erfassen, wenn mein Plan auf zehn Jahre angelegt ist und sämtliche Stufen vom Berufseinstieg bis zum Erreichen eines Vorstandspostens in einem größeren Unternehmen umfasst.

Hier handelt es sich um ein hochgradig komplexes Ziel – nach normalen Maßstäben unmöglich zu kontrollieren – wenn auch nicht unbedingt kompliziert, sondern gedanklich relativ leicht fassbar: Ich kann mir ständig über jeden einzelnen Teilschritt genauestens klar werden und festlegen, was ich dazu benötige, um Schritt für Schritt weiterzukommen. Allerdings ist dieser Gesamtplan immer noch un-überschaubar in seiner Vielfalt wie den beteiligten Einflussfaktoren, in einem Wort komplex.

Die Frage ist dann unterwegs, ob ich den Mund nicht zu voll genommen habe, wie viel ich davon tatsächlich verwirklichen werde und ob ich (teilweise) auch wieder loslassen kann, wenn ich berücksichtige, dass die Kontrolle, zumindest über einen Teil meines Plans eigentlich in den Händen anderer liegt. Manchmal spielt ja auch der Faktor Glück eine gewisse Rolle; und da reden wir noch nicht darüber, dass jemand im Laufe von zehn Jahren seine Einstellungen auch ziemlich grundsätzlich ändern kann: Machbarkeitswahn bedeutet, dass man aussichtslos versucht, alles Erdenkliche zu kontrollieren, das sich letztlich dem direkten persönlichen Einfluss entzieht.

Es geht hier ausschließlich um die als „unauflöslich" erlebte Fixierung auf einmal im Leben gefasste Ziele, die vielleicht längst ihre Berechtigung verloren haben! Gibt es also in Ihrem Berufsleben mindestens einen „Plan B" zum selben oder einem alternativen Ziel – und ab wann lösen Sie sich von einmal festgelegten Zielen und Plänen, die Sie nicht mehr weiterbringen?

Ist es aber wirklich unmöglich, solche komplexen Ziele zu erreichen? Nichts ist letztlich unmöglich, und es lässt sich auch nicht bestreiten, dass es Ausnahmen von der beschriebenen Regel gibt: Ungeheuer klare, durchsetzungsstarke und determinierte Menschen, die von außen nach ganz innen oder von unten nach ganz oben gelangten. Hier hält z. B. die amerikanische Gesellschaft genügend leuchtende Beispiele bereit, welche die eben aufgestellte Behauptung Lügen zu strafen scheinen. Vom Tellerwäscher zum steinreichen Unternehmer oder vom Lehrling zum Vorstandsvorsitzenden eines Weltkonzerns. Nur sagen diese Beispiele noch nichts über die konsequente, systematische und disziplinierte Bewältigung von Teilzielen aus, und auch nichts über den Einfluss von Netzwerken. Wie haben die das erreicht: Zufall? Vielleicht hatte man hier ja auch nicht von Anfang an den ganz großen Plan vor Augen, sondern den Willen zur Veränderung mit einem guten Blick auf Chancen, die durch konsequente Detailplanung dann verwirklicht wurden.

Menschen denken und handeln die ganze Zeit über – folglich läuft mein Laufbahnplan da ins Leere, wo ich starr versuche, dem Fluss des Alltags (m)eine bestimmte, endgültig festgelegte Richtung zu geben! „Catching Waterfalls" – einen Wasserfall einfangen, sagt man ebenfalls in Amerika dazu. Es bedarf also nicht allein einer klaren Planung, sondern auch Spielräumen und „Pufferzonen", um zu gegebener Zeit die Weichen neu zu stellen: Flexibilität, Anpassungsfähigkeit, Verhandlungsbereitschaft, um nur einige Verhaltensaspekte zu nennen.

Halten wir fest: Schlank soll er sein, auf den einzelnen Stufen jeweils logisch gegliedert und leicht zu kontrollieren – Ihr Laufbahnplan, dann haben Sie eine faire Chance, ihn zu verwirklichen! Kein Zufall mehr!

Komplexität oder Vielschichtigkeit wirft die Frage auf, ob eine Aufgabe überhaupt lösbar ist. Komplex sind die Dinge dann, wenn sie wenig fassbar, kaum zu bewältigen erscheinen. Schwierig – verwickelt – kompliziert – oder komplex, wie sieht es mit Ihrem Laufbahnplan aus – gehört der in die Menge aller lösbaren Probleme?

Die Kunst bei der Laufbahnplanung besteht darin, nach Bedarf Komplexität zu erlauben oder zu reduzieren: Ein fantasievolles Mindmap erfasst im Idealfall eine Vielzahl an Bedingungen zusammen mit Ihren Relationen. Diese Komplexität zuzulassen bedeutet, ein realistisches Gesamtbild auf einen Blick zu „konstruieren", um mit den Optionen spielen zu können.

Wir können einfach nicht auf Komplexität verzichten, wenn es darum geht lebensnahe, d. h. realistische Entwicklungsbedingungen im menschlichen Zusammenleben zu erzielen. Gleichzeitig sind wir aber gezwungen, diese Komplexität wenigstens vorübergehend zu reduzieren, damit wir überhaupt eine Chance haben, **mit klarem Blick** auch **konkrete Maßnahmen** zu ergreifen.

Unsicherheit aber werden wir ertragen müssen. Weil niemand wirklich in die Zukunft sehen kann, und weil wir letztlich nicht wissen, wie wir selbst mit den Veränderungen zurechtkommen werden. Alles andere wäre platt, und ein stumpfes Abbild der Wirklichkeit, unter Verzicht auf wesentliche menschliche Möglichkeiten, langweilig und kaum erstrebenswert.

Als Menschen sind wir auf unsere sehr enge Wahrnehmungs- und Handlungsfähigkeit beschränkt: Der Mensch ist lediglich in der Lage, einen verschwindend kleinen Ausschnitt der ihn umgebenden Welt mit seinen Sinnesorganen zu erfassen – und einen noch viel kleineren Ausschnitt davon überhaupt zu verarbeiten. Gleichzeitig sind nur sehr wenige Menschen in der Lage, mehrere voneinander getrennte und herausfordernde Tätigkeiten zur selben Zeit auszuführen: das so genannte „Multitasking". Angeblich waren Napoleon und Hitler dazu in der Lage, zur selben Zeit Schach zu spielen, einen Brief zu schreiben, ein Entscheidungsgespräch zu führen und noch ein paar Dinge mehr.

Wir Übrigen sollten uns stattdessen darauf konzentrieren, eine wichtige Angelegenheit konzentriert und mit allen Sinnen geschärft auszuführen, damit wir auch an einer bestimmten Stelle zu möglichst fehlerfreien Ergebnissen kommen. Die aktuelle Diskussion darüber, ob eher Frauen oder Männer zum Multitasking in der Lage wären, geht glatt am Thema vorbei: Die Verarbeitung des Hirns gestattet keine endlose Parallelverarbeitung. Wenn das schon für den Speicherchip des Computers gilt, dann mindestens ebenso für das menschliche Gehirn, das immerhin qualitativ wesentlich leistungsfähiger ist als jeder Hochleistungsrechner.

Nach neueren Erkenntnissen geht es beim „Multitasking" auch nicht wirklich um eine parallele Verarbeitung: Vielmehr springen sowohl der Mensch als auch der Computer innerhalb von Millisekunden von einem Thema zum anderen und wechseln in dieser Zeit rasant die Energie in Richtung der Aufmerksamkeit. Das wirkt nach außen wie ein paralleler Ablauf, ist es bei näherer Betrachtung aber keineswegs. Übersetzt bedeutet dies, mit jedem Wechsel auf ein neues Thema ziehe ich meine geistige Energie aus einem anderen Bereich ab, und sei es noch so kurzfristig. Wie zum Beispiel im Moment eines unvorbereiteten Aufpralls beim Autofahren (SMS am Steuer).

Halten wir fest, dass viele von uns nicht einmal in der Lage sind, eine knifflige Mathematikaufgabe zu lösen und gleichzeitig konzentriert ein Telefongespräch zu führen. Dass wir manches davon trotzdem sogar im Auto machen, hat in der letzten Zeit bekanntlich zu einer Reihe schwerer Unfälle geführt.

Zurück zu unserem Ausgangspunkt. Laufbahnpläne sind in der Regel komplex. Die Ungewissheit in Verbindung mit dem Risiko macht unsicher. Hinzukommt die relativ geringe Verarbeitungsmöglichkeit im Vergleich zur Größe der Aufgabe. Das ist nicht nur völlig normal, sondern ganz einfach unvermeidbar. Zunächst einmal empfinden wir unvermeidlich Gefühle von Zweifel und Unsicherheit angesichts der Tragweite dessen, was wir uns beruflich vornehmen. Unsicherheit lässt sich nicht totschlagen, sie kommt buchstäblich immer wieder hoch wie ein Korken unter Wasser. Sie gehört zum Leben dazu, wenn ich etwas riskiere.

Ganz ohne Risiko geht es aber nicht, es sei denn, man wollte in seinem Sessel sitzen bleiben.

## 2.2  Unsicherheit ist ein Alarmsignal

Übrigens ist Unsicherheit auch ein gutes Alarmsignal: Sie erdet mich und vermittelt mir unterschwellig wichtige Hinweise darauf, dass noch nicht alles zur Zufriedenheit geregelt ist, dass irgendetwas nicht stimmt. Sie ist die unmittelbare Aufforderung dazu, sich noch einmal sehr intensiv mit der Sache zu beschäftigen!

Bitte nehmen Sie diese Signale Ihres Unbewussten ernst, bürsten Sie nicht aus Zweckrationalismus darüber hinweg!

Wenn Sie aber doch schon alles hin und her überlegt haben, schriftlich geprüft und mit anderen kompetenten Gesprächspartnern gecheckt haben; wenn Ihre Ressourcen offensichtlich und für Ihren Mentor nachvollziehbar vorhanden sind, – dann sollten Sie zumindest einen ersten Schritt in Richtung Ihres Zieles wagen.

Schade nur, wenn Sie aufgrund Ihrer Unsicherheit vorschnell zum Rückzug blasen und damit die Aussichten auf eine befriedigendere berufliche Laufbahn verwerfen. Wie gehen Sie aber erfolgreich mit Ihrer Angst vor der eigenen Courage um?

## 2.3  Wege zu einer gestärkten Handlungsfähigkeit

Was können Sie tun, um die eigene Handlungsfähigkeit zu stärken?
- Eine Entspannungstechnik anwenden und/oder meditieren
- Einen hochfliegenden Plan in möglichst viele kleine Teilschritte aufteilen
- Jede Information, Idee und Erkenntnis schriftlich fassen
- Komplexität erhöhen: Fantasiespiele motivieren!
- Komplexität reduzieren: „Keep it simple."
- Ziele möglichst detailliert und umfassend formulieren – schriftlich!
- Andere beobachten, die Erfahrungen haben oder etwas besonders gut können
- Einfach anfangen! Grübeln allein bringt Sie nicht weiter.
- Anhalten und sich umsehen
- Sich selbst regelmäßig belohnen
- Ordnung, Systematik und ein gut ausgeprägtes Zeitmanagement einführen: die Säulen der Zielorientierung.
- Unbedingt einen Wegbegleiter suchen!

- **Eine Entspannungstechnik anwenden und/oder meditieren**
Vielleicht liegt es Ihnen nahe, zu meditieren, vielleicht ist Ihnen das zu vage und Sie arbeiten lieber mit ihrem eigenen Körper als Medium der Veränderung. Dann käme eher Autogenes Training für Sie in Frage. Was auch immer: Die Wissenschaft sagt uns, dass sich im entspannten Zustand ähnliche Prozesse abspielen wie im Tiefschlaf. Und ähnlich ausgeruht, kreativ und voller Energie fühlt man sich erfahrungsgemäß im Anschluss daran. Allerdings zugegeben, das ist gewöhnungsbedürftig und erfordert anfangs Training, um zum Experten für die eigene Entspannung zu werden: Schalter an, Schalter aus!

Veränderung macht Spaß! Das Erlebnis persönlicher Kompetenz birgt Euphorie. Es ist schon so mit den „Moments of Excellence": Wenn es mir gelingt, mich an die wirklich erfolgreichen Augenblicke meines Lebens möglichst genau zu erinnern, entsteht ein Glücksgefühl: Ich fange an zu schmunzeln, strahle vielleicht über das ganze Gesicht – Endorphine, die berühmten Glückshormone, werden frei, es geht mir richtig gut. Und in diesem Zustand bin ich nicht nur äußerst wirksam, auch meine Erwartungsangst löst sich urplötzlich in Luft auf.

Das Ergebnis ist kein Realitätsverlust, sondern eine sehr scharfe Waffe, die wichtigsten eigenen Absichten zu schützen.

Die beste Voraussetzung, sich mit ruhiger Belastbarkeit auch an größte persönliche Herausforderungen zu begeben, liegt gerade darin, Heerscharen erfolgreich bewältigter Anforderungen in der Vergangenheit um sich zu versammeln, und seien diese noch so geringfügig. Ich kann es nicht oft genug betonen: Ein wertschätzendes Verhältnis zur eigenen Person und allem, was dazugehört, ist die wichtigste Voraussetzung für den künftigen Erfolg. Man frage einen Boxer, einen Zehnkämpfer, einen Bergsteiger und sicher auch Herrn Pröve, den Indienfahrer.

- **Einen hochfliegenden Plan in möglichst viele kleine Teilschritte aufteilen.**
Das haben sogar schon Philosophen im Altertum erkannt: Ein auf den ersten Blick unüberwindliches „Problem", eine Aufgabe oder wie wir sagen würden „Ziel", wird bei kluger Bearbeitung in viele kleine und damit leicht zu bewältigende Chips zerhackt.

Ein unverzichtbares Instrument für den Erfolg: Setzen Sie Ihre Ziele realisierbar an, dann haben Sie auch eine bessere Chance, zwischendurch die Richtung zu ändern, und das ohne allzu viele Verluste!

- **Jede Information, Idee und Erkenntnis schriftlich fassen**
Das Leben ist flüchtig. Und so auch die Merkfähigkeit. Das haben wir bereits erörtert. An dieser Stelle bedeutet das „aus den Augen aus dem Sinn", dass ich mich gerade mit zunehmender Komplexität der Erfahrungen kaum noch an einzelne Details erinnern kann, die sich erst vor kurzem ereignet haben mögen. Gerade die könnten aber von entscheidender Bedeutung sein, wenn es z.B. um eine Intuition geht. Ich habe den flüchtigen Eindruck, dass etwas nicht ganz stimmt, und ignoriere diesen Eindruck. Es wird mir kaum gelingen, an den Punkt einer solchen, völlig scharfen Gestimmtheit mit klarem Kopf zurückzukehren, wenn ich mir nicht zumindest eine kurze Notiz gemacht habe. Das Gleiche passiert, wenn man aus einem Traum aufwacht und nicht noch im Halbschlaf kurz markiert, was sich da abgespielt hat. Alles, wirklich alles sollte daher bei der Laufbahnplanung „verschriftlicht" werden.

- **Komplexität erhöhen: Fantasiespiele motivieren!**
Zu Beginn der Planungen ist es sinnvoll, sich einen möglichst umfassenden Überblick zu verschaffen. Nach der Methode des Mindmappings von Tony Buzan lässt sich mit wenigen Stichworten und den dazugehörigen Verbindungen auf einen Blick der Gesamtplan fassen.

Im ersten Schritt sammeln wir alles, was uns zu einem bestimmten Oberbegriff in den Sinn kommt. Voraussetzung dafür ist zunächst eine entspannte Grundhaltung, die es unserer Kreativität erlaubt, sich frei zu entfalten; dazu benötigen wir nichts weiter als Papier und Stifte, um das Ergebnis unserer Fantasiearbeit festzuhalten. Im nächsten Schritt gilt es, die Erkenntnisse nach Gemeinsamkeiten zu sortieren, unterschiedliche Gruppen zu bilden. Schließlich lassen sich einzelne, hierarchisch gegliederte Unterpunkte getrennt weiter ausformulieren. Somit kommen wir immer weiter in unserem Gedankenprozess vom Allgemeinen zum Besonderen.

Denken Sie daran, entscheidend ist auch hier die Reihenfolge **beobachten –beschreiben – bewerten**, damit die Fakten klar getrennt werden können von Wünschen und inneren Einstellungen.

Diese Kreativitätstechnik hat sich seit Anfang der 80er Jahre unaufhaltsam verbreitet und gehört heute fast zum Standardrepertoire jedes Zielplanungsprozesses.

Darüber hinaus gibt es dazu gegenwärtig leicht bedienbare Computersoftware, mit deren Hilfe man auch sehr komplexe Gedankengänge oder Fantasiegebilde spielerisch darstellen und sogar hilfreiche Symbole und Ikons in den Plan einbinden kann, mit einem Mausklick sozusagen (http://www.zmija.de/mindmap.htm).
Insgesamt handelt es sich um ein technisches Hilfsmittel, das die Arbeit mit der eigenen Kreativität genauso erleichtert, wie eine Schreibsoftware jemandem bei der Arbeit am Computer hilft, der sich im Umgang mit der Tastatur noch nicht so wendig fühlt.

- **Komplexität reduzieren: „Keep it simple!"**
Wenn der grobe Gesamtplan erst einmal steht, kann es sein, dass wir vor lauter Wald die Bäume nicht mehr sehen. Jetzt müssen wir wieder auf die Ebene einzelner Details herunterkommen, um nicht nur konkrete Teilschritte zu definieren, sondern auch Prioritäten zu setzen: Was ist am wichtigsten, was folgt dann und in welcher Reihenfolge wollen wir vorgehen? Dazu gehört auch die Bestimmung von Fristen. In welchem Zeitrahmen ist eine bestimmte Teilaufgabe zu erledigen, wie lange darf oder wird voraussichtlich ein solcher Teilschritt dauern?

Selbstverständlich braucht das Zeit und wird sich nicht in einem Durchgang erledigen lassen. Gerade der Wechsel zwischen verschiedenen geistigen Aufgaben – von der Fantasie über die grobe Planung, Festlegung von Details, bis hin zu Informationssammlung, Recherche usw. erfordert jeweils einen Wechsel der geistigen Arbeitsebene: Distanz und Nähe. Je näher ich am Thema bin, desto mehr verliere ich den Gesamtüberblick aus den Augen. Ich weiß nicht mehr, in welche Richtung ich laufe. Dazu muss sich erst auf eine höhere Ebene der Betrachtung wechseln. Umgekehrt verhindert der Panoramablick aus der Vogelperspektive den Bezug auf die kleinen Details. Bitte haben Sie hier Geduld mit sich selbst.

Auch mir geht es beim Schreiben dieses Buchens nicht anders: Beim Formulieren der Einzelheiten kann ich keine Schreibfehler, Widersprüche oder logischen Stilbrüche erkennen; dazu muss ich erst auf die höhere Ebene der Betrachtung wechseln – das gelingt manchmal erst geraume Zeit später, nachdem ich schon wieder vollständig andere Aufgaben bearbeitet oder geschlafen habe. Am besten gelingt mir das allerdings, wenn dann der Text vollständig geschrieben und ausgedruckt vor mir auf dem Tisch liegt. Umgekehrt habe ich von der Überblicks-Ebene aus gesehen die Richtungen und die Verzweigungen im Blick, auch einzelne Fehler stechen sofort hervor; gleichzeitig der Fantasie freien Lauf zu lassen oder konzentriert einzelne Bausteine auszuformulieren, fällt mir dabei jedoch äußerst schwer.

- **Ziele möglichst detailliert und umfassend formulieren – schriftlich!**
Ziele unterscheiden sich grundsätzlich danach, wie konkret sie formuliert sind. Es gibt Richtziele („Ich werde eine erfüllendere berufliche Tätigkeit ergreifen."), aber auch Grob-

ziele („In der kommenden Woche werde ich mit der Internetrecherche beginnen.") und Feinziele („Morgen früh um 8 Uhr werde ich am Schreibtisch sitzen!"). Die Richtziele kann ich nicht messen, manchmal kaum genau erkennen. Häufig geht es um Wunschdenken, das nicht weiter ausformuliert wird. Die Feinziele dagegen werfen immer die Frage auf, wozu, wofür. Wenn ich mich in Feinzielen verliere, geht eventuell auch der Sinn verloren. Grobe Ziele sind vage und unbestimmt, schwer greifbar – der Fortschritt bleibt dem Zufall überlassen. Letztlich benötige ich beides abwechselnd, um mich systematisch vorwärts zu bewegen.

Von einem bestimmten Ziel aus gesehen, kann ich je nach Bedarf sowohl ein höheres Ziel (Grobziel) oder einen feineres Ziel (Detailausschnitt) angehen.
Wenn ich einen Teil meiner ursprünglichen Ziele bereits erreicht habe, bietet sich an, ein höheres Ziel anzupeilen; umgekehrt kann ich ein bestimmtes Ziel nur dann verwirklichen, wenn ich detaillierter werde, d. h. auf ein differenzierteres Niveau hinabsteige.

Das alles ist wie immer schriftlich als „Backup" zu fixieren, damit es mir nicht mehr verloren gehen kann. Dann kann ich aber auch befriedigt am Tagesende auf meine Leistungen zurückblicken, und das beruhigt ungemein.

- **Andere beobachten, die Erfahrungen haben oder etwas besonders gut können**
Es liegt auf der Hand, dass es Menschen gibt, die bereits weiter sind, sich bereits auf den Weg gemacht haben, vielleicht sogar schon einmal angekommen sind. Solche Modelle aufzuspüren, könnte für Sie von großem Interesse sein. Wir berühren hier sicher den Aspekt des Networkings, der im Kapitel 3 noch ausgeführt wird. Im Grunde genommen reden wir jedoch von etwas, das wir auch Modeling nennen: die Eigenschaft nämlich, Verhaltensweisen gezielt und systematisch in Richtung eines wünschenswerten Zielzustandes zu formen. Dazu brauchen wir klare Vorstellungen davon, was uns fehlt und was wir benötigen werden. Gleichzeitig brauchen wir das Rad nicht neu zu erfinden. Wir können stattdessen jemanden beobachten oder uns von dieser Person darüber instruieren lassen, wie sie das macht, was sie bisher so erfolgreich gemacht hat. Normalerweise ist jemand nicht nur sehr gerne bereit, Sie an seinem Wissen teilhaben zu lassen, zumal es durchaus als schmeichelhaft empfunden wird, auf den Sockel eines erfolgreichen Vorbildes gehoben zu werden. Gleichzeitig hilft das auch dieser Person möglicherweise, das eigene Vorgehen zu überdenken, um noch besser zu werden. Ein Geben und Nehmen in einer funktionierenden Lernpartnerschaft.

Außerdem stellt diese Situation eine ausgezeichnete Gelegenheit dar, bei sorgfältiger Vorbereitung und Recherche, einen erfahrenen Mentor zu finden, der bereit ist, Sie als Lotse über einige Untiefen hinweg zu begleiten.

Dazu nur ein Beispiel: Diese Aufgabe lässt sich erfolgreich über eine gezielte Suchstrategie in einem der existierenden Kontaktnetze wie zum Beispiel Xing angehen.

- **Einfach anfangen! Grübeln allein bringt Sie nicht weiter.**
Nichts gegen ein tiefes gedankliches Erfassen Ihres Laufbahnplans. Das Tun allein jedoch schafft erst die nötigen Erfahrungen, und natürlich schafft es auch Befriedigung. Die inneren Kräfte werden frei, die Sie am Schreibtisch niemals erleben werden.

Gleiches gilt für das Gespräch: Sie werden feststellen, dass sich Ihr Blick schärft für Besonderheiten, die Sie bis dahin nicht erkannt haben; zugleich löst sich die unvermeidliche Befangenheit am Beginn der Laufbahnplanung auf, Sie erhalten deutlichere Hinweise darauf, ob Sie richtig liegen oder nicht.

- **Anhalten und sich umsehen**

Nehmen Sie sich regelmäßig und ausreichend Zeit, auf die bereits erzielten Ergebnisse zurückzublicken. Sie können zufrieden sein, vielleicht wollen Sie korrigierend eingreifen, anpassen, ausgleichen. Je kürzer diese Schritte gefasst sind, desto leichter lassen sich Korrekturen vornehmen. Auch das ist ein Mittel, die Nerven zu beruhigen, um danach noch wirksamer weiterzugehen. Schauen Sie sich ruhig um, genießen Sie Ihren Erfolg, auch kleine Fortschritte zu erzielen. Schreiben Sie sich Kritikpunkte auf, aber stehen Sie dazu, dass grundsätzlich gut und richtig ist, was Sie sich vorgenommen haben.

- **Sich selbst regelmäßig belohnen**

An diesem Punkt angekommen, können Sie befriedigt am Ende des Tages auf Ihre Leistungen zurückzublicken, und das beruhigt! Womit Sie sich dann belohnen, bleibt Ihnen überlassen: Ob Sie in die Sauna gehen, sich mit einem guten Essen verwöhnen oder mit Freunden ins Theater gehen – oder einfach nur eine schöne Musik hören, eine Runde mit dem Fahrrad fahren – es ist egal. Es geht einzig und allein darum, dass Sie loslassen, anstatt sich zu verbeißen, wertschätzend Ihre Anstrengungen abspeichern. Allerdings sollten Sie nicht immer das Gleiche tun, der Effekt würde verblassen; ansonsten sind Ihrer Kreativität auch darin keine Grenzen gesetzt.

- Sorry, Kreativität ist leider nur die halbe Wahrheit: **Ordnung, Systematik und ein gut ausgeprägtes Zeitmanagement** verleihen die nötige Sicherheit auch in den größten Stürmen, die Ihnen auf dem Weg begegnen können. Wenn Sie wissen und mit Zufriedenheit darauf zurückblicken können, dass Sie alles (halbwegs) gut geregelt haben, entspannt Sie das. Tun Sie alles, was normalerweise mit einem gut formulierten Plan, sauber geregelten Abläufen, gut organisierten Ablagen usw. verbunden ist. Manchmal hilft hier schon ein kurzes Training an der Volkshochschule, das vielleicht auch noch einige dringend benötigte Computerkenntnisse umfasst, die Sie sich schon immer aneignen wollten. „Ein Griff, und die Sucherei beginnt", so kann das einfach nicht funktionieren. Denn das würde Ihre Komplexität unnötig erhöhen, Sie würden sich in Ihren eigenen Chaos-Netzen verstricken.

- **Wegbegleiter suchen**

Auch hier zeigt sich wieder, wie wichtig es ist, Nähe zu anderen – vielleicht sogar Gleichgesinnten – zu suchen. Aus psychologischen Experimenten ist bekannt, dass Neulinge vor einem Fallschirmsprung ihre Angst am besten durch die Nähe zu anderen Menschen beherrschen können, insbesondere solchen, die sich in derselben angstvollen Situation befinden. Nicht der versierte Profi mit den 1.000 erfolgreich absolvierten Sprüngen, sondern der ganz unsichere Anfänger wirkt beruhigend. Denn ich kann mich besser mit diesem vergleichen. Andererseits hilft einem natürlich ein erfahrener Mentor als Wegbegleiter möglicherweise am Boden noch mehr, solange man nicht sozusagen im eigenen Adrenalinpegel „ersäuft". Dabei geht es um geistige Erkenntnisse, Handlungsoptionen, Erfahrungen auch mit schwierigen Entscheidungen.

Halten wir jedoch fest: Die Nähe anderer Menschen allein hilft, und sei es durch die zärtliche Berührung eines mitfühlenden Ehepartners.

Fassen wir zusammen: Wenn Sie so sicher und entspannt sind, dass Sie sich vor einem herannahenden Fahrzeug nicht mehr in Sicherheit bringen können, dann haben Sie wirklich ein Problem. Unsicherheit ist normal, naturgegeben und unvermeidlich. Sie bringt zum Ausdruck, dass wir uns auf riskantem Gelände bewegen. Und das ist natürlich gut so, wer wollte darauf verzichten! Wir können also aus guten Gründen die Unsicherheit auch nicht komplett abschaffen: Damit würden wir uns eventuell erst richtig schädigen. Die Unsicherheit kann andererseits sehr hinderlich sein, wenn wir ein bestimmtes Ziel erreichen wollen. Es geht also letztlich vor allem darum, die Unsicherheit zu kontrollieren, um nicht von ihr kontrolliert zu werden. Das setzt voraus, sich ihrer bewusst zu sein, um sie als ein wichtiges Warnsystem zu nutzen; gleichzeitig sollten Sie aber versuchen, sich gezielt in eine Verfassung zu versetzen, die es Ihnen erlaubt, trotzdem weiter handlungsfähig zu sein. Im Übrigen steigt mit jedem erfolgreichen Versuch voraussichtlich Ihr Selbstvertrauen beim nächsten Mal. Auch das: eine selbsterfüllende Prophezeihung!

Self-Management ist also verdammt harte Arbeit, wenn man es genau nimmt – man muss es aber kaum merken!

## 3.  Exkurs: Networking
*Gastbeitrag von Andreas Heuberger*

*„Wer sich sinnvoll vernetzt, gewinnt."*
(Andreas Heuberger)

### 3.1  Was ist Networking?

Aus der überbordenden Anzahl heute vorhandener Networking-Definitionen seien zunächst nachfolgend einige exemplarisch genannt:
*   Uwe Scheler, deutscher Autor zum Thema: Networking meint das systematische und strategische Vorgehen, das im Knüpfen und Erhalten von menschlichen Beziehungen besteht.
*   Michelle Tullier, eine französische Entsprechung dazu: Netzwerken ist ein Prozess der Pflege und Aufrechterhaltung von Beziehungen, durch die ein gegenseitiger Austausch von Informationen, Rat und Unterstützung die persönliche Entwicklung, den Erfolg und das Glück der Beteiligten fördert.
*   Harvey McKay, ein amerikanischer Networking-Autor: Ein Netzwerk stellt einen Weg dar, eine Möglichkeit, zeit- und weg-sparend von Punkt A nach B zu kommen.
*   Ivan Misner, Gründer des internationalen Empfehlungs-/Clubnetzwerks BNI, aus Kalifornien: Einem gut organisierten Netzwerk anzugehören, ist wie wenn Dutzende Verkäufer potenzielle Kunden direkt zu Ihnen als Netzwerker schicken!
*   Fredmund Malik, ein renommierter Managementberater, der im schweizerischen St. Gallen lehrt, sagt dazu – inhaltlich erweitert: Was macht Manager wertvoll? Was ist ihr

Kapital? Im Grunde nur zwei Dinge: die Erfahrungen, die man akkumuliert, und die Beziehungen, die man im Laufe des Lebens knüpft.

- Ein namenloser Praktiker, aus seiner Erfahrung: Ein Beziehungsnetz ist eine organisierte Sammlung Ihrer persönlichen Freunde und Bekannten und deren Kontakte. Beziehungspflege heißt festzustellen, wen Sie brauchen, um das zu bekommen, was Sie benötigen, und: anderen auf die gleiche Weise zu helfen.

Networking heute baut zwar auf uralten Erfahrungen auf, ist aber für eine erfolgreiche Erkenntnis und Durchführung jetzt grundlegend neu zu denken, neu zu formen. Das scheuere, zurückhaltendere, teilweise verklemmtere Networking in Deutschland wird „amerikanischer", international gesehen „normaler".

Ein massives „deutsches Doppel-Missverständnis" lautet: Wenn ein Deutscher höflich ist, lügt er; frei nach Goethe. Und: Ehrlichkeit muss weh tun; frei nach Nietzsche. Das eben Gesagte mag in Teilen auf einer theoretisch-philosophischen Ebene stimmen, ist aber für das Alltagsleben unbrauchbar, ja in der Masse regelrecht verheerend.

Der Alltag ist kein herrschaftsfreier, eierköpfiger philosophischer Diskurs, keine hochgeistig-wissenschaftliche Auseinandersetzung, nicht Beziehungs-streiten, sondern in erster Linie Beziehungs-pflege; oder eher gärtnern statt fechten!

Und noch ein – in Deutschland besonders verbreitetes – Missverständnis: Networking ist eben kein Ersatz für Ihren Vertrieb oder Ihr Marketing, sondern eine wichtige Ergänzung dazu. Um die Sachkenntnis und die methodische Passgenauigkeit Ihrer Leistungen kommen Sie nicht herum. Aber Ihr Weg zum potentiellen Kunden bzw. zum Vertragsabschluss wird deutlich angemessener und wirksamer. Netzwerken katalysiert, verdichtet, kanalisiert den Weg dazwischen, baut dazu kleinere, planbare Zwischenstufen ein und zeigt insgesamt eine angepasst gangbare Route an, die zum Ziel führt.

Netzwerken
- verschafft einen Informationsvorsprung – zeitlich/sachlich – gegenüber potentiellen Wettbewerbern, Insiderwissen aller Art;
- ermöglicht Partnerschaften/Kooperationen;
- schafft „Präsentationsmöglichkeiten": Referate, günstigere, bevorzugte Auftritte, sogar Presseberichte;
- schafft ein gewisses Vor-Vertrauen/Zutrauen, welches im Laufe der Zeit bestätigt werden muss/gibt einen Vertrauensvorschuss gegenüber möglichen (allen, anderen) Beteiligten am Markt;
- ist die Vermeidung von Roulette-Spiel, d.h. von Ja-Neins bei Anfragen, im Kontaktierungsprozess insgesamt.

Ivan Misner ergänzt, an anderer Stelle: Netzwerken ist weder Netz-sitzen noch Netz-essen, sondern Netz-werken. Und seine persönliche Erfahrung in dem von ihm gegründeten Empfehlungs-Club: Mit jedem Jahr der Mitgliedschaft in einem gut organisierten Netzwerk verdoppelt sich die Wahrscheinlichkeit, aktiv empfohlen zu werden.

Networking bedeutet nicht nur Austausch von Kontakten, sondern eine Perspektive, eine Dimension mehr, wenn man so möchte. Es geht nicht nur um ein Hin- und Her-Empfehlen, sondern auch um eine Einordnung des eigenen Prozesses und damit indirekt der eigenen Zielsetzung. Der gute Netzwerker fragt, selbst nach einer Empfehlung gefragt, sinnvoller-weise nach dem wofür, nach der eigentlichen Intention zurück, warum das? Meist kann der potentielle Kontaktgeber nicht nur Tipps zur korrekten, passenden Kontaktaufnahme selbst geben, sondern oft auch die angedachte Kontaktierung effektiv auf eine andere Person lenken, vervielfachen, so verändern, dass es für die Zielerreichung des Kontaktnehmers effizienter wird. Mit einem Satz: Networking ist ein Prozess der gegenseitigen (!) Ziel- und sonstigen persönlich-geschäftlichen Präzisierung und „Läuterung", bis hin zur gegenseiti-gen sozialen Kontrolle.

Ja, Netzwerken ist ein regelrechtes Kontrollsystem. Wenn es richtig angelegt ist, d. h. wenn die Teilnehmer / Mitglieder untereinander ausreichend ehrlich und glaubhaft mitmachen, sich der Verantwortung dabei füreinander bewusst sind und sich um entsprechendes Han-deln bemühen, dann ist es für den Einzelnen darin, für das Netzwerk insgesamt und letzt-lich auch für die Gesamtgesellschaft zugleich ein Gewinn.

(US-)Amerikaner sprechen beim Networking auch gern von einem **„support system"**, einem Unterstützungssystem. Networking ist danach ein „System" von Menschen um Sie herum, die Sie – direkt und indirekt, Letzteres immer deutlich mehr und gleichzeitig weniger sichtbar – nicht nur für eine konkrete Zielsetzung unterstützen, sondern insgesamt in Ihren Lebenszielen. Networking macht das ganze Leben der Praktizierenden sinnvoller und schö-ner: Wer sich sinnvoll vernetzt, ist nicht nur erfolgreicher, sondern – so haben US-Forscher neuerdings wissenschaftlich bestätigt gefunden – auch noch glücklicher dazu!

### 3.2  Jobs via Netzwerke

Mittlerweile fast offiziell gelten als gängige Karriere-Erfolgskriterien in der westlichen Welt:
*   10 Prozent (Fach)Wissen
*   30 Prozent Selbstdarstellung/Methodiken
*   60 Prozent Beziehungen.

Eine offizielle, ministerielle Hochschulstudie (die HIS/BMBF-Studie von 2004), besagt, dass 56 Prozent der Hochschul-Absolventen in Deutschland Ihren ersten Job durch Kon-takte erhalten. Aus anderen Quellen wissen wir, PISA-OECD u.a., dass nur 8 Prozent der deutschen Studenten aus Arbeiterfamilien kommen. Und nur 3 Prozent der Top-Manager kommen aus diesem Umfeld.

Und weiter: In unserer zunehmend globalisierten Arbeitswelt hat der durchschnittliche Beschäftigte bereits heute im Laufe seines Lebens sieben Arbeitgeber (auch in mehreren Branchen), wobei die Variationsbreite je nach Branche natürlich relativ hoch ist.

Es ist dabei keineswegs von vornherein anrüchig, wenn Bewerber vom bereits bekannten Umfeld empfohlen werden. In einigen Betrieben werden Prämien für solche Empfehlungen gezahlt. Der deutsche Textilproduzent Trigema (d. h. der oberschwäbische Vorzeige-Manager Wolfgang Grupp) stellt sogar bewusst und bevorzugt Verwandte, vor allem Kinder von Mitarbeitern ein, wie das früher in vielen patriarchalischen Großbetrieben verbreitet war. Neuere Studien zeigen, dass auf diese Weise empfohlene Mitarbeiter sich schneller an- und einpassen im Betrieb, konzentrierter und effektiver dabei sind und auch länger im Unternehmen bleiben als andere. D. h., unter dem Strich rechnet es sich für die Firma sogar, und für die Beteiligten rundherum sowieso: eine klassische Win-Win-Win-Situation sozusagen.

Warum ist das so? Ähnlich sozialisierte, groß und reif gewordene, gebildete, vernetzte Menschen haben potenziell auch zu einem höheren Grad ähnliche Soft Skills – emotionale Qualitäten, die im Arbeitsleben zunehmend Erfolg oder Misserfolg ausmachen; im weiteren Sinne haben sie Interessen und Einstellungen, Umgangsformen (relevant für alle „repräsentativen" Jobs) und methodische Vorgehensweisen gemeinsam (für das fachliche Zusammenspiel in Teams); das wird von den Unternehmen in hohem Maß unterstellt, und stimmt zu einem gewissen Grad auch.

## 3.3 Die Heimliche Herausforderung: Loyalität

Noch wichtiger aber als dieses eben genannte, halb-offene und halb-bewusste Einstellungskriterium ist ein meist ganz ungenanntes bzw. im Dunkeln, im Grauschleier verbleibendes Thema, das von womöglich noch entscheidenderer Bedeutung für den Betriebsablauf ist: Loyalität, oder in deutschen Teilworten (laut Lexikon): Anhänglichkeit, Treue, Bindung, Ergebenheit, Gefolgschaft. – Wer empfohlen wird, bemüht sich überdurchschnittlich, nicht nur fachlich, um eine möglichst gute, mindestens ausreichende, auf jeden Fall aber vorzeigbare Arbeit, sondern auch um ein Mindestmaß an Loyalität gegenüber seinen Vorgesetzten; allein schon, um seinen Empfehlungsgeber nicht zu enttäuschen, diesen im Unternehmen nicht zu diskreditieren.

Die „soziale Kontrolle" des Netzwerks wirkt pro-aktiv, bereits vorauseilend, bevor die Einstellung überhaupt erfolgt – und dies eben in alle Richtungen.

Erst wenn der „Stallgeruch" von entsprechendem sozialen (Herkunfts-Familien-)Umfeld – wie vielfach heute noch bei uns in höheren Positionen der Wirtschaft – oder eine direkte, konkrete Seilschaft wirkt, mit dem Ziel, eine Person an einer Stelle zu platzieren, und einen anderen dadurch aktiv verdrängt, kann und sollte man vom moralisch verwerflichen Klüngel oder rechtlich von Korruption sprechen. Oder aber, wenn das Anstellungs-Kriterium des angenehm-bequemen Nahe-/Ähnlichseins des Bewerbers gegenüber dem Kriterium von Leistungswillen und -können den Ausschlag gibt.

In allen Phasen Ihres Kontakts mit einem Unternehmen werden Signale ausgesendet. Für das besonders heikle Thema Loyalität heißt das:

Das stellengebende Unternehmen (aber auch der Lieferanten- oder Kooperationspartner-Suchende) wird indirekt den Grad der erwarteten firmenüblichen oder auch funktions-spezifischen Loyalität durchscheinen lassen. Das Problem, neudeutsch: Die Herausforderung dabei ist nicht nur die meist recht erhebliche, relative Unklarheit der korrekten Lesung, hier besser: Deutung des wirklich Gewünschten überhaupt. Nein, erschwerend kommt hinzu, dass es das Thema (fast) nicht gibt, außer in den für Datenschutz ausdrücklich fixierten Vertraulichkeitsvereinbarungen für Betriebsgeheimnisse oder als „Soll" Appell der Firmenleitung zur Identifikation der Mitarbeiter mit dem Unternehmen. Das aber ohne rechtliche Sanktionsmöglichkeiten für den Fall des Nichteinhaltens und ohne betriebs- wie volkswirtschaftlich anerkannte Kriterien dafür.

Solange ein Mitarbeiter nicht ausdrücklich erklärt, dass er nur „Dienst nach Vorschrift" macht, also grob für uns hier übersetzt: dass er nur formal loyal sein will/wird, aber im Umkehrschluss nicht den tatsächlichen Arbeitsanforderungen gemäß zu handeln beabsichtigt; wenn er sich also „nur" faktisch verweigert, ist er kaum zu belangen. In sehr vielen, wahrscheinlich in den meisten Unternehmen gibt es keine einheitliche Handhabung des Umgangs mit solchen Menschen, die innerlich gekündigt haben.

Warum ist das so – typischerweise?
- Die einfache Antwort darauf lautet: „Weil nicht sein kann, was nicht sein darf." Wenn es keine inneren Kündigungen in der Firma gibt, benötigt man auch keine Verhaltensregeln dazu.
- Die schwierigere Antwort lautet: Weil die tatsächliche Herausforderung dahinter meist komplexer ist. Fraglich ist ja auch, wie viel Loyalität überhaupt legitim (gerechtfertigt) ist und geschuldet wird, und wie diese ausgeprägt sein sollte. Gibt es prinzipiell eine für alle Beschäftigten gültige Loyalität, von der Putzfrau bis zum Vorstand?
- Und noch schwieriger: Wem gegenüber ist Loyalität geschuldet? Dem Vorstand(svorsitzenden)/dem Geschäftsführer, dem Aufsichtsrat/den Inhabern, dem jeweiligen Bereichs-, Abteilungs-, Gruppen-, Team-, Projektleiter? Und wenn ja, wie verteilt? Was ist, wenn sich faktische Loyalitätsanforderungen innerhalb des Unternehmens überschneiden, widersprechen? Mit der Bibel gesprochen: Muss ich da dem Kaiser oder Gott dienen? Bei Großunternehmen ist ein solcher Widerspruch Quasi-Standard, systemimmanent, d. h. unvermeidlich, aber auch bei anderen Unternehmensgrößen unterschwellig immer wirksam. Was mache ich dann/machen Sie als Mitarbeiter?

Dazu sei kurz noch allgemeiner zurückgefragt: Wem „gehört" die Firma überhaupt? „Nur" den Anteilseignern/Shareholdern (oder evtl. teilweise, neuerdings auch den „Stakeholdern")? Diese Loyalitätsspannung, immer mit einer Spanne zwischen dem, was die oberste Leitung erwartet – evtl. teilweise in Unternehmensleitlinien fixiert –, was die Personalabteilung als arbeitsrechtlicher Betreuer sagt (wie sieht es diesbezüglich mit dem individuellen Arbeitsvertrag aus, wie mit der kollektiven Betriebsverfassung?) und was der fachliche Vorgesetzte; nicht selten in faktischer oder sogar gewollter Wettbewerbssituation mit anderen Abteilungen? Wettbewerb meist mindestens um Aufmerksamkeit der Führung, Anerkennung, finanzielle und andere Freiheiten bzw. Abteilungs-Zuwendungen, um Zusatzstellen oder Stellenerhalt. Wer da „Falsches" nach oben kommuniziert, kann unter Umständen die Stellung des Kollegen oder gar eines ganzen Teams massiv gefährden.

Der einzelne Mitarbeiter muss, wenn er erfolgreich dabeibleiben will, die oben angedeutete, faktische Unternehmensstruktur beachten, die immer vom formalen Organigramm abweichen muss, weil die „Lücken" des Systems, jedes Systems, durch die Mitarbeiter (am besten: gutwillige) gefüllt werden müssen. Führungskräfte „committen", d. h. verpflichten sich vor deren Mitarbeitern zu bestimmten persönlichen Verfahren, Methoden, Verhaltensweisen in typischen Situationen und geben damit der eigenen Struktur erst die Sehnen zu den Knochen. Die einfachen Mitarbeiter liefern das Fleisch dazu.

Die angedeuteten Anforderungen von Loyalität zu ergründen und nach eigener Maßgabe jeweils zu erfüllen, die passende Position im (praktisch immer) nicht-offenen Loyalitätsnetzwerk zu finden, ist eine Aufgabe, der sich die meisten Menschen in ihrem Arbeitsleben nur flüchtig oder ansatzweise stellen, wenn überhaupt. Dabei könnte ein professioneller Umgang mit dem Thema, von Anfang an – noch bevor der erste Kontakt mit einem Unternehmen stattfindet – nicht nur die kurzfristige Jobchance, sondern auch die langfristigen Karrierechancen erheblich verbessern.

## 3.4 So finden Sie Ihre Position im Loyalitätsnetzwerk eines Unternehmens

**Teil 1: Situationsanalyse**
- Welche (u. a. sprachlichen oder bildhaften) Signale sagen Ihnen etwas/Brauchbares zum Thema Loyalität im Zielunternehmen?
- Können Sie „drumherum" erfragen, wie es im Unternehmen jenseits der Prospekte und Selbstdarstellungen wirklich aussieht (Hierarchie/Struktur, Führungsstil(e), Umgangsformen, Arbeitsatmosphäre)? Oder mit anderen Worten: praktisch Netzwerken! Mehr dazu im 3. Teil unten.
- Welche Loyalitätsspanne und -spannung ist daraus u. a. zu erwarten?

**Teil 2: Selbstanalyse**
- Welcher Loyalitätstyp sind Sie? Welche(r) der oben genannten Loyalitätsbegriffe trifft Sie am meisten bzw. wie viel wären Sie sonst bereit dazuzugeben, bei „guter Führung" des Unternehmens?
- Sind nach Ihrem Ermessen aller Voraussicht nach diese faktischen Anforderungen und Ihr „Input" (das, was Sie zu geben bereit sind) ausreichend „kompatibel" (gibt es eine ausreichende Übereinstimmung), so dass Sie den Schritt ins Netzwerk wagen sollten?

**Teil 3: Ihre Handlungsmöglichkeiten**
- Wenn „Nein", also im leichteren Fall: Dann ist es gut so, dass Sie dies rechtzeitig erkannt haben und von sich aus verzichten (oder höchstens spielerisch weiter mitmachen). Sie haben dann mehr Zeit, sich auf passendere Herausforderungen zu konzentrieren.
- Wenn „Ja", dann nichts wie los mit dem intensiveren, praktischen Netzwerken! Fragen (die richtigen Leute, Ihre bereits vorhandenen Kontakte) – und fragen lassen (typischerweise: Sekundärkontakte, also Kontakte Ihrer Kontakte), Testen – am besten erst in kleineren, ungefährlichen (Themen-)Bereichen, und Üben – zunächst eher auf Nebenkriegsschauplätzen.
- Welches sind die „richtigen" Leute? Die deutlich Positiven, die sichtbar Nützlichen, die Um- und Zugänglichen, oder wieder verkürzt: die echten Netzwerker im Unternehmen.

Halten Sie sich diese „warm": wie? – angemessen rück-netzwerken! Einer (oder mehrere) davon könnte ein Sparringspartner (ein „Trainingspartner" auf gleicher Ebene) oder ein **Mentor** (mit verteilten Rollen) werden, **die engste Form des persönlichen Netzwerkens**.

## 3.5 Networking im Wandel

Netzwerken im weiteren Sinne ist wahrscheinlich eine anthropologische Konstante, also immer schon da gewesen, seit es Menschen gibt, mindestens aber seit den Anfängen der menschlichen „Zivilisierung", also der Zusammenballung größerer Menschenmassen und der damit verbundenen Notwendigkeit, diesen „verdichteten" Umgang miteinander möglichst sinnvoll zu gestalten: somit wahrscheinlich seit den Dorfgründungen und den ersten Arbeitsteilungen der Jungsteinzeit.

Die letzte große Welle, die das Netzwerken globalisierte und elektronisierte, also ab etwa Mitte der 90er Jahre mit dem PC, dem Internet und dem Handy, hat dieses insgesamt stark verändert.

In Deutschland gab es vorher bezeichnenderweise den Begriff des „Multiplikatoren". Vor allem im politischen und Weiter-Bildungsbereich vorherrschend, bezeichnet er noch heute ein typologisch „zweidimensional-einseitiges" Phänomen der Wissensvermittlung, nämlich von einem Wissensgeber zu mehreren Wissensnehmern. Das entsprach der traditionellen, staatsnahen Wirklichkeit des Erwerbs von Wissen an einer vorzugsweise „oberen" Stelle, welche für schön oder wahr oder gut befunden wurde, und deren Weitergabe.

Modernes Networking ist demgegenüber ein komplizierterer Prozess der Entstehung, der Schaffung und Aneignung von Informationen, der differenzierten Diffundierung, ein vielfältiges Hineinquellen und Verfasern der Diskussion in die Gesamtnutzerschaft oder in die Gesamtbevölkerung, und wieder zurück. Nehmer und Geber sind, wenn überhaupt, zunehmend schwer auseinanderzuhalten, sondern immer mehr beides zugleich.

Moderne Netzwerk-Formen und -Strukturen machen sich zunehmend breit, zuerst vornehmlich bei neuen Dienstleistern und internationalisierten Unternehmen, und dringen mehr und mehr in alle Lebensbereiche ein: Kürzere, schnellere, prägnantere Kommunikation allgemein, partnerschaftlich(er)es Verhältnis zwischen allen Marktteilnehmern (auch der Kunde ist kein selbstherrlicher König mehr, sondern zunehmend Partner), ja zunehmend zwischen allen gesellschaftlichen Bereichen überhaupt, statt des bislang vorherrschenden Vorgesetzten-Untergebenen-Verhältnisses. Dieses moderne Networking könnte auch entscheidend dazu beitragen, wirtschaftliche Prozesse überhaupt „zugänglicher" und „transparenter" zu machen und statt dem vorherigen „Geheimwissen" durch Networking die Zivilgesellschaft insgesamt nachhaltig im ursprünglichen Wortsinn zu demokratisieren.

Solcherart modern Netzwerken zu können, ist heute bereits in manchen Bereichen – u.a. in allen vertriebsnahen Feldern – unumgänglich für eine leidlich erfolgreiche Karriere, und es ist aller Voraussicht nach schon in wenigen Jahren für nahezu alle Menschen im Arbeitsleben das entscheidende Kriterium für eine effektive (wirksame) und effizente (angemessene) Berufswahlplanung.

## 3.6  Was ist ein Netzwerk-Experte bzw. wie kann man einer werden?

Wenn eine geläufige Experten-Definition in „Gefährliche Liebschaften", von Choderlos de Laclos frei übertragen, lautet, dass ein solcher mehr „vergessen" hat, als der durchschnittliche Laie wahrscheinlich je in seinem Leben lernen wird, dann könnte man übertragen auf unser Thema auch erweitert formulieren: Erfahrungen (welcher Art auch immer) sind, sinnvollerweise, aufgrund ihrer Menge und Intensität ins Unterbewusstsein, in den Bereich der „Intuition" verlagert worden und sind hoffentlich bei Bedarf als schnelle, spontane Entscheidungen oder als „Bauchgefühl" abrufbar.

Ein Experte kennt nicht notwendigerweise alle Lösungen, das kann er gar nicht, sondern sinnvolle Methodiken, um zu einem guten Ergebnis, einer brauchbaren Lösung zu kommen. Er kann ein Problem „operationalisieren", d. h. in einzeln verarbeitbare Zwischenschritte, Bausteine zerlegen. Dies gilt selbstverständlich auch für den Netzwerk-Experten.

Ein Experte hat von einem Thema eine buchstäbliche Anschauung. Nur wer von einem Thema schon genügend Grundwissen hat, sieht überhaupt Unterschiede eines Bildes.

Ich persönlich kenne mich z. B. sehr wenig aus im Bereich Bäume-Sträucher-Blumen. Ich „sehe" daher die Unterschiede zwischen den diversen Arten nicht bzw. deutlich weniger als andere. D. h., im Vorbeigehen nehme ich kaum oder keine Unterschiede wahr, und ich könnte später danach gefragt, rekapitulierend nur schwer, wenn überhaupt, Details einer heterogenen Blütenlandschaft beschreiben. Es würden dabei vielleicht nur grobe Farben, in etwa Größenordnungen und verschwommene Umrisse vorkommen, aber kaum Namen oder gar Entwicklungsgeschichten dazu. Ein wirklich Biologie- oder Flora-Interessierter würde sich wahrscheinlich selbst im Zustand halb wacher Trunkenheit an mehr erinnern als ein vergleichsweise wenig interessierter, blutiger Anfänger wie ich in diesem Feld. Ein Vernetzungs-Trainer (in einem Seminar) zeigt Ihnen darüber hinaus die gängigen Networking-Akteure auf, deren typische Ausprägungen, deren möglichen Nutzen und einen passenden Zugang zu diesen.

Ein persönlicher Netzwerk-Coach (man könnte auch „Kontakt-Coach" sagen) verhilft zu einer der Tendenz nach systematischen Aufbereitung der relevanten Netzwerk-Umgebungen, Ihrer eigenen Zugangsart, gibt individuelle Handlungsempfehlungen und begleitet – je nach Vereinbarung – auch Ihre praktischen Schritte darin.

Sie können es auch schaffen, Ihren Blick zu schärfen für die Networking-Konstellationen Ihrer Umgebung. Ein sinnvolles und praktikables Ziel dabei könnte z. B. sein, bei einer Gruppe von 10 bis 15 Personen, die Sie sämtlich oder mehrheitlich vorher nicht kennen, nach einer Anwesenheit von ein bis zwei Stunden mindestens 50 Networking-relevante Stichworte zu diesen aus dem Gedächtnis zu erstellen:

- Erscheinungsbilder (waren die Teilnehmer etwa gleichartig gekleidet, oder wie sonst verschieden verteilt),
- Umgangsformen (betont förmlich/sachlich/jovial/freundschaftlich),
- vorherrschende Stimmungen (waren alle Anwesenden überhaupt gleicher oder ähnlicher Stimmung/wer spielte einen Gegenpart – wie),
- ein informelles Organigramm der Teilnehmerschaft (wer sprach mit wem – wie intensiv/ wer stand abseits – wie lange; wer war (zeitweise) Mittelpunkt/Autorität des Treffens),
- Themenfelder (gab es einen roten Faden, oder „nur“ Grüppchen-Smalltalks hintereinander, gab es diesbezüglich eine Entwicklung im Lauf der Veranstaltung?)
- (Networking-)Potenziale (wer hat andere nach deren Potenzialen/Können und Wollen gefragt) mit möglichen Anknüpfungspunkten für evtl. Kontakte im Nachgang.

Machen Sie sich, soweit dies nicht stört, ruhig bereits vor Ort Notizen dazu, und sortieren Sie diese danach nach den o. g. Kriterien. Sie werden damit nicht nur Ihren Blick ziemlich schnell effektiv schärfen, sondern auch erheblich effizienter entscheiden, mit wem Sie im Nachgang bzw. bei einem nächsten Mal mehr und intensiver sprechen wollen.

## 3.7  Welche Voraussetzungen helfen beim Netzwerken?

Ausreichend in den Alltag integrierte Arbeitszeit und eine geduldige, langfristige Orientierung sind zwei Grundvoraussetzungen.

Ihr Netzwerken sollte das Ergebnis einer langfristig-denkenden, vorausschauenden Handlungsweise sein: Kein Instant-Einsatz, sondern im Kern Vorsorge für den Ernstfall, bevor man das Netzwerk dringend braucht, eine Art Versicherung gegen schlechte Zeiten, wie eine Kranken- oder Rentenversicherung. Oder wie Harvey McKay auf salopp-amerikanische Art sagt, das aber dafür deutlich/markant: „Zwei Uhr nachts ist eine verdammt lausige Zeit, um sich neue Freunde zu suchen.“

- Frei nach Goethe könnte man sagen: Wer (von anderen) bedrängt wird, der spürt die Absicht, und ist ganz zu recht verstimmt.
- Oder sehr frei mit alten ostasiatischen Weisen gesprochen: Wer nachhaltig schnell vorwärts kommen möchte, sollte das Stirnrunzeln der Eile und Ungeduld disziplinieren lernen.

So wie für das erfolgreiche Kennenlernen eines privaten Lebenspartners die erfolgreichste Vorgehensweise der lockere, unaufdringliche, spielerische Flirt ist, eine Art des Tänzelns oder Ballzuwerfens, dessen Ziel zunächst nur ist, einen angenehmen Abend zu verbringen, nette Menschen kennenzulernen, evtl. welche dabei zu treffen, mit denen man öfter sprechen oder anderes unternehmen könnte, gilt dies analog auch für das berufliche Netzwerken. „Ich suche Aufträge-“Menschen, denen das Motto buchstäblich auf die Stirn geschrieben ist, die in einen Raum kommen, diesen nach einem sofortigen Auftraggeber für sich abchecken und 20 Minuten später wieder verschwunden sind, weil ebensolches nicht zu erwarten ist, beleidigen damit nicht nur den Gastgeber, sondern all jene mit, die sich leidlich dazugehörig fühlen.

Die „Königsdisziplin" dabei ist aber das Win-Win, wörtlich: das doppelte gegenseitige Gewinnen, oder freier: das Geben und Nehmen, bei dem beide Seiten „synergetisch" etwas davon haben. Oder auch: 1+1=3, bzw. mehr als 2. Man gehe dabei beim engeren Umfeld ruhig einige Prozent in Vorleistung, als „gute Tat"-Sammlung, als Haben-Seite auf der Anschreibtafel des anderen.

Um hierbei nicht ausgenutzt zu werden, kann man gern immer wieder mal dazwischen testen: Was ist der andere in einer kleinen, unverfänglichen und für Sie unkritischen Situation bereit, für Sie zu tun.

In der Antike war das berühmte lateinische „Do ut des" geläufig: Gebe, damit dir gegeben werde. Von Publius Syrus gibt es die Formulierung: „Nimm Anteil am Wohle deines Nächsten, und er wird Anteil an deinem Wohl nehmen." Für unsere psychologisiertere Gesellschaft von heute könnte man weiter-formulieren: Gib dem Menschen Anerkennung für seine Leistungen und Aufmerksamkeit (nicht: Zustimmung) für seine Leidenschaften, für das, was ihn aufregt und bewegt. Alles verstehen heißt alles verzeihen: Das gilt für den Netzwerk- und jeden Kommunikations-Profi gerade nicht.

Man kann verstehen und anerkennen, dass etwa jemand, der den für sich heiß ersehnten Job nicht bekommen hat, dies als ungerecht empfindet und sich aufregt, ohne aber zugleich die Sache selbst ungerecht zu finden.

Achten Sie darauf, dass Ihr Gegenüber keine Auftragsvergabemaschine ist, sondern ein Mensch. Jeder Mensch möchte angemessen individuell angesprochen und behandelt werden. Erst kommt der Mensch, dann die Sache. Dringe ich emotional zum anderen nicht durch, macht es in vielen Fällen keinen Sinn, auf Biegen und Brechen dennoch weiterzumachen. Das kann in vielen Fällen heißen: (sinnvoll) unterbrechen, eine Auszeit nehmen, einen neuen Ansatz versuchen.

Dabei beginnt das Netzwerken bei Ihrem engsten Umfeld, neudeutsch: Family, friends and fools – bei Familie, Freunden und „Verrückten". Mit Letzterem ist im New -Economy-Umfeld natürlich kein pathologischer Krankheitsfall gemeint, sondern Menschen, etwa nach der Definition des ehemaligen „DMEuro"-Chefredakteurs Hermann Kutzer, der gern von den „kreativen Spinnern über 40" spricht, die als innovative Erfinder, Ideengeber und Macher die wichtigsten Mehrwerte der Wirtschaftsgesellschaft von morgen schaffen. Diese „fffs" sind sinnvoller- und natürlicherweise auch Ihre ersten (informellen, meist allzu freien) Mitarbeiter, Ihre Referenzgeber und Partner.

Das engere private Netzwerk ist i. d. R. auch das zentrale Element für die Funktionsfähigkeit als Netzwerker. Es spielt auch später immer unterschwellig mit hinein ins Berufliche, daher sollte es angemessen berücksichtigt, eingebaut, ja zeitlich wie sachlich entsprechend vorgebaut werden.

Idealerweise sollte das Kommunikations- und Netzwerk-Verhalten und -Verfahren beider Bereiche mindestens einander angepasst sein, mehr oder weniger miteinander harmonieren. Also: Erst das eigene Haus ausreichend (vor-)bestellen, dann nichts wie hinaus ins (Berufs)Leben.

Zu diesem Komplex formulierten Freiherr von Knigge und Dale Carnegie als die wohl bedeutendsten, historisch wirkungsmächtigsten Vernetzungs-Autoren (1788 und 1936/38), bis heute unverändert gültig:

- Beim Umgang mit Verwandten, Eheleuten, Freunden: Menschen, die sich lange genug kennen und oft ohne Larve und Schminke sehen, sollten doppelt vorsichtig in ihrem Betragen gegeneinander sein müssen, damit einer des andern nicht müde und wegen kleiner Fehler nicht ungerecht gegen größere Tugenden werde. (Knigge)
- Wir würden es kaum wagen, einen Fremden etwa mit Bemerkungen zu unterbrechen wie: „Großer Gott, wie alt ist die Geschichte, die Sie da erzählen".Und, andere zitierend: „Es ist erstaunlich wie wahr, dass uns nirgendwo  so viel gewöhnliche, beleidigende und kränkelnde Worte gesagt werden wie im eigenen Haus". Und weiter: „Höflichkeit ist die Eigenschaft des Herzens, die uns über zerbrochene Zäune hinweg den Blumengarten von nebenan erblicken lässt."(Carnegie)

Was kann das praktisch heißen?

Sie haben sicher etwas anzubieten, das Ihr Onkel/Nachbar/Klassenkamerad/ Vereinskollege/Kommilitone gut gebrauchen könnte. Und Analoges gilt natürlich auch umgekehrt. Das ist eine gute Basis für ein Schnupper-Tauschgeschäft im Kleinsten, eine freie, offene, lockere, zunächst zeitlich bzw. zahlenmäßig befristete Kooperation. Sehen Sie Ihr näheres Umfeld einmal unter diesem Gesichtspunkt durch, schreiben Sie nötigenfalls alles Ihnen dazu in den Sinn kommende informell auf einen großen Zettel. Beginnen Sie mit den einfachsten potenziellen Gegengeschäften, mit den zugänglichsten Menschen. Beginnen Sie bei sich! D. h., beginnen Sie damit, einem der genannten Menschen etwas zu geben. Sagen Sie ruhig dazu, dass Sie dies gern tun, und bewusst. Geben Sie unprätentiös, ohne Allüren, kurz-knackig und freundlich-selbstverständlich.

- Irgendwann später bitten Sie den nämlichen Menschen um eine Kleinigkeit, die dem anderen absolut nicht weh tut, und versuchen Sie sich so genau wie möglich dessen Reaktion einzuprägen: Inhalt, Tonalität, Körpersprache. Bereiten Sie sich, je unsicherer Sie sind, umso mehr und länger vor.
- Gehen Sie dann zum nächsten Fall über, bei einem anderen Menschen aus dem Umfeld, mit einer tendenziell etwas schwierigeren, aufwändigeren Bitte. Dazu muss der Herr Arbeitskollege evtl. zwei Mal in seinem Büro bei dessen Kollegen nachfragen und Ihre Bitte einen Tag lang nicht vergessen, um sie erfüllen zu können. Mit jeder Stufe, und jedem Misserfolg, und Letzterer wird nicht ausbleiben, werden Sie sicherer, wie Sie vorgehen sollten. Darauf kommt´s an. Bereiten Sie sich emotional auf einen Misserfolg vor. Tanken Sie vorher so viele gute, positive Gedanken, dass Sie einen solchen potenziell gut verkraften würden. Seien Sie vor allem nicht beleidigt, sollte der andere Ihre Bitte nicht erfüllen. Nehmen Sie es sportlich. Motto: „Ach ja, o.k., trotzdem dankeschön". Nehmen Sie sich am besten zusätzlich vorweg vor, was Sie tun werden, falls eine negative Antwort kommt. Z. B. eine Runde zu joggen, danach frisch zu duschen, und sich danach Ihr Lieblingsbuch zur Hand zu nehmen, wo Sie gerade auf Seite 123 sind, oder auch Ihre wöchentliche Lieblingsserie im Fernsehen anzusehen.

**Übung „Support Groups"**
Und nun sind Sie wieder dran: Nehmen Sie sich Zeit für die Übung „Support Groups" auf
Seite 151, damit Sie das Gelesene überdenken und auf sich übertragen können.

# 4. Exkurs: Wissensmanagement und Demografiewandel

Aus einem Landeskriminalamt wurde von einem äußerst um die Einführung des Nach-
wuchses bemühten Abteilungsleiter berichtet, dass sich niemand unter seinen Vorgesetzten
dafür interessierte, ob und wie er seine eigene Nachfolgerin zu gegebener Zeit auf Augenhöhe brächte: Vielmehr stünde heute, an der Grenze zum Altersruhestand, schon fest, dass
nach seinem Ausscheiden der Posten zunächst einmal unbesetzt bliebe, bis dann, aufgrund
der behördeninternen Auswahlprozesse mit beträchtlicher zeitlicher Verzögerung, der oder
die Nachfolger in Amt und Würden wären.

Hier gehen dem Unternehmen voraussichtlich grundlegende Wissensbestände verloren. Mit
jedem Ausscheidenden wird so das Rad immer wieder neu erfunden. Ähnliches gilt auch für
den Vertriebsleiter einer Lackfabrik, der in 15-jähriger Betriebszugehörigkeit jeden seiner
Kunden persönlich kennengelernt und betreut hatte und von diesen mit einem hohen persönlichen Vertrauenskredit versehen worden war. Er verabschiedete sich in den verdienten
Ruhestand, ohne dass ein Nachfolger bestimmt worden wäre.

Aussage eines jungen Geschäftsführers, der die Problematik für sich erkannt und gelöst
hatte: „Ich selbst wurde von meinem Vorgänger beim Kunden eingeführt mit den Worten,
er hoffe, dass man das gewonnene Vertrauen auf mich übertragen werde. Der Unternehmer antwortete lapidar: Nein, ein solches Vertrauen sei von jedem Einzelnen persönlich zu
gewinnen – und zog damit zunächst einmal einen Schlussstrich unter die bisherigen vertrauensvollen Beziehungen."

## 4.1 Wissensmanagement und berufliche Selbstgestaltung

**Wissensmanagement** bezeichnet die Art und Weise, wie in den Unternehmen mit den
Kenntnissen und Handfertigkeiten der Mitarbeiter umgegangen wird. Da gibt es erfahrungsgemäß große Unterschiede, von der gezielten Pflege und Weitergabe des betrieblichen
Know-hows bis hin zur vollständigen Vernachlässigung von Wissensträgern: „Das hat sich
schon immer von alleine geregelt!" Es soll jedoch schon vorgekommen sein, dass nach dem
Ausscheiden eines wichtigen Mitarbeiters durch Todesfall ein Betrieb relativ schnell in eine
existenzbedrohliche Handlungsunfähigkeit geriet, weil niemand sonst genau über bestimmte
zentrale Prozesse informiert war.

Wissensmanagement hat demnach nicht nur mit abstrakter Information und deren sach-
gerechter Verarbeitung zu tun, sondern an erster Stelle mit der Kommunikation zwischen
Menschen. Wer weiß was (zum Erhalt des Unternehmens!), an welcher Stelle, wie geht er/

sie damit um, was wissen die anderen darüber, wie informiert man sich gegenseitig, welche Auffassungen vertritt die Geschäftsführung zu demThema?

Fällt jemand aus, muss für Ersatz gesorgt werden; ändern sich die Aufgaben oder beschreitet man überhaupt Neuland, müssen umso mehr die Kräfte im Personal angepasst werden. Jede Menge Anlass für ein umfassendes Wissensmanagement, wenigstens teilweise auch für Personaleinstellungen; gute Gründe also, sich gezielt bei den in Frage kommenden Entscheidern der Unternehmen (intern und extern) zu bewerben. Von entscheidender Bedeutung ist der aktuelle Bedarf aufseiten der Auftraggeber: Welche Kompetenzen benötigt ein Unternehmen, eine Organisation zu einer gegebenen Zeit, damit welche Fragen und Aufgaben bewältigt werden können; und nicht zuletzt, wie dringend, also auch kurzfristig „brennend" ist dieses Interesse?

Übersetzt in die Anforderungen der **beruflichen Selbstgestaltung** bedeutet das eine möglichst präzise Informationssammlung – sozusagen Ihr persönliches Wissensmanagement – oder anders ausgedrückt: Recherche – Recherche – Recherche.

Ob dazu dann auch noch eine gehörige Portion Vertrauen in die eigenen Selbstgestaltungskräfte erforderlich ist oder ob sich dies mit zunehmender Erfahrung von allein aufbaut – entspricht eher der berühmten Frage nach Ei oder Henne – was war eher da? Immerhin auch ein konkreter Anlass zum Networking, nicht zuletzt mit dem Ziel, einen neutralen Mentor zu suchen, der hilft, Wege zu ebnen und Umwege zu vermeiden.

Hier entsteht nun eine ganz neue Situation durch den bereits greifbaren Demografiewandel.

## 4.2  Das Vakuum zwischen den Generationen

Die Schere zwischen hohen Arbeitslosenzahlen auf der einen Seite und dem Mangel an verfügbaren, gut ausgebildeten Fachkräften öffnet sich immer weiter.

Was ist da los? Die Rede ist vom allgemeinen Demografiewandel. Wir wissen inzwischen, dass sich auf Grund von ausbleibenden Geburten in den westlichen Ländern, aber auch in vielen aufstrebenden Gesellschaften der übrigen Welt, in der Wirtschaft die Schere zwischen Überalterung auf der einen Seite und Mangel an jungen Menschen auf der anderen immer mehr öffnet. Ausgenommen davon sind allerdings die so genannten Schwellenländer wie China und Indien.

Auf die Gesellschaft insgesamt bezogen, hat das in Deutschland zur Folge, dass die klassische Altersversorgung einer immer größeren Anzahl geistig wie körperlich fitter alter Menschen von immer weniger jungen Arbeitstätigen zu finanzieren ist. Es ist auch bekannt, dass diese Entwicklung auf Dauer nur durch zunehmende finanzielle Belastungen der jungen Berufstätigen aufzufangen ist. Sozialpolitischer Sprengstoff, einmal ganz abgesehen davon, dass auch so die auf dem Wege des Umlageverfahrens generierten Leistungen aufgrund von kontinuierlichen Prozessen der Geldentwertung im Alter absehbar schwinden: Der demografische Bevölkerungswandel verschärft diesen Vorgang erheblich. Dabei wird sogar diskutiert, dass die Versorgungsleistungen langfristig nicht einmal mehr die eingezahlten Beiträge decken werden.

## 4.3 Der „New Deal" bei der Laufbahnplanung

In den Betrieben ist der Konflikt um die demografischen Veränderungen auch daran erkennbar, dass sich trotz allgemein steigender Arbeitslosenzahlen für manche qualifizierte Tätigkeiten kaum ausreichende Bewerber finden: Der insgesamt leider wieder zunehmenden Anzahl von Arbeitslosen steht in ausgewählten Bereichen ein ebenso bemerkenswert großes Angebot an offenen Stellen gegenüber.

Nach aktuellen Zahlen ist der Anteil arbeitsloser IT-Fachleute im Kernbereich Datenverarbeitung erneut von 29.930 im Mai auf 30.252 im Juni 2009 gestiegen (Heise Online, 04.07.2009). Dem steht eine größere Anzahl an speziell qualifizierten Ingenieuren gegenüber, die nach Angaben der Industrie- und Handelskammern dringend in der Wirtschaft benötigt werden.

Betriebswirtschaftlich formuliert, unterscheiden wir zwischen einem Anbieter- und einem Abnehmermarkt: Entweder die Anbieter bestimmter Leistungen – in diesem Fall der Arbeitskraft – diktieren das Gesetz des Handelns und können damit letztlich auch die Bedingungen der Abnahme wesentlich beeinflussen. Das ist grundsätzlich der Fall, wenn nicht genug geeignete Arbeitnehmer verfügbar sind. Dann haben vorhandene Bewerber, bei kluger Verhandlungsführung, bessere Chancen, ihre Einstellungsbedingungen zu beeinflussen. Im anderen Fall liegt ein Überangebot vor, sodass die Unternehmen nicht nur größere Auswahlchancen haben, sondern eben auch die Bedingungen nach ihren Interessen gestalten können.

Eigenartigerweise treffen derzeit in Teilen beide Bedingungen zu: Aufgrund der Wirtschaftskrise sind Unternehmen einerseits gezwungen, große Anteile ihres Personals abzubauen. Man wirft „Ballast" ab, reduziert Kosten, um die Krise durchzustehen und wie in der Vergangenheit auch später wieder verstärkt einzustellen. Das ist eine Bewegung, die dem konjunkturellen „Atmen" in der Wirtschaft entspricht. Auf der anderen Seite sind sich die beteiligten Insider heute einig, dass man sich eigentlich nicht leisten kann, auf Personal zu verzichten, zumal in Zeiten des Demografiewandels. Abgesehen davon ist kein Unternehmen unterhalb eines bestimmten Erhaltungsniveaus im Personalbereich noch existenzfähig.

Nun sind die Betriebe gleichzeitig zunehmend gezwungen, mit einem großen Aufwand ihre Bedarfslücken zu schließen. Dazu gehören nicht nur Maßnahmen der intensiven und breit gestreuten Anwerbung (Bewerber-Marketing). Vor diesem Hintergrund konzentrieren sich Unternehmen auch wieder verstärkt darauf, ihre eigenen Kräfte langfristig und von Anfang an aufzubauen, zu binden und kontinuierlich fortzuentwickeln. Damit soll nicht nur der gewünschte Qualitätsstandard gesichert werden; dieses Vorgehen erweist sich auch langfristig als wesentlich kostengünstiger, verglichen mit einer Politik des „hire and fire".

Zusammengenommen bietet diese Entwicklung heutzutage dem einzelnen Interessenten als Anbieter der Arbeitskraft eine Vielzahl von beruflichen Angriffsmöglichkeiten, manchmal auch Nischen. Das geht los bei gezielt ausgewählten Praktika zur eigenen beruflichen Orientierung, schließt Formen der (über-)betrieblichen Ausbildung im dualen System (also zwischen betrieblichen Anteilen und schulisch/akademischen Ausbildungs-Modulen wechselnd) ein und endet noch lange nicht mit dem wachsenden Angebot an Interims-Kräften.

Interims-Management bedeutet beispielsweise, dass hoch qualifizierte Mitarbeiter oder auch Selbstständige zeitlich befristet eine bestimmte Aufgabe als Führungskraft/ Spezialist/Entwickler usw. übernehmen. Diese ist kurzfristig neu entstanden oder freigeworden und kann aktuell weder mit eigenem Personal noch mit externen Bewerbern dauerhaft abgedeckt werden. Anlässe dafür sind zum Beispiel

- der unerwartete Todesfall,
- Krankheit, gefolgt von permanenter Arbeitsunfähigkeit, aber auch
- der zusätzliche Personalbedarf im Rahmen einer Expansion oder Produktinnovation des Unternehmens und natürlich
- der allgemeine Personalengpass in bestimmten Bereichen aufgrund demografischer Veränderungen.

Was diese Beispiele verbindet ist zunächst einmal der Bedarf an qualifizierten Mitarbeitern und Mitarbeiterinnen, der nicht schnell genug oder nicht qualitativ ausreichend auf dem normalen Weg gedeckt werden kann. Gute Chancen für qualifizierte Interessenten in Zeiten des Anbietermarktes. Wenn ich nun als Bewerber darüber informiert bin, dass in einem Betrieb, einer Branche oder Region ein solcher Bedarf besteht, kann ich mich entweder mit meinen speziellen Kompetenzen verstärkt um eine Anstellung oder einen Auftrag bewerben; oder aber, soweit es sich um einen längerfristig anhaltenden Bedarf handelt, ich setze darauf, meine Fähigkeiten gezielt in diese Richtung zu entwickeln, möglicherweise berufsbegleitend.

In vielen Fällen ist es sogar möglich, mit dem Unternehmen einen „Deal" zu machen: Wenn ich hier die Chance erhalte, systematisch eine (neue) berufliche Laufbahn zu verwirklichen, dann bin ich auch bereit, mich auf Jahre hinaus mit meinem zu erwarten hohen Einsatz an dieses Unternehmen zu binden. Damit ist beiden Seiten gedient. Es gibt bereits eine große Anzahl von Firmen, die einen solchen „Pakt" mit neuen Einsteigern eingehen, und das durchaus auch in fortgeschrittenem Alter.

Man muss dabei allerdings eines bedenken: Das alles gilt nur unter der Voraussetzung, dass ich als potenzieller Nutznießer dieser Situation

- über vollständige, aussagekräftige und vermittelbare Kenntnisse meiner eigenen Kompetenzen inklusive des erweiterbaren Potenzials verfüge (Profiling/Assessment/Potenzialanalyse);
- jederzeit bestens informiert bin über Marktveränderungen, betriebliche Anforderungen, Arbeitsmarktpolitik, global und lokal (Recherche);
- diese passgenau einzusetzende Eignung entsprechend zielsicher kommuniziere: Im Idealfall landet dann meine Bewerbung auf dem Schreibtisch derjenigen, die sich gerade damit befassen, eine entsprechende Ausschreibung vorzubereiten.

## 4.4 Demografiewandel und „Einstellungs"-Veränderungen in der Personalpolitik

Der Demografiewandel hat zuletzt aber auch definitiv dem Jugendwahn in vielen Unternehmen den Garaus gemacht: Noch vor wenigen Jahren sah es so aus, als hätten Menschen über 50 keine beruflichen Chancen mehr. Da wurde massenhaft mit „goldenem Handschlag" entlassen, und wer sich als erfahrener Mitarbeiter mit 50+ bewarb, brauchte eigentlich gar nicht erst anzutreten. Ältere Mitarbeiter wurden ersetzt durch junge, „bissige", leicht formbare Aufsteiger, die noch dazu geringere Gehaltserwartungen mitbrachten.

Diese Erfahrung machten wir seinerzeit gehäuft im Outplacement bei dem Versuch, neue Anstellungsverhältnisse für freigesetzte Führungskräfte zu finden. Inzwischen ist die Situation grundlegend anders. Man hat festgestellt, dass mit dieser einseitigen Politik zu Gunsten kurzfristiger Vorteile schwere Fehler gemacht wurden – betriebswirtschaftlich und volkswirtschaftlich:

- betriebswirtschaftlich in Form von Informationsverlusten, Leistungs- und vor allem Qualitätsmängeln (Thema Wissensmanagement),
- volkswirtschaftlich, erkennbar an sozialen Problemen mangelnder Integration und hohen Sozialleistungen sowie den psychologischen Folgen beruflicher De- Motivation einer ganzen Generation von Arbeitnehmern (Thema Arbeitsmarktintegration).

Gleichzeitig hat man auf diese Weise sehr viel Geld dafür ausgegeben, erfahrene, hoch qualifizierte und leistungsbereite Mitarbeiter zum „alten Eisen" zu werfen. Und was das Schlimmste ist, man hat die Generationen gegeneinander ausgespielt: „Lieber stark und jung als alt und krank". Diese Polarisierung hat letztlich zu einer größeren Verunsicherung auf beiden Seiten geführt, die es heute wieder wettzumachen gilt.
Die inzwischen allgemein anerkannte Weisheit aus diesen Entwicklungen lautet, dass es für einen gesunden und organisch wachsenden Betrieb notwendig ist, ein ausgewogenes Verhältnis von Alt und Jung zu erzielen; und diese wird auch gestützt durch die Erkenntnisse der Demografie-Forschung.

Es ist sicher richtig, dass junge Mitarbeiter beiderlei Geschlechts häufig schneller sind, wettbewerbsorientierter und natürlich dem Neuen gegenüber aufgeschlossener; es spricht aber nach wissenschaftlichen Erkenntnissen absolut nichts dafür, dass die Leistungsfähigkeit in qualitativer Hinsicht mit dem Alter nachlässt. Im Gegenteil schneidet die Integrationskraft der Älteren aufgrund von Erfahrungen, Umgang mit eigenen Fehlern in der Vergangenheit sowie größeren Vergleichsmöglichkeiten im Ergebnis zumindest nicht schlechter ab.
Wir brauchen also salopp formuliert beide: die stromlinienförmigen „Tümmler" und die integrativen „Wale"!

Und dann ist da immer noch viel mehr Platz in den Unternehmen für Vielfalt. Unter der Bezeichnung „diversity management" geht es seit Jahren darum, die Fülle an (multi-) kulturellen, sozialen und psychologischen Eigenheiten nicht als störende Behinderung zu begreifen, sondern im Interesse wirksamerer Problemlösungen zu integrieren. So ganz konnte sich dieser Ansatz aber bisher nicht durchsetzen. Es wird bemängelt, dass außer Lippenbekenntnissen bisher kaum durchgreifende Auswirkungen festzustellen sind. Im Alltagsgeschäft des Krisen-Managements verliert sich zudem häufig der hehre Anspruch.

Gerade vor dem Hintergrund der globalen Wirtschaftskrise und demografischer Umbrüche wird damit die überragende Bedeutung des Wissensmanagements über verschiedene Generationen hinweg in den Unternehmen deutlich – heute und in Zukunft.
Gleichzeitig bedeutet dies für die Frage der individuellen Laufbahngestaltung, dass die Chancen für Männer und Frauen in unserer Gesellschaft noch nie so aussichtsreich waren, auf die Verwirklichung der eigenen beruflichen Wunschvorstellungen hinzuarbeiten – immer in Verbindung mit den nachhaltigen Bedarfen in der Wirtschaft.

Für unser Thema ergeben sich daraus zwei Hauptaspekte:

- Die Arbeitsbedingungen in den Unternehmen werden sich auf die Dauer infolge der demografischen Veränderungen noch weiter anpassen müssen, in Richtung alters- und alternsspezifischer Maßnahmen. Viele Unternehmen haben sich bereits auf den Weg dahin gemacht;
- Chancen zu Auswahl und Ausgestaltung entsprechender Tätigkeiten, die in den Betrieben bei den laufenden Anpassungen anknüpfen, steigen mit jedem Tag.

Ersteres hat zur Folge, dass sich die individuelle, kompetenzorientierte Planung der beruflichen Laufbahn künftig auch verstärkt mit Fragen der eigenen Gesundheit, des Verhältnisses von Arbeit und Freizeit sowie mit der Anpassung an alters- bzw. alternsspezifischer Vorgänge beschäftigen muss: Was sind einem bestimmten Lebensalter entsprechend spezifische und angemessene Tätigkeiten; wie kann ich den über verschiedene Lebensphasen hinweg sich vollziehenden Veränderungen am besten begegnen? Es geht schlicht darum, die eigenen Ressourcen genauer zu erfassen und darzustellen. Gleichzeitig sind diese Ressourcen langfristig zu erhalten und konsequent zu erweitern. Davon ist natürlich die Laufbahnplanung (Perspektive Bewerber) genauso betroffen wie die Personalauswahl (Perspektive Unternehmen).

Letzteres erhöht die Chancen darauf, ganz neue Berufsbilder und berufliche Karrieren für sich zu erschließen. Dies geht so weit, dass man sich in die Lage versetzt sieht, ganz neue Tätigkeiten zu definieren und dementsprechend als Bewerber den geeigneten Unternehmen initiativ anzubieten. Suche und Angebot gleichzeitig sind gefordert.

Ein Beispiel aus dem Umfeld der demografischen Veränderungen: Damit ist nicht allein der Aufgabenbereich der innerbetrieblichen oder externen Demografie-BeraterIn gemeint; es handelt sich auch um Aufgaben, die möglicherweise sekundär aus dieser ganzen Thematik entstehen können, wie eine Funktion zur Vermittlung zwischen den Generationen im Unternehmen, analog zum bereits bestehenden „Qualitätsbeauftragten" oder „Ombudsmann" – Funktionen, die allerdings erst noch auf eine Begründung warten: Schöne Aussichten für die Laufbahnplanung!

### Übung „Mein Alter"
Die Übung „Mein Alter" auf Seite 152 soll Ihnen dabei helfen, das Thema bei Ihnen selbst zu verankern. Nehmen Sie sich wieder etwas Zeit dafür.

# 5. Angekommen! Angekommen?

## 5.1 Was ist erreicht?

Bis hierhin haben wir einen vollständigen Zyklus der Laufbahnplanung beschrieben. Wenn Sie aufmerksam mitgegangen sind, konnten Sie zumindest die Grundzüge Ihrer eigenen Laufbahnplanung bereits mit andenken; und nicht nur das, Sie sind vielleicht jetzt schon so weit, dass Sie den berühmten „stage dive" machen können: den Hechtsprung des Rockmusikers von der Bühne ins Publikum. Sie werfen sich mit Ihrem beruflichen Konzept in die Fülle Ihres Kontaktnetzes und knüpfen bereits die ersten Beziehungen, um einen geeigneten Mentor zu finden. Ihre zunehmenden, von Ihnen selbstbewusst verwalteten Kontakte werden Sie in Zukunft wie eine Welle zum beruflichen Erfolg tragen.

Dazu würde ich Ihnen empfehlen, nicht nur das Buch noch einmal zu lesen, sondern jedes einzelne Kapitel mehrmals. Den größten Nutzen werden Sie daraus ziehen, wenn die Seiten vor lauter Markierungen und Umblättern bereits ganz mitgenommen sind. Diskutieren Sie die Thesen mit anderen, kritisieren Sie, reißen Sie auseinander, machen Sie sich ihr eigenes Bild, anhand Ihrer persönlichen, unverwechselbaren Lebensumstände.

Wir kommen damit an einem Punkt an, an dem sich die Frage stellt: Was ist erreicht – und wie ertragreich lassen sich die Ergebnisse einschätzen?

Erfolg definiert sich vielfältig. Der eine sieht es als Merkmal des Erfolgs an, einen Dienstwagen mit personalisiertem Kennzeichen zu fahren. Dann trägt das Nummernschild nicht das Städtekürzel des Firmensitzes, sondern ist auf den Wohnort des Mitarbeiters zugelassen. Damit steigen angeblich Ansehen und Status des Mitarbeiters bei seinen Nachbarn. Dazu gehört allerdings der passende Job, möglicherweise mit einer jährlichen Reisetätigkeit von mehr als 50.000 Kilometern. Die andere sieht sich als erfolgreich an, wenn aufgrund ihrer Positionsmacht der Einfluss über die männlichen Mitarbeiter im Weisungsbereich steigt. „Ich will die Kanzlerin aller Bürger sein." stellt da schon einen diplomatischen Versuch dar, der signalisiert, dass nach harten Kämpfen schließlich wieder um eine gemeinsame Linie gerungen werden muss.

Angekommen?

Sie werden Verantwortung für Laufbahnentscheidungen übernehmen müssen und möglicherweise auch einen Preis zu zahlen haben, der nicht unbedingt im materiellen Bereich liegt. Können Sie loslassen und auch verzichten? Denn das ist es, was von Ihnen gefordert wird, wenn Sie sich für ein großes Ziel entscheiden.

Wir würden es als ein Erfolgsmerkmal ansehen, wenn Sie sich selbst nähergekommen wären, näher auf dem Wege zu Ihren beruflichen Chancen, Kompetenzen und Potenzialen – und damit letztlich zu einer wirklich erfüllenden Laufbahn.

## 5.2  Die Erkennungszeichen für Ihren Erfolg

Es soll schon vorgekommen sein, dass jemand fast alle seine wichtigen Ziele erreichte und sich selbst dabei aus den Augen verlor. Wenn die eheliche Beziehung in die Brüche geht, das große Haus zur Überschuldung führt, der Top-Job direkt in den Herzinfarkt-Tod, dann stimmt da vermutlich etwas nicht mit der Zielausrichtung. Operation gelungen, Patient tot – dumm gelaufen, oder? Was sind denn nun die Erkennungszeichen Ihres Erfolges?

Geht es um Einfluss, Status, Wertschätzung und Anerkennung, Arbeitsinhalte, persönlichen Gestaltungsspielraum, langfristige Absicherung, Umfang eines Netzwerks oder einfach nur um ein Gefühl der Sicherheit und beruflichen „Heimat"? Was auch immer: Die Kriterien sollten von Ihnen stammen, möglichst von vornherein definiert sein, und zwar messbar – d. h. beobachtbar, beschreibbar, bewertbar nach solchen Aspekten, die auch von einem anderen festgestellt und übereinstimmend beurteilt werden könnten.

Die Qualität unserer Ziele lässt sich wie erwähnt mit allem bestimmen, was wir mit unseren Sinnesorganen wahrnehmen können: was wir riechen, hören, sehen, schmecken oder ertasten. Aber nicht allein das, wir haben bereits erörtert, dass auch die Dauer, das Ausmaß und die Frist von Bedeutung sind – wenn es sich um die quantitativen Aspekte handelt.

Wir müssen uns allerdings die Mühe machen, von der abstrakten Ebene unserer gedanklichen Vorstellungen wegzukommen, um unsere Ziele sinnlich erfahrbar zu machen. Nur wenn Sie vorab klar festgelegt haben, wonach Sie suchen, können Sie Ihre Fortschritte auf dem Wege dahin kontrollieren. Sie müssten dann auch imstande sein, genau anzugeben, wann Sie angekommen sind. Hier schließt sich der Kreis; eher wie bei einer Spirale sind Sie damit jedoch schon einen Schritt weiter: Sie haben sich bereits weiterentwickelt, neue Erkenntnisse gesammelt und schauen jetzt von der nächsten Ebene aus auf Ihr früheres Leben hinunter. Dahin gibt es keinen Weg zurück, weil Sie Ihr Wissen nicht wieder verlieren können. Stellen Sie sich nur einmal vor, was passieren würde, wenn Sie tatsächlich dahin zurückgingen, nachdem Sie schon erlebt haben, wie das von hier oben aus betrachtet aussieht!

Wir verändern uns bereits mit dem ersten Schritt. Das hat zur Folge, dass sich auch die ursprünglichen Einschätzungen im Rückblick relativieren. Je nachdem, wie lang dieser Teilschritt bemessen ist oder wie groß, umfassend, komplex Ihr Ziel ist – umso gravierender werden voraussichtlich diese geänderten Einschätzungen auf Sie wirken, wenn Sie mit alten Bekannten über sich reden oder z. B. Kontakt mit Ihrem Tagebuch aufnehmen.

Mit der Zeit gewinnen Sie ein immer differenzierteres Verständnis von sich selbst, Ihren Verhältnissen und dem, was insgesamt für Sie gut wäre. Vermutlich fallen Sie dabei immer wieder auf sich und andere herein, sodass Sie genug Gelegenheit haben, aus Ihren eigenen Fehlern zu lernen: im Übrigen etwas, mit dem wir am allerbesten lernen, nämlich aus den eigenen Misserfolgen. Schaffen Sie sich so viel Gelegenheiten zu testen wie nur irgendwie möglich: Das eigene Handeln, mal mit mehr, mal mit weniger Erfolg bringt den Fortschritt – nicht die gedankliche Vorbereitung am Schreibtisch. Dies ist eine notwendige, aber keine hinreichende Bedingung.

Im Laufe der Zeit stellen Sie vielleicht fest, dass Ihre ursprünglichen Vorstellungen zu kurz griffen. Vielleicht auch, dass sich Ihre Situation inzwischen bereits grundlegend verändert hat und Sie daher zu grundsätzlich anderen Erwartungen führt.

All dies bedeutet jedoch keinesfalls, das bisher Erreichte zu entwerten, geschweige denn rückgängig zu machen. Natürlich kann es vorkommen, dass Sie eine Zeit lang in die falsche Richtung laufen; dann müssten Sie noch einmal die Schleife zurück zum Anfang des Teilschrittes nehmen: „Gehe zurück über Los und ziehe kein Geld ein.", dafür haben Sie Ihren Plan! Je kürzer Sie diese Teilschritte halten, bevor Sie den Praxistest machen, umso leichter lassen sich Fehlenwicklungen korrigieren. Wenn Sie schon trotz eines klaren Konzepts nicht alles vorausplanen können, ist die ständige Prüfung durch Ihre Handlungen in der Praxis umso wichtiger. Gerade hier aber hilft der Mentor, die passende Verbindung zwischen Planung und Handlung herzustellen – und das ohne Zeitverzug.

Viel wahrscheinlicher ist aber, dass Ihnen das Teilziel als unerlässliche Komponente eines viel umfassenderen Gesamtplans erscheint, den Sie am Anfang nicht erkennen konnten, der aber mit jedem Ihrer Entwicklungsschritte auch weiter an Komplexität zunimmt. Nur: Ihre Lösungskompetenz ist ja auch mitgewachsen, sodass Sie jetzt eher in der Lage sind, sich der neuen Herausforderung zu stellen. Sie befinden sich sozusagen immer auf „Augenhöhe" mit der neuen Situation.

## 5.3 Zielrevision: Welche Rolle spielen Beziehung und Partnerschaft?

Die Frage nach dem „Angekommen" lässt sich also nur provisorisch beantworten – und relativ zu der am Anfang, auf einem wesentlich geringer differenzierten Niveau erfolgten Zielplanung: Auch wenn es gelingt, einige (Teil-)Ziele zu erreichen, stellt man häufig fest: Einmal an diesem Punkt angekommen, stehe ich da vor einer neuen Tür, hinter die ich nicht blicken kann.

Damit verhält es sich in etwa so wie in der berühmten Torhüter-Parabel von Franz Kafka:

> Ein Mann vom Land nähert sich dem Tor zum Gesetz, aber der Türhüter weist ihn zurück. Immer wieder fragt er an, aber die Antwort ist immer dieselbe. Der Türhüter macht ihn nur darauf aufmerksam, dass er ohnehin keine Chance habe, sein Ziel zu erreichen, weil hinter diesem Tor ein weitaus größeres auf ihn warte und dahinter ein noch größeres und so weiter; selbst wenn er ihn also einließe, er käme dennoch nicht an sein Ziel. Der Mann zieht sich schließlich zurück und wartet ab. Und so vergehen die Jahre. Bevor er stirbt, fragt er den Türhüter, warum niemand außer ihm versucht habe, vorgelassen zu werden. Der Türhüter erwidert: „Hier konnte niemand sonst Einlass erhalten, denn dieser Eingang war nur für dich bestimmt. Ich gehe jetzt und schließe ihn."
> (Kafka, F.: Vor dem Gesetz, 1994)

Der Unterschied liegt nur darin: Sie haben sich bereits auf den Weg gemacht, haben sich nicht abschrecken lassen und das erste Tor bereits durchquert. Wer aber einmal Blut geleckt hat, den treibt es auch weiter. Lebenslanges Lernen mal nicht als Drohung verstanden: Tu beruflich, was du willst, bewege dich dabei auf die anderen Menschen zu, und genieße es!

Bleibt noch die Frage: Welche Rolle spielt Ihr Partner/Ihre Partnerin in diesem Szenario? Manch einer soll schon im vorauseilenden Gehorsam auf die Zukunft verzichtet haben, weil man den Partnern eine Veränderung nicht zutraute oder nicht zumuten wollte.

Nicht nur Menschen, auch Beziehungen verändern sich bekanntlich laufend, mit und ohne solche Zumutungen. Die Chinesen kennen angeblich einen Fluch, der lautet, es begegnen sich zwei auf der Straße, sagt einer zum anderen: „Du hast dich überhaupt nicht verändert!" Besser wäre es doch, den oder die andere mit ins Boot zu holen. Weiß man aber, wie diejenigen auf den Versuch reagieren?

Einmal angenommen, Sie würden wie Herr Trautmann im erwähnten Beispiel auf das Risiko verzichten – und damit auf den entscheidenden Schritt in Richtung Ihrer beruflichen Zukunft. Und Sie würden vielleicht eine Zeit lang glücklich miteinander leben, um dann zu erkennen, dass es auch so mit Ihrer Beziehung nicht weitergeht. Wie würden Sie mit dem Verlust umgehen, nach etwa fünf Jahren festzustellen, dass Ihr Zug nun wirklich abgefahren ist?

Dann doch lieber früher die Weichen stellen, und zwar mit Entschiedenheit. Im Übrigen dürfte schon heute feststehen, dass Ihr Partner eher von Ihrer Zufriedenheit und beruflichen Erfülltheit profitieren würde, als von Ihrer „sauertöpfischen Miesepetrigkeit" angesichts der Erkenntnis, sich selbst aller Aussichten auf das berufliche Paradies beraubt zu haben.

Die Güterabwägung kann Ihnen niemand abnehmen, die Entscheidung liegt bei Ihnen allein – die Aufgabe aber, zu verhandeln, ebenfalls; denn auch die Verantwortung für Ihre Zukunft bleibt bei Ihnen.

## 5.4  Der Weg ist das Ziel

Die Krönung dieses Prozesses liegt für uns darin, dass Sie den „Elevator Pitch" beherrschen:

- Beschreiben Sie sich selbst,
- ihren Laufbahnplan,
- die damit verbundenen Vorteile für einen anderen sowie
- die Art und Weise, wie Sie dessen brennendste Probleme damit lösen wollen,

so als wären Sie mit ihrem künftigen Arbeitgeber gemeinsam unterwegs im Fahrstuhl – vom Erdgeschoss bis zum 10. Stockwerk: Nur diese eine Chance!

Dies ist im übertragenen Sinne die Situation, vor der Sie stehen, wenn Sie sich in diesen Zeiten einem konkreten Arbeitgeber gegenüber um eine Anstellung bewerben. „Warum sollten wir gerade Sie einstellen? Was unterscheidet Sie von anderen, welches sind Ihre besonderen Stärken und Schwächen? Was glauben Sie, für dieses Unternehmen leisten zu können? Wir haben Kurzarbeit angemeldet und es wurde ein Einstellungsstopp verfügt!"

Für den ersten Eindruck gibt es bekanntlich keine zweite Chance! Wenn Sie in solchen Situationen bestehen wollen – und wir könnten Ihnen jede Menge Beispiele von Menschen geben, die es trotz allem geschafft haben – hilft Ihnen nur die Klarheit, genau zu wissen, wer Sie sind und was Sie wollen. Nichts wird Sie dann von dem eingeschlagenen Weg abbringen.

Angekommen!

**Übung „Ankommen"**
Bevor wir uns verabschieden, ist noch ein letzter „Zahn" zu ziehen: Den „Bohrer" finden Sie wie immer im Anhang bei der Übung „Ankommen" auf Seite 153. Viel Erfolg!

## 5.5 Schlussbemerkung

Dieses Buch soll Mut machen. Mut zum beruflichen Aufbruch. Die Idee dazu ist aus der Beratungspraxis entstanden. Die Situation der Laufbahngestaltung ist bekannt aus der Sicht des Personalberaters (Personalsuche von Fach- und Führungskräften), des Outplacement-Beraters (Hilfe bei der beruflichen Neuorientierung, z.B. nach betrieblich bedingtem Jobverlust) und des Personalentwicklers (betrieblicher Personaleinsatz, Qualifizierung und Förderung). Drei verschiedene Brillen zum selben Thema: wie finde ich die richtige Person für die richtige Aufgabe, zur richtigen Zeit?

Wir betreten damit teilweise Neuland, indem wir die „Laufbahnplanung in zehn Stufen zum selber machen" vorstellen. Bei diesem innovativen Ansatz handelt es sich im Wesentlichen um eine neue Positionsbestimmung. Schwerpunkte liegen in der Selbstgestaltung – in dem Anspruch, die Fäden selbst in die Hand und dabei die Hilfe und den Support anderer in Anspruch zu nehmen.

Das vorliegende Buch bezieht sich auf eine Vielzahl von Veröffentlichungen, die im weiteren genutzt werden können: dazu gehören die „Rezeptbücher" zu Jobsuche, Weiterbildung, Training und beruflicher Qualifizierung sowie wissenschaftliche Veröffentlichungen, insbesondere zu Identitätsbildung, Leben in sozialen Gruppen, Gruppendynamik und Coaching bzw. Karriereberatung.

Um an diesem Thema noch besser weiterzuarbeiten, sind Ihre Wünsche und Erfahrungen als „Fachleute für die Praxisanwendung" wichtig, vielleicht sogar von entscheidender Bedeutung, für kommende Generationen in der Laufbahnplanung.

An dieser Stelle wünsche ich Ihnen ein gutes Gelingen bei Ihrer eigenen Laufbahnplanung. Ihre Fragen und Anregungen sind jederzeit willkommen!

# Weiterführende Literatur

**Arndt, R.:** 222 Impulse für erfolgreiches Networking, Verlag HP Marketing, Meerbusch 2005

**Baur, E. G.:** Leicht gesagt – Die große Kunst des Smalltalks, DTV, München 2001

**Bergmann, U.:** Start frei zur Kooperation – Wie Sie die richtigen Geschäftspartner finden und erfolgreich zusammenarbeiten, Financial Times / Prentice Hall, München 2002

**Birkner, M.:** Wachstumsstrategien für Solo- und Kleinunternehmer – Mit neuem Denken und Handeln zu mehr persönlichem und geschäftlichem Erfolg, Walhalla, Berlin 2006

**Büchner, G.:** Woyzeck, Oldenbourg Schulverlag, München/Wien 2009

**Bolles, N./Leitner, M.:** Durchstarten zum Traumjob, Campus, Frankfurt/New-York 2009

**Carnegie, D.:** Rede – Die Macht des gesprochenen Wortes, Scherz, Grünberg 1969

**Carnegie, D.:** Wie man Freunde gewinnt, Argon, Zürich 1938

**Csikszentmihalyi, M./Charpentier, A.:** Flow – Das Geheimnis des Glücks, Klett-Cotta Stuttgart 2008

**Dickie, J.:** Cosa Nostra – Die Geschichte der Mafia, Fischer, Frankfurt am Main 2006

**Dörner, D.:** Die Logik des Misslingens – Strategisches Denken in komplexen Situationen, Rowohlt, Reinbek 1992

**Drews, G.:** Latein für Angeber, Drews/Bassermann, Augsburg 2000

**Fehlau, E.:** R.E.S.P.E.K.T – Ein Projekt des Europäischen Sozialfonds mit Unterstützung des Wirtschaftsministeriums Baden-Württemberg, Handreichung zum Zertifizierungsseminar DEMOGRAFIE 24, Düsseldorf 2008

**Fernau, J.:** Rosen für Apoll – Die Geschichte der Griechen, Langen-Müller, München/Berlin 1978

**Fisher, D.:** People Power – 12 Power Principles to Enrich Your Business, Career & Personal Networks, Austin, Texas 1995

**Gehring, P.:** Traumjobs sind nicht nur Träume – Berufliche Neupositionierung für Fach- und Führungskräfte, Wiley-VCH, Weinheim 2004

**Goethe, J. W.:** Maximen und Reflexionen, Dieterich'sche Verlagsbuchhandlung, Leipzig 1988

**Häuser, J.:** Marketing für Trainer – Kein Profi(t) ohne Profil, Managerseminare, Bonn 2003

**Hesse, H.:** Demian, Suhrkamp, Frankfurt am Main 2007

**Heuberger, A.:** Networking – durch interessante Kontakte zum Erfolg, Cornelsen, Düsseldorf 2007

**Knigge, A. Freiherr v.:** Über den Umgang mit Menschen, Insel, Frankfurt am Main 1977

**Kafka, F.:** Der Process. In: H.-G.Koch (Hrsg.) Franz Kafka – Gesammelte Werke in zwölf Bänden, Fischer, Frankfurt am Main 1994

**Klein, H.M.:** Benimm im Business – Knigge-Crash-Kurs für den beruflichen Erfolg, Cornelsen, Berlin 2005

**Klein, H.M./Kresse, A.:** Psychologie – Vorsprung im Job, Cornelsen, Berlin 2005

**Koenig, P.:** 30 Dreiste Lügen über Geld, Befreie dein Leben – Rette dein Geld, Oesch-Verlag, Zürich 2007

**Lamprecht, S.:** openBC – Das Buch – Netzwerken leicht gemacht, Heise, Hannover 2006

**Laplanche, J./Pontalis, J.B.:** Das Vokabular der Psychoanalyse, Suhrkamp, Frankfurt am Main 1973

**Lasko, W. W.:** Small Talk und Karriere – Mit Erfolg Kontakte knüpfen, Gabler, Wiesbaden 2001

**Lemper-Pychlau, M.:** Durch Selbstcoaching zum Erfolg – Positive Energien entwickeln, Herder, Freiburg 2004

**Lermer, S.:** Small Talk – Nie wieder sprachlos. Das Trainingsbuch, Haufe, München 2003

**Lutz, A.:** Praxisbuch Networking – Einfach gute Beziehungen aufbauen. Von openBC bis Visitenkartenpartys, Linde, Wien 2005

**Maccoby, M.:** Die neuen Chefs – Die erste sozialpsychologische Untersuchung über Manager in Groß-unternehmen, Rowohlt, Reinbek 1979

**Märtin, D./Boeck, K.:** Small Talk – Die hohe Kunst des kleinen Gesprächs, Heyne, Augsburg 2001

**Mackay, H.:** Networking – Das Buch über die Kunst, Beziehungen aufzubauen und zu nutzen, Econ, Düsseldorf/München 1997

**Malik, F.:** Führen – Leisten – Leben, Campus, Stuttgart/München 2001

**Martinet, J.:** Die hohe Kunst des Small Talk – Schlagfertig und witzig in allen Lebenslagen, MVG, Landsberg am Lech 2000

**Misner, I. R.:** Marketing zum Nulltarif, Redline, Frankfurt am Main 2003

**Misner, I. R./Morgan, D.:** Masters of Networking – Building Relationships for Your Pocketbook and Soul, Marietta, Georgia 2000

**Molcho, S.:** Körpersprache, Mosaik, München 1983

**Müller, M.:** Die psychologische Bedeutung und Funktion von Geld im ökonomischen Umfeld. In: G.Raab/A.Unger (Hrsg.) Der Mensch im Mittelpunkt wirtschaftlichen Handelns, Pabst Science Publishers, Lengerich 2009

**Naumann, F.:** Die Kunst des Smalltalk – Leicht ins Gespräch kommen, locker Kontakte knüpfen, rowohlt, Reinbek 2001

**Nierenberg, A. R.:** Nonstop Networking – How to Improve Your Life, Luck and Career, Herndon, Virginia 2002

**O'Connor, J./Seymour, J.:** Neurolinguistisches Programmieren – Gelungene Kommunikation und persönliche Entfaltung, VAK, Freiburg 1992

**Peters, T. J. /Waterman, R. H.:** Auf der Suche nach Spitzenleistungen – Was man von den bestgeführ-ten US-Unternehmen lernen kann, MVG, Landsberg/Lech 1993

**Pröve, A.:** Mein Traum von Indien – Mit dem Rollstuhl von Kalkutta bis zur Quelle des Ganges, Piper, München/Zürich 2006

**Sawtschenko, P.:** Positionierung – das erfolgreichste Marketing auf unserem Planeten, Jünger Medien, Offenbach 2005

**Scheddin, M.:** Erfolgsstrategie Networking – Business-Kontakte knüpfen, organisieren und pflegen – mit großem Adressteil, Allitera, Nürnberg 2005

**Schmidt, L.:** Zitatenschatz für Führungskräfte, Ueberreuter, Wien/Frankfurt 1999

**Schott, B.:** Schotts Sammelsurium, Hoffmann und Campe, Berlin 2004

**Senger, H. v.:** Strategeme – Lebens- und Überlebenslisten aus drei Jahrtausenden, Scherz, Wien 1992

**Sloterdijk, P.:** Sphären 3 – Schäume, Suhrkamp, Frankfurt am Main 2004

**Sloterdijk, P.:** Zorn und Zeit, Suhrkamp, Frankfurt am Main 2006

**Schneider, W.:** Wörter machen Leute – Magie und Macht der Sprache, Piper, München 1976

**Stahl, S./Alt, M.:** So bin ich eben! – Erkenne dich selbst und andere, Ellert Richter, Hamburg 2005

**Tange, E. G.:** Das große Buch der boshaften Definitionen, Eichborn, Frankfurt am Main 1989

**Tange, E. G.:** Der boshafte Zitatenschatz – Bissige Definitionen, treffende Bonmots und charmante Gemeinheiten, Eichborn, Frankfurt am Main 2001

**Textor, A. M.:** Sag' es treffender – Ein Wörterbuch für alle, die täglich diktieren und schreiben, Rowohlt, Berlin/Darmstadt/Wien 1973

**Tominaga, M.:** Aufbruch in die Wagnis-Republik – Neue Chancen für den Standort Deutschland, Econ, Düsseldorf/München 1998

**Wikner, U.:** Networking – die Neue Form der Karriereplannung, Beck, Würzburg 2000

**Zunin, L.:** Kontakte finden – Die ersten 4 Minuten sind entscheidend! Scherz, Landsberg am Lech 2000

# Der Fragebogen

Der folgende Fragebogen wurde im Vorfeld der Buchveröffentlichung zum Thema „Berufswahlentscheid & Laufbahnplanung" entwickelt. Die Befragung richtete sich an verschiedene Personengruppen – Menschen, die bereits im Berufsleben standen und solche, die sich vor grundlegenden Weichenstellungen sahen. Demzufolge, trafen vielleicht nicht alle Fragen im Einzelfall zu. Die Befragten wurden jedoch gebeten, die auf sie zutreffenden Fragen so detailliert wie möglich zu beantworten. Der Fragebogen verfolgte mehrere Ziele: Neben der Informationsgewinnung im Rahmen des Buchprojektes sollten die Befragten selbst dadurch schon eine größere Klarheit bzgl. Ihrer eigenen derzeitigen/künftigen beruflichen Positionierung gewinnen; auf Wunsch konnten ihnen anhand ihrer Angaben im Anschluss auch bereits zusätzliche Hinweise auf eine angemessene Laufbahnentscheidung gegeben werden. Vielleicht diente ihnen dies aber auch als Einstieg in ein grundsätzliches Karrieregespräch. Der Leser des Buches aber verschafft sich an dieser Stelle bereits ebenfalls einen ersten, groben Einblick in seine berufliche Ausgangslage – Basis für die eigenen Laufbahnpläne.

## Fragebogen Berufswahlentscheid & Laufbahnplanung

**Welchen beruflichen Status bekleiden Sie zur Zeit ?**

- ▪ StudentIn
- ▪ Fach- oder Führungskraft
- ▪ Hausfrau/-mann
- ▪ Selbstständige/r/UnternehmerIn
- ▪ Andere

- Beschreiben Sie bitte kurz die Abfolge der wichtigsten Stationen Ihrer bisherigen schulischen/beruflichen Laufbahn.
- Hatten/Haben Sie klare Vorstellungen von Ihrem beruflichen Ziel?
- Wie konkret haben Sie Ihre berufliche Laufbahn geplant?
- Wer oder was hat Sie auf Ihre (heutige) berufliche Tätigkeit aufmerksam gemacht?
- Hätten Sie lieber etwas anderes gemacht – was wäre das gewesen?
- Was haben Sie als Kind/Jugendlicher gerne gemacht, worin lagen Ihre Interessen?
- Welche Berufe kommen typischerweise in Ihrer Familie vor?
- Inwieweit unterscheiden Sie sich damit heute beruflich von den Menschen Ihrer früheren/jetzigen Umgebung?
- Was hat Sie ggf. dazu bewogen, naheliegende Angebote anderer auszuschlagen?
- Können Sie sich noch an Konflikte im Zusammenhang mit der Berufswahlentscheidung erinnern – welche waren das?
- Gab es jemanden, der Ihnen mit Rat und Tat zur Seite stand?
- Wie zufrieden sind Sie im Rückblick mit Ihrer Berufswahlentscheidung?
- Wie zufrieden sind Sie insgesamt mit Ihrer beruflichen Entwicklung?

- Wenn Sie sich mit Freunden, Bekannten, Kollegen usw. vergleichen, wie gut haben Sie dabei aus heutiger Sicht abgeschnitten?
- Welchen Stellenwert nimmt Ihre berufliche Tätigkeit im Verhältnis zu Ihrem Privatleben ein?
- Was gefällt Ihnen am meisten an Ihrer heutigen beruflichen Tätigkeit?
- Was stört Sie am meisten daran?
- Waren Sie schon einmal arbeitslos? Wie sind Sie damit umgegangen? Was haben Sie dabei erlebt und wie schätzen Sie das Ergebnis ein?
- Wenn Sie noch einmal anfangen könnten, was würden Sie anders machen?
- Haben Sie schon einmal einen Anlauf unternommen, die getroffene Berufswahlentscheidung zu ändern?
- Welches Motto haben Sie im Leben?
- Welche(s) Lebensziel(e) haben Sie?
- Was möchten Sie in den kommenden 1, 2, 5 Jahren erreichen, wo wollen Sie in zehn Jahren stehen?
- Welche Rolle spielen dabei Familie & Freizeit?
- Was fehlt Ihnen zu diesem/n Ziel(en), was möchten Sie erweitern, erwerben, ausbauen oder vielleicht weglegen?
- Wie schätzen Sie Ihre persönlichen Stärken, Schwächen – beruflichen Möglichkeiten ein?
- Wer kann Ihnen dabei helfen?
- Möchten Sie sich selbstständig machen oder die Selbstständigkeit wieder aufgeben – warum?
- Falls Sie sich jetzt auf einen ganz neuen Weg begeben wollen: Welche Vorbilder, Modelle, Ideale können Sie sich dabei vor Augen halten?

# Die Übungen

### Teil I: Lebensplanung und berufliche Identität – der rote Faden beruflicher Biografie

1. Wurzeln beruflicher Befähigung – worüber Erwachsene nur staunen können, Seite 31

| Szenario/Methode | Übungsziele und Erläuterungen |
|---|---|
| **Geschichtsschreibung** | Sammeln Sie die positiven Geister der Vergangenheit um sich, suchen Sie alles zusammen, dessen Sie noch habhaft werden können, um sich auf Basis von Dokumenten, Bildern, der Sicht Außenstehender ein möglichst breit angelegtes Gesamtbild von den eigenen Kompetenzgrundlagen zu verschaffen. |
| Orientierungsfragen | Womit haben Sie sich als Kind bzw. Jugendlicher am meisten/am liebsten beschäftigt? Wer oder was hat das ausgelöst? Was hat Sie angezogen/abgestoßen? Was lässt sich daraus ableiten in Bezug auf besondere Geschicklichkeit, Ideenreichtum, Wohlbefinden, „Flow-"Zustände? Gibt es jetzt, in Gesprächen und bei Durchsicht der Unterlagen einen Unterschied zwischen Ihren eigenen und den Erinnerungen anderer? |
| Übung | Erstellen Sie eine möglichst lückenlose und für Sie selbst stimmige Gesamtdarstellung Ihres bisherigen Lebenswegs: Was haben Sie erlebt? Woran können Sie und andere sich erinnern? Was war und ist wichtig für Sie? Was haben Sie weggelegt? Versuchen Sie, gedanklich so weit wie irgend möglich in Ihrer Geschichte zurückzugehen! |

## Teil I: Lebensplanung und berufliche Identität – der rote Faden beruflicher Biografie

2. Reifung des Berufswunschs – der Konflikt mit dem Erwachsensein, Seite 40

| Szenario/Methode | Übungsziele und Erläuterungen |
|---|---|
| **Familienhistorie** | Automatismen nachgehen, Eigenanteile definieren und neu erobern |
| Orientierungsfragen | Wie ist nach Ihrem Wissen traditionell die Berufswahl in Ihrer Familie gelöst worden? Wie lautete die Regel, wenn es eine gab, nach der die Berufswahl erfolgte? Oder verlief die Berufswahl eher willkürlich? Je nachdem, wie die Antwort lautet, ergibt sich daraus ggf. ein Muster auch für Ihre eigene Berufswahl. Vielleicht wollen Sie dieses Muster aufspüren, um es aufzubrechen, zu verändern, anzureichern oder heute zu bestätigen. Das wird wichtig werden bei Ihrer künftigen Laufbahnplanung, damit Sie Sackgassen vermeiden können. |
| Die Übung | Verschaffen Sie sich Klarheit über Ihre Familienkultur mit Blick auf Ihre berufliche Entwicklung: Wie frei oder einengend haben Sie diese erlebt? Inwieweit sind Sie davon geprägt worden? Welche positiven/negativen Beispiele fallen Ihnen dazu ein? |

## Teil I: Lebensplanung und berufliche Identität – der rote Faden beruflicher Biografie

3. Vorläufige Berufswahlentscheidung mit lebenslanger Laufzeit?, Seite 44

| Szenario/Methode | Übungsziele und Erläuterungen |
| --- | --- |
| **Berufswahlwünsche** | Gehen Sie zurück an die Quelle Ihrer spontanen beruflichen Bedürfnisse. |
| Orientierungsfragen | Was hätten Sie selbst gerne gemacht, wenn Sie die Wahl gehabt hätten, wenn man Sie gelassen hätte, wenn Sie damals schon darüber nachgedacht hätten? Als wie frei würden Sie demzufolge Ihre eigene Berufswahl ansehen? Hätten Sie sich vielleicht mehr Unterstützung dabei gewünscht, Ihre Absichten zu verwirklichen? Von wem und in welcher Weise? Wie oft haben Sie bisher gewechselt:<br>den Beruf<br>die Anstellung<br>die Position in einer bestimmten Organisation: vertikal als Aufstieg usw. oder horizontal auf einer Ebene, ggf. mit einem veränderten, vielleicht sogar größeren Aufgabenbereich<br>Was waren innere oder äußere Anlässe dafür? Was sagt das über Ihre Erfolgsorientierung, Erfahrung, Flexibilität aus? |
| Die Übung | Ziehen Sie Bilanz darüber, ab welchem Zeitpunkt Sie auf Ihre ursprünglichen beruflichen Wünsche und Fantasien verzichtet haben: Worin bestanden die? Alternativ, schauen Sie sich noch einmal an, wie diese Grundlagen bereits heute harmonisch in Ihren Berufsweg eingebettet sind. Prüfen Sie, wie Sie diese beruflichen Motive künftig noch besser, weil bewusster nutzen können. |

## Teil II: Die Laufbahn auf dem Prüfstand: Wo geht es weiter?

1. Wendepunkte beruflicher Identität, Seite 64

| Szenario/Methode | Übungsziele und Erläuterungen |
|---|---|
| **Bedürfnisspannung** | Motivation zur Veränderung als Motor für die nötige Bewegungsenergie nutzen |
| Orientierungsfragen | Wie nahe liegt Ihnen momentan die Idee der beruflichen Neuorientierung i.S. einer längerfristigen Laufbahnplanung? Wie wechselwillig sind Sie im Allgemeinen? Welche beruflichen Wendepunkte gab es in Ihrem Leben? Welche Folgen beruflicher Veränderungen konnten Sie bei anderen beobachten? Sind diese Menschen kontinuierlich bei dem geblieben, was sie hatten, inwieweit unterscheiden Sie sich davon? Welche Rolle spielt Ihr eigenes Erleben „erzwungener" oder aber „freiwilliger" Berufswahl in der Vergangenheit für Ihr Verhältnis zur Veränderung? |
| Die Übung | Prüfen Sie, wie wichtig für Sie tatsächlich ein beruflicher Aufbruch wäre. Wie groß ist der Druck, sich zu verändern, Altes aufzugeben, sich beruflich neu zu definieren? Worauf beruht dieser Druck? Kommt er von außen (bedingt gut) oder liegt er als ureigenes Bedürfnis in Ihnen selbst (sehr gut)? Äußerer Druck ist hilfreich – nicht aber da, wo Sie evtl. (wieder nur) gehorchen! |

## Teil II: Die Laufbahn auf dem Prüfstand: Wo geht es weiter?

2. Auf der Suche nach der eigenen Kompetenz: „Woher weiß ich, was ich kann und weiß?", Seite 70

| Szenario/Methode | Übungsziele und Erläuterungen |
|---|---|
| **Selbstgestaltung** | Sie sind Ihr eigener Boss/Ihre eigene Chefin: Selbstverantwortung und Change-Management |
| Orientierungsfragen | Können Sie sich als Ihre eigene Pilotin und Ihren besten Fürsprecher verstehen? Wie viel sind Sie bereit, für sich selbst zu opfern, um weiterzukommen: an Zurückhaltung nämlich, Ruhebedürfnis, Festhalten am Vertrauten usw.? Können Sie sich vorstellen, sich vorsichtig, aber doch zielstrebig auf Neuland zu begeben, völlig ohne Gewissheiten – aus reiner Neugier sozusagen? |
| Die Übung | Machen Sie die Erkenntnis zu Ihrem Grundprinzip, dass Sie an diesem beruflichen Neubeginn allein stehen – und allein für sich verantwortlich bleiben. Nehmen Sie alle Anregungen und auch Unterstützer in diesem Sinne als „Hilfen" an, um beruflich wirksamer zu werden. Schreiben Sie Ihre abgeleiteten Prinzipien und Leitlinien auf, im Hinblick auf das, was Sie erreichen wollen, was Sie bedingt in Kauf nehmen würden und was unbedingt zu verhindern ist. |

## Teil II: Die Laufbahn auf dem Prüfstand:
## Wo geht es weiter?

3. Im Ozean der Kompetenzen und keinen Rettungsring dabei?, Seite 90

| Szenario/Methode | Übungsziele und Erläuterungen |
|---|---|
| **Mentoring** | Ein Bündnis schließen, befristet und im beiderseitigen Einvernehmen geregelt, mit dem Ziel, einen Lotsen als Wegbegleiter zu finden |
| Orientierungsfragen | Wie viel Vertrauen können Sie aufbringen – einem Fremden gegenüber mit gesundem Menschenverstand, Lebensweisheit, Know-how und jeder Menge Kontakten; oder einem Profi, einer Personen, die speziell dafür ausgebildet ist, Ihnen in besonderen beruflichen Lebenslagen zu helfen? Sind Sie gegebenenfalls bereit, dafür Geld in die Hand zu nehmen, um dem anderen einen angemessenen Gegenwert für seine Tätigkeit zu bieten und damit auch die Neutralität zu fördern? Wie hoch dürfte dieser Betrag Ihrer Meinung nach ausfallen? Wie genau regeln Sie das Arbeitsverhältnis in einer gemeinsamen Vereinbarung? |
| Die Übung | Bilden Sie eine Partnerschaft mit einem Mentor (männlich/weiblich) Ihres Vertrauens.<br>• Funktion: Lotse und Wegbegleiter;<br>• Aufgabe: Klärung und Zielführung, Wegbereitung und Ergebniskontrolle;<br>• Vereinbarung: Regeln für Distanz und Nähe, Leistung und Gegenwert;<br>• „Exitstrategie": Wann und wie endet das Verhältnis? Wie einigen Sie sich im Falle von Unstimmigkeiten?<br>Klären Sie Ihre Erfolgskriterien: Woran erkennen Sie, dass sich die Zusammenarbeit gelohnt hat? |

## Teil III: Berufliche Reiseziele oder: Wie man seinen Koffer packt

1. Wohin soll es eigentlich gehen?, Seite 97

| Szenario/Methode | Übungsziele und Erläuterungen |
|---|---|
| **Ziele und Wege** | Fixsterne anpeilen; den Kompass ein-norden |
| Orientierungsfragen | Entspricht es Ihnen, die Dinge klar festzulegen, einzelne Teilschritte zu definieren und darauf zu achten, dass Sie auch wirklich bekommen, was Sie suchen? Oder ist das eher nicht Ihre Art? Wenn ja, könnte Ihre Aufgabe darin bestehen loszulassen, sich mehr Unsicherheit zuzumuten, auf Neues, Unbekanntes einzulassen; wenn nein, sollten Sie Ihrer Fantasie ein offenes Gefäß geben, das gleichzeitig Sicherheit, Ordnung und Struktur verleiht, die Fantasie selbst aber am Blühen erhält: zeitliche/inhaltliche Struktur; Regeln; Ablaufkontrollen; Risikoabwägung! Letztlich werden Sie beides benötigen, Struktur und Flexibilität – wenn Sie mit Ihrer Laufbahnplanung weiterkommen wollen. |
| Die Übung | Erstellen Sie einen umfassenden Laufbahnplan für Sich über die nächsten 1-5 Jahre. Arbeiten Sie sich dabei von den allgemeinen Absichten zu den besonderen Teil- und Verhaltenszielen (Aktivitäten) vor – je konkreter, desto besser! Nutzen Sie dazu Mindmapping, Ihre Fantasie, Gespräche aller Art. Prüfen Sie den Plan mit Ihrem Mentor auf Schlüssigkeit und Realisierbarkeit. Welche Realisierungshilfen materieller, ideeller, sozialer Art werden Sie dazu benötigen? Wo liegen die Risiken? Welches Risiko-Management werden Sie anwenden, um ein Scheitern zu verhindern? |

## Teil III: Berufliche Reiseziele oder:
### Wie man seinen Koffer packt

2. Na wunderbar, aber das traue ich mir nicht zu!", Seite 107

| Szenario/Methode | Übungsziele und Erläuterungen |
|---|---|
| **Don´t worry, be happy!** | „Im Auge des Sturms herrscht absolute Ruhe": Belastbarkeit und Widerstandsfähigkeit steigern! |
| Orientierungsfragen | Wie geht es Ihnen, wenn die Wogen hoch gehen? Hat Ihnen schon einmal das Wasser bis zum Halse gestanden, und Sie hatten dennoch das Gefühl, gut durchzukommen? Vielleicht sind es auch ganz kleine Erlebnisse von Angstschweiß und trockenem Mund, die als sehr wertvolle Vorerfahrungen dienen können: Sie werden durchkommen – Ihr Ziel wartet schon – der Gewinn wird reich sein! Andererseits: Was haben Sie zu verlieren? Klären Sie Ihre Gewinn-Verlust-Erwartungen im Ökö-Check! |
| Die Übung | Lernen Sie, Entspannungstechniken anzuwenden. Nutzen Sie kulturelle, sportliche, ernährungstechnische Anregungen und Hilfsmittel zur Steigerung Ihrer Zielorientierung und Widerstandsfähigkeit unter Stress. Erfassen Sie alle im Laufe der Zeit erhaltenen Informationen darüber in einer eigenen Belohnungsdatei: Belohnen Sie sich regelmäßig auch für kleinere Erfolge – täglich, wöchentlich, monatlich! Wechseln Sie die Belohnungsaktivitäten anhand Ihrer „Archiv-"Datei. |

## Teil III: Berufliche Reiseziele oder: Wie man seinen Koffer packt

3. Exkurs: Networking, Seite 127

| Szenario/Methode | Übungsziele und Erläuterungen |
|---|---|
| **Support Groups** | Tragfähige Netze knüpfen, die das persönliche Wissensmanagement fördern und in der Krise Halt geben |
| Orientierungsfragen | Im Kreise gleichgesinnter Unterstützer fühlt sich sogar eine Krise weniger dramatisch an: Miteinander reden hilft! Können Sie sich vorstellen, ein Gefühl von Geborgenheit und Widerstandsfähigkeit zu entwickeln, das aus der Nähe zu wohlmeinenden anderen entsteht? Die vielen Brüder und Schwestern im Rücken geben viel Halt. |
| Übung | Bauen Sie Ihre Netzwerkkontakte im Internet auf und aus. Listen Sie alle Ihre Bekannten (auch die aus länger zurückliegenden Zeiten) auf – wo befinden sich diese Personen heute? Recherchieren Sie! Schließen Sie sich ausgewählten Interessengruppen an oder gründen Sie selbst eine („Selbsthilfegruppe zur beruflichen Laufbahnplanung"). Prüfen Sie, ob ehrenamtliche Tätigkeiten in Ihrem sozialen/kommunalen Umfeld für Sie in Frage kommen: nutzen Sie dadurch das Wissen anderer – geben Sie Ihr eigenes Wissen ebenfalls weiter („Shareware"). |

## Teil III: Berufliche Reiseziele oder:
##           Wie man seinen Koffer packt

4. Exkurs: Wissensmanagement und Demografiewandel, Seite 132

| Szenario/Methode | Übungsziele und Erläuterungen |
|---|---|
| **Mein Alter** | Wohlfühlen mit dem eigenen Lebensstatus – ob alt oder jung! Angesichts des demografischen Wandels generationsübergreifend gut durchmischte Partnerschaften bilden! |
| Orientierungsfragen | Wie geht es Ihnen damit: finden Sie sich mit 20 zu jung und nicht beachtet genug, mit 40 vielleicht schon zu alt für die Ü-30-Party? Wie man es dreht und wendet, es wird niemals eine schlechthin optimale Zeit geben: Es ist vielmehr unsere gelassene Entspannung in Gegenwart von uns selbst, die dem Faktor Zeit jede Schärfe nimmt. Wenn Sie jung sind, müssen sie natürlich dafür kämpfen, Zugang zu erhalten; wenn Sie älter werden wieder! Sind Sie vielleicht die Einzige, die Alter als Einschränkung sieht, dann ist da jede Menge Raum zur Entfaltung! |
| Die Übung | Setzen Sie sich getrennt mit je einem älteren/jüngeren Gesprächspartner (männlich/weiblich) zusammen, um sich über Sichtweisen und angenommene Auswirkungen des demografischen Wandels auf Ihre beruflichen Perspektiven auszutauschen; bilden Sie eine Gesprächsrunde bzw. suchen Sie eine solche auf, in der Sie Ihre persönlichen Sichtweisen mit anderen diskutieren oder abgleichen können. Welche Rolle spielt Ihr Alter für die beruflichen Aussichten tatsächlich? Führen Sie persönlich Protokoll zu den Ergebnissen und möglichen (Gegen-)Maßnahmen. |

## Teil III: Berufliche Reiseziele oder:
## Wie man seinen Koffer packt

5. Angekommen! Angekommen?, Seite 137

| Szenario/Methode | Übungsziele und Erläuterungen |
|---|---|
| **Ankommen** | Der Weg *ist* das Ziel! Und das Ende ist immer der Anfang: Fangen Sie also nie an, aufzuhören, hören Sie nie auf, anzufangen! |
| Orientierungsfragen | Haben Sie wirklich geglaubt, dass das jetzt schon alles wäre, dass es diese berühmten Patentrezepte gäbe oder dass Sie sich einmal aufgemacht haben und dann wäre es das? Das kann doch wohl nicht Ihr Ernst sein. Sie können sich doch beim ersten Ansatz Ihrer Laufbahnplanung komplett getäuscht haben: Was dann? Na, neu anfangen natürlich – endlos! Sie wissen ja, man lernt am besten aus seinen eigenen Fehlern! |
| Die Übung | Setzen Sie bewusst Abschluss-Zeitpunkte für Teilziele in Ihrem beruflichen Laufbahnplan – definiert durch das Erreichen eines bestimmten, eindeutig festgelegten Markierungspunktes (merke: Zahlen, Daten, Fakten!). Blicken Sie zurück auf das Erreichte, belohnen Sie sich und genießen Sie es, hier angekommen zu sein. Prüfen Sie dann Ihren Bezug zu dem nächsten Teilziel: Können Sie das noch unverändert aufrechterhalten oder sind Korrekturen nötig? Definieren Sie jetzt den ersten Schritt dahin – gehen Sie los! Viel Erfolg heute! |

**Anmerkungen zur Durchführung:**
Es können an dieser Stelle lediglich einige allgemeine Beispiele genannt werden. Diese sollen das zugrunde liegende Prinzip verdeutlichen und in die Denkweise einführen; sie sollen Sie aber auch anregen, sich von diesem starren Rahmen wegzubewegen, um Ihre eigenen Vorgaben zu entwickeln.

- Versetzen Sie sich in einen möglichst entspannten Zustand, offen für Gedanken, Erinnerungen, Fantasien;
- reden Sie anschließend mit jemandem, dem Sie vertrauen, über Ihre Fragen und Erfahrungen;
- schreiben Sie schließlich Einzelheiten auf; benutzen Sie ggf. ein Diktiergerät, um Ihre Erkenntnisse festzuhalten.

# Über den Autor

## Oder: Wie soll man den roten Faden erkennen, wenn man gerade mittendrauf steht?

War eigentlich alles ganz zufällig? Oberflächlich betrachtet sah es zumindest so aus: Ein Außenstehender wäre in den ersten Jahren wohl kaum auf den Gedanken gekommen, dass es sich bei meiner beruflichen Entwicklung um das Ergebnis einer klar strukturierten, planvollen Ausrichtung auf die Zukunft handelte: Nach Abitur und Wehrdienst als Sanitätssoldat kam zunächst die Ausbildung zum Krankenpfleger, dann vermittelt durch einen „Mentor" ein Auslandsaufenthalt in Großbritannien mit sprachlicher und beruflicher Weiterbildung, anschließend wieder in Deutschland der Wechsel ins Studium und schließlich der Sprung ins kalte Wasser der Selbstständigkeit als Trainer und Berater.

Mir selbst war diese erste berufliche Lebensphase durchaus nicht beliebig auswechselbar, sondern eher als persönlicher Suchprozess mit klaren „Landmarken" erschienen; allerdings hatte ich mich aus heutiger Sicht nach ausgiebiger Lektüre von Hermann Hesse auf eine Reise zur beruflichen Identität begeben, ohne das langfristige Ziel vorher genau bestimmt zu haben. Genau das machte aber damals den Reiz aus, das Gefühl von Freiheit, der Spaß daran – und auch die Übernahme unmittelbarer Verantwortung für mich und andere. An unterschiedlichen Wegkreuzungen angelangt, entschied ich mich jeweils für das mir am nächsten Liegende, mit einigem Mut zum Risiko, und bin nach meiner eigenen Einschätzung dabei durchweg gut gefahren. Aus damaliger Sicht bestätigten mich die Ergebnisse.

Überwiegend also eine Serie von Bauch-Entscheidungen, zwischen einzelnen Blöcken kontinuierlicher, disziplinierter Arbeit an deren Verwirklichung – erst spät verbunden mit einem Langfristplan.

Ich sollte später immer wieder Menschen begegnen, die aus ähnlichen Beweggründen, erfolgreich oder nicht, berufliche Positionen in Unternehmen eingenommen hatten. Und selbst der Vorstandsvorsitzende eines der weltweit größten Versicherungsunternehmen in Deutschland weist als „Spätstarter" (Langzeit-Student, begeisterter Segler, Weltenbummler) eine im Sinne klassischer Berufsbiografien vollkommen untypische Karriere auf.

Aus der Vogelperspektive betrachtet hatte ich dann mit etwa 30 Jahren doch eine andere Sicht der Dinge. Trotz aller scheinbaren Zick-Zack-Bewegungen trat im Rückblick unvermittelt ein sinnvolles Muster zu Tage, das mir im Verlauf des Geschehens nicht deutlich geworden war: Mit zunehmender Entscheidungskompetenz hatte ich aus den Bausteinen neuer interessanter Optionen die jeweils nächste Stufe meiner persönlichen Laufbahn-Pyramide aufgebaut.

Das richtete sich zu Beginn vor allem an dem Spannungsverhältnis meiner Herkunft – der Ursprungsfamilie – zu den eigenen Wünschen und Bedürfnissen aus. So rekonstruiere ich, dass die erste Berufswahl-Entscheidung auch eine klare Entscheidung gewesen war, sich vom Elternhaus zu lösen und intuitiv  dem von dort stammenden, voll ausformulierten beruflichen Lebensplan zu entziehen. So gesehen stellte die erste Berufswahl eine galante Rückzugsbewegung aus dem bereits fertigen Plan nach Rezeptbuch dar.

Das war gleichzeitig ein Plan, von dem ich mit etwa 18 Jahren spürte, dass er meinen Fähigkeiten, Fertigkeiten und vor allem Bedürfnissen auf Dauer kaum entsprechen würde. Vollkommen unmöglich wäre es allerdings gewesen, das seinerzeit auszusprechen, geschweige denn zu verhandeln, einerseits, weil ich keine Worte gehabt hätte, es zu begründen, andererseits auch keine angemessenen Alternativen vorweisen konnte.

Vermutlich hätte ich auch nicht die Stärke besessen, mich dem übermächtigen Einfluss des Familienwillens zu widersetzen, unerfahren und unselbstständig, wie ich damals war. Stattdessen nahm ich mir beruflich gesehen eine Aus-Zeit, um einige Grundsatzfragen zu klären und Selbstvertrauen aufzubauen.

Nachdem ich auf diese Weise erst einmal „STOPP" gesagt hatte, wählte ich einen beruflichen Ausweg, der moralisch-ethisch von meiner Umgebung kaum in Frage gestellt werden konnte, während ich Zeit gewann, mir über meine weitere Laufbahn klarer zu werden. Auf dem Wege weg vom fremdbestimmten Plan erkannte ich dann aufgrund eigener Erfahrungen sowie der Rückmeldungen anderer, dass ich Dinge zu tun vermochte, die ich mir vorher nie zugetraut hätte.

Ich erlebte mich plötzlich kreativ, aufgeschlossen, handlungs- und lernfähig, wirksam, motiviert – in einem Wort: kompetent. Auf mich allein gestellt, empfand ich zunehmende Kraft und Entwicklungsfähigkeit. Auch wenn mir mit einer gewissen Wehmut bewusst wurde, was mir fehlte. Hätte ich schon früher gewusst, welche Fülle an Berufsbildern oder beruflichen Tätigkeiten, welche Möglichkeiten es auf dem Arbeitsmarkt gibt, welche Angebote, sich weiterzubilden – und auch die Erlaubnis gespürt, mich damit auseinander zu setzen, frei zu entscheiden – ja, was dann? Hätte ich etwa bereits im Alter von 16, 17 oder 18 Jahren eine ganz andere, langfristig tragfähige Berufswahl getroffen?

Seither haben sich die Bedingungen am Arbeitsmarkt gravierend verändert, so dass vielen ein Vertrauen auf die traditionellen beruflichen Aufstiegswege im Zeitalter von globalisierten Job-Anforderungen kaum noch gerechtfertigt erscheint. Hier trifft der aktuelle Flexibilisierungsbedarf der Wirtschaftsunternehmen auf einen Mangel an ausreichend qualifizierten Bewerbern; gleichzeitig spielen zunehmend anspruchsvolle Auswahlkriterien der Organisationen mit Blick auf Persönlichkeitseigenschaften, Auslandserfahrung, Führungsfähigkeit u.v.m. eine Rolle bei der Einstellung von MitarbeiterInnen.

Wenn ich heute am roten Faden meiner beruflichen Laufbahn entlang wandere, wird mir bewusst, dass nichts von alledem wirklich zufällig war, dass es aber auf einem sehr verwickelten Verhältnis zwischen Wünschen, Wollen, äußeren Ansprüchen, intuitiven Gewissheiten, Können und manchmal auch dem eigenen Unvermögen beruhte – dem Lernen aus eigenen Fehlern.

Gemessen am Ergebnis hat sich dieser Weg für mich sicher gelohnt. Aber manchmal stelle ich mir die Frage, was wohl passiert wäre und wo ich hätte ankommen können, wenn ich meine berufliche Planung von Beginn an systematischer in die Hand genommen hätte, wenn mir dabei irgendjemand entsprechende „Erlaubnisse" gegeben, sozusagen mit auf einen wie auch immer gearteten Plan gesehen hätte; wenn ich nicht all die Sackgassen betreten hätte – wenn mir also frühzeitig meine tatsächlichen Chancen und Grenzen deutlich geworden wären.

Diese sehr persönlichen Erfahrungen bildeten aber nur einen wichtigen Anlass für die Entstehung eines Buches zum Thema „Wie plane ich meine berufliche Laufbahn?". Man sollte meinen, dass sich am besten darüber reden und schreiben lässt, was man selbst erfahren hat. Das reicht aber noch nicht zur Begründung. Denn spricht diese Einzelfallbeschreibung nun insgesamt für ein Vorgehen eher nach Zufall: „No risk no fun" – kann man das also weiterempfehlen? Oder worin liegt der „Königsweg" beruflicher Selbst-Gestaltung? Das vorliegende Buch hält darauf einige Antworten bereit.

Natürlich ist es auch kein Standardweg einer beruflichen Karriere, den ich da nachgezeichnet habe, wenn auch einer, der, wie sich viel später zeigte, gar nicht so selten vorkommt. Im Zusammenhang mit meiner Tätigkeit als Trainer und Berater wurde mir seither immer wieder bewusst, dass viele Menschen, denen ich begegnete, unglücklich waren, dass sie darunter litten, einen fremdbestimmten Plan un-hinterfragt akzeptiert zu haben, oder aus fachfremden Erwägungen in Richtungen gegangen waren, die ihnen einfach nicht entsprachen; dass sie sich beruflich positioniert hatten, ohne Kenntnis ihrer wahren Kompetenzen und damit in Sackgassen gelandet waren, oder schlicht überhaupt nicht in Beziehung zu dem standen, was sie eigentlich ausmachte. Man könnte durchaus sagen: „Sie wussten nicht, was sie wussten", geschweige denn, was sie zu erreichen vermochten.

Dennoch heben sich davon die vielen ab, die von Anfang an sehr bewusst und zielorientiert auf eine bestimmte berufliche Ausrichtung orientiert sind. Es gibt sie beide: Diejenigen, die ihre Karriere ganz konventionell, gradlinig, systematisch geplant haben, von unten nach oben – und die anderen, die sich nicht an vorgegebenen Programmangeboten ausrichten, sondern eher an den individuellen Entfaltungsmotiven und -möglichkeiten, der persönlichen Risikobereitschaft entspringend.

Ich wage an dieser Stelle die Behauptung, dass es auf beiden Seiten – den Gezielten und den Un-Gerichteten – Gewinner und Verlierer gibt, aus welchen Gründen auch immer. Was stellt dann also das ultimative Erfolgskriterium dar: Ist es Glück, Zufall, Persönlichkeit – oder sind es Beharrlichkeit, Versuch und Irrtum, Gönner, Mentoren? Bevor ich auf den folgenden Seiten zu einer Antwort komme, hier noch einige Erfahrungen, die den Zusammenhang von Berufswahl und Laufbahnplanung illustrieren sollen.

Die Frage gewann zunehmend an Bedeutung, wie denn eigentlich berufliche „Laufbahnen" entstehen, was dazu erforderlich ist und auf welche Weise Menschen ihre eigenen Berufswahlwünsche ernst nehmen, um die Planung gestaltend selbst in die Hand zu nehmen. Wie ist man in der Regel so geworden, wie man die eigene Laufbahn erlebt – und was kann man tun, um daran gezielte Veränderungen vorzunehmen?

Besonders deutlich wurde mir der Widerspruch zwischen beruflichem „Vermögen" und dem „Bewusstsein" davon in der Outplacement-Beratung. Hier geht es darum, Menschen, die mehr oder minder erzwungen ihre gewohnte berufliche Laufbahn in einem bestimmten Unternehmen beenden müssen und durch eine neue Perspektive zu ersetzen haben, gezielt bei diesem persönlichen Change Management zu unterstützen.

Ich erinnere mich deutlich an ein Projekt, in dem ich die Aufgabe übernahm, für eine internationale Bank die berufliche Neuorientierung von etwa 150 Fach- und Führungskräften mitzugestalten. Die Mitarbeiter der Bank kamen aus verschiedensten Bereichen – dem Call Center, der Kundenbetreuung, Produktentwicklung, dem Management. Sie stammten aus unterschiedlichen Ländern. Briten, Deutsche, Niederländer nahmen die Beratung entweder allein auf oder in Begleitung ihrer Lebenspartner.

Sie alle verband zunächst eine große Orientierungslosigkeit, unterfüttert mit Wut, Hass und mehr oder minder intensiven Gefühlen von Hilflosigkeit. Es verband sie in meinen Augen manchmal aber auch eine überwältigend hohe Kompetenz aufgrund ihrer Persönlichkeit und teilweise der fachlichen Qualifizierung; Letztere wurde jedoch in vielen Fällen von den Betroffenen selbst nicht annähernd so gesehen. Vorherrschendes Argument, über alle Gruppen und Jahrgänge hinweg: „Was soll ich denn bloß machen, ich habe doch keine Chance (mehr) auf dem Arbeitsmarkt!"

Im Einzelnen gehörten zu den Teilnehmern auch Hausfrauen, die entweder keine spezielle berufliche Ausbildung erhalten oder zuletzt vor Jahren, teilweise in gering qualifizierten Beschäftigungsverhältnissen gearbeitet hatten.

Es nahmen schließlich Studenten am Projekt teil, von denen einige ihr Studium nicht beendeten, weil sie zwischenzeitlich begonnen hatten, sich mit dem Thema Finanzdienstleistung zu beschäftigen.

Die Hausfrauen waren überwiegend der Meinung, nicht den Hauch einer Chance am Arbeitsmarkt zu haben. Die Studenten, teilweise höchstqualifiziert im Finanzsektor, litten häufiger darunter, nicht den sozial erwünschten akademischen Abschluss erreicht zu haben, den sie glaubten, ihren Familien schuldig zu sein.

Dabei ist mir in den vergangenen Jahren klar geworden: „Es sage niemand, dass ein bestimmtes Ziel nicht zu erreichen wäre". Gerade das genannte Projekt zeigte in überwältigender Weise, dass die Teilnehmer, einmal gezielt auf ihr Potenzial hingewiesen und mit Hilfe einer zukunftsorientierten, systematischen Zielplanung auf den Weg gebracht, eine ungeheure Energie entwickelten, ihre Ziele auch zu erreichen.

Gerade einige der genannten „schwierigen" Kandidatinnen und Kandidaten schossen mit raketenartiger Kraft – und ganz entgegen den eigenen ursprünglichen Erwartungshaltungen – in Richtung des einmal erkannten Entwicklungsweges an anderen vorbei, in manchen Fällen durchaus auch vorbei an ihren, von vornherein eher erfolgsorientierten Lebenspartnern: „Raus hier, nichts wie raus!" schien das Motto. Dass das nicht immer ohne Konflikte zwischen den Partnern ablief, hin und wieder auch zu durchgerüttelten Beziehungen führte, lässt sich leicht vorstellen.

Der Anspruch dessen, was ich als Vocating bezeichne, lautet nun, sich Folgendes klar zu machen: Wir alle werden in unseren beruflichen Aussichten determiniert von einem komplexen Verhältnis zwischen Anlage und Umwelt.

Einen Teil dessen, was uns ausmacht, bringen wir bereits von Geburt an mit – etwas, das relativ änderungsresistent ist, also wenig Spielraum für äußere Einflüsse lässt. Selbst Genetiker wissen heute jedoch nicht genau, wie groß dieser Anteil ist – man schätzt jedoch etwa 20 zu 80 Prozent zu Gunsten der einflussreichen Umweltfaktoren – und vor allem, wie er gezielt und konstruktiv zu beeinflussen wäre.

Demgegenüber sind wir mit der ersten Sekunde unserer Existenz von einem Ozean äußerer Einwirkungen umgeben, sozusagen der Kehrseite der Medaille „Kompetenz und Potenzial", auf welcher die Gesamtheit unserer erlernten Eigenschaften angesiedelt ist. Dies ist der andere Teil unserer Eigenschaften und Verhaltensweisen, mit dem wir Tag für Tag konkret arbeiten können. Gleichzeitig ist aus der Verhaltenswissenschaft bekannt, dass das, was wir gelernt haben, auch wieder ver-lernt, um-gelernt bzw. neu gelernt werden kann.

Die Konsequenz – und hier wird ganz deutlich, womit ich mich nachfolgend beschäftigen werde: Ohne die entsprechende Anlage wird aus einem Klavierspieler kein Pianist – aus einem einfachen Schwimmer kein Olympiasieger – und aus einem guten Rechner kein Mathematikgenie (abgesehen davon, dass Einstein ein anerkannt schlechter Rechner war!).

Umgekehrt wird aus einem talentierten Klavierspieler aber auch kein Pianist – aus einem begabten Fußballer kein Spitzensportler usw., wenn es an der geeigneten Förderung der vorhandenen Erbanlagen fehlt. Ent-wicklung bedeutet auch Auseinanderfalten, Auspacken, quasi wie man ein sehr persönliches Geschenk auswickelt. Das hat mit sozialer Verfügbarkeit von Lernbedingungen ebenso zu tun wie mit individueller Motivation im Einzelfall.

Die Motivation wiederum erklärt, warum auch Slums Menschen mit herausragenden Fähigkeiten hervorbringen, sofern die erforderliche Entschiedenheit und Förderung im Einzelfall erfolgen, und zwar vor dem Hintergrund des persönlichen Engagements.

Die Anlagen eines Menschen können aus dieser Sicht also durchaus verkümmern, wenn die zur „Ausfaltung" notwendigen Bedingungen fehlen. Umgekehrt kann sich ein Mensch selbst unter ungünstigen äußeren Voraussetzungen weit über das statistische Normalmaß hinausbewegen.

Es geht mir also nicht darum, Anlage (genetische Voraussetzungen, Talente, Erbgut) gegen Umwelt (Lernen, Förderung, Motivation) auszuspielen. Meine Überlegungen beruhen vielmehr auf der Annahme eines komplexen, wechselseitigen Verhältnisses zwischen beiden Anteilen, das wir nutzen können, wenn wir uns beruflich fortentwickeln wollen!

Um im Bild zu bleiben: Den ersten Teil – die genetische Festlegung – müssen wir identifizieren und genauestens beschreiben; den zweiten – die Lernbedingungen – gilt es in Richtung der persönlichen Chancen zu variieren und zu erweitern.

# Strategien für den Erfolg

↗

## Von Spitzensportlern lernen und jede Prüfung erfolgreich bestehen

Am Beispiel der sieben Sportlegenden Muhammad Ali, Steffi Graf, Hermann Maier, Jürgen Klinsmann, Franziska van Almsick, Boris Becker und Michael Schumacher lernt der Leser sieben Strategien für die erfolgreiche Prüfung kennen. Sie sind einfach umsetzbar und stehen zugleich für hocheffizientes Herausforderungsmanagement. Das Buch besticht durch seine Kürze und Übersichtlichkeit. Mit zehn Arbeitsbögen und echten Praxisbeispielen. Wirkung garantiert!

Gaby Mortan / Florian Mortan

**Bestanden wird im Kopf!**

Von Spitzensportlern lernen und jede Prüfung erfolgreich bestehen
2009. 184 S.
Br. EUR 19,90
ISBN 978-3-8349-1579-5

## Stark trotz Prüfungsstress und Lampenfieber

Für viele Menschen bedeuten Prüfungen, Vorträge oder wichtige Verhandlungen willkommene Karrierechancen, bei anderen lösen solche Bewährungsproben geradezu Panikattacken aus. Ein gesundes Maß an Aufregung ist hilfreich, weil es besondere Kräfte mobilisiert, übersteigerte Ängste verursachen jedoch Blockaden und machen langfristig krank. Die Autorin erläutert die psychischen Hintergründe von Angstreaktionen in Studium und Beruf

Elke Pohl

**Keine Panik vor Blackouts**

Wie Sie Bewährungsproben meistern
2010. 172 S.
Br. EUR 25,95
ISBN 978-3-8349-2339-4

## Vom vagen Jobwunsch zum konkreten Karriereweg

„Karriere am Campus" bietet einen Überblick sowie umfassende Details über die Hierarchien und beruflichen Positionen an den Hochschulen und zeigt, wie interessierte Anwärter den sprichwörtlichen Fuß in die nicht immer weit geöffnete Tür zur Welt der Wissenschaftsberufe bekommen. Zahlreiche Selbsttests, Tipps, Checklisten und Interviews zeigen dem Leser, für welche Hochschultätigkeit er sich selbst am besten eignet. „Karriere am Campus" öffnet den Zugang zur Berufswelt an den Hochschulen und macht vage Berufsvisionen konkret erreichbar.

Regine Rompa

**Karriere am Campus**

Traumjobs an Uni und FH
2010. 200 S.
Br. EUR 27,95
ISBN 978-3-8349-2088-1

Stand: Juli 2011. Änderungen vorbehalten.
Erhältlich im Buchhandel oder beim Verlag.

 Springer Gabler

Abraham-Lincoln-Straße 46. D-65189 Wiesbaden
Tel. +49 (0)6221 / 3 45 - 4301 .springer-gabler.de

The manufacturer's authorised representative in the EU is Springer
Nature Customer Service Centre GmbH, Europaplatz 3, 69115 Heidelberg,
Germany. If you have any concerns regarding our products, please
contact ProductSafety@springernature.com

Printed and bound by CPI Group (UK) Ltd, Croydon, CR0 4YY

27/04/2026

02097646-0008